养老机构住养人
伤害事故法律风险防控实务研究

赵学昌 著

WUHAN UNIVERSITY PRESS
武汉大学出版社

图书在版编目(CIP)数据

养老机构住养人伤害事故法律风险防控实务研究 / 赵学昌著 .
武汉 : 武汉大学出版社, 2024. 12. -- ISBN 978-7-307-24785-7

Ⅰ . D922.182.14

中国国家版本馆 CIP 数据核字第 20247VC815 号

责任编辑:王　斌　　　责任校对:汪欣怡　　　装帧设计:韩闻锦

出版发行:**武汉大学出版社**　(430072　武昌　珞珈山)

（电子邮箱：cbs22@whu.edu.cn　网址：www.wdp.com.cn）

印刷:武汉图物印刷有限公司

开本:720×1000　1/16　印张:17.25　字数:285 千字　插页:1

版次:2024 年 12 月第 1 版　　2024 年 12 月第 1 次印刷

ISBN 978-7-307-24785-7　　　定价:78. 00 元

内容简介

　　本书是作者多年从事养老领域法律研究的成果，是其多年养老法律服务实务经验的总结与提炼。本书探讨了如何树立正确的法律风险防控观念，系统梳理了现行法律、国家与行业标准对养老机构设施的无障碍和消防规范要求，以及对养老机构设施设备物品在采购、安装、保管、使用、维保等方面的安全管理要求；系统阐述了客户风险可承受、实现服务行为的六性要求，以及加强服务合同的全周期管理等安全服务与服务管理规则体系，介绍了养老机构风控工作运行及服务纠纷处理机制，介绍了保障员工权利的重要性及员工的权利内容，对做好关于机构建设和运营的资金支持提出了建议。本书选取了 50 余个真实案例，以增强生动性或"代入感"。

　　本书适合相关法律工作者、养老行业从业人员以及高等院校相关专业的学生阅读。

自　序

　　2015 年冬季的某天上午，曾参加过天津市养老机构院长培训班的一位院长打电话咨询我："赵老师，我院的一位老人外出，在野外冻死了，面临官司，能否给我推荐一位熟悉养老院业务的律师？"撂下电话，我多方打听，可能识人有限，当时确未找到这位院长所说的"熟悉养老院业务的律师"。自此，我便萌生一想法：我是否可以做这样的律师呢？2016 年，由于这样或那样的原因，我辞掉了所供职学校的行政职务，带着这样一个想法，一头扎进了养老法律服务的"大海"之中，至今已八个春秋。八年中，我为 56 家养老服务机构提供了常年法律顾问服务或专项法律服务，完善服务合同、设计合同附件、起草规章制度、编制应急预案、举办员工培训、撰写与家属的沟通文书、指导或参与事故的协商解决、作为代理人出庭应诉、研读相关裁判文书——这些工作让我对养老机构住养人伤害事故法律风险防控有了更多的思考、认识或体会；八年中，我仍然承担着所供职学校养老专业"老年政策与法规""养老服务机构经营与管理"等课程的教学及养老相关法律方面的科研工作，并应邀为百余场养老从业人员培训班举办了法律专题讲座，需要不断地把实务中的思考、认识或体会进行梳理、概括和提炼。本书正是对我八年来的思考、认识或体会进行梳理、概括和提炼的结果。

　　本书共五章。第一章"树立正确的法律风险防控观念"，针对实践中存在的"不讲己方义务只求己方免责"、只"知己"不"知彼"、"重事后救济不重事前和事中防范"等错误的法律风险防控观念，对如何树立正确的法律风险防控观念进行论证。第一章是讲"观念"的。列宁曾讲"没有革命的理论，就没有革命的运动"，说的就是"观念"的重要性。"观念"也是做好工作的保障，第一章本来可以合并到第五章中，就是因为其重要，所以把它独立出来，开篇即讲。

1

养老机构住养人伤害事故法律风险防控的核心工作内容，概括起来有两个方面：一是"硬件"方面的，即养老机构的设施设备和物品，为了便于整体理解和把握，对"硬件"的管理也纳入这个方面的内容；二是"软件"方面的，即养老机构的服务及服务管理规则，服务及服务管理规则的制定和实施是"人"的行为，是"软件"。

第二章"构建安全的设施设备物品及其管理体系"是讲"硬件"和"硬件管理"的。第一节"建设符合安全规范要求的硬件设施"，梳理了现行法律、国家与行业标准对养老机构设施在场地设计、绿化景观、建筑内交通空间、建筑细部、标识与信息等方面的无障碍规范要求，在建筑平面布置与防火分隔、建筑结构耐火、建筑构造与装修、消防设施、建筑施工、消防验收等方面的消防规范要求。第二节"健全设施设备物品的安全管理体系"，梳理了现行法律、国家与行业标准对消防设施、用电产品、燃气设备、医疗器械、特种设备、食品、药品、医疗废物、健身器材、监控设备、危险物品等在采购、安装、建账、保管、使用、清洁、检查、维保、报废或销账等方面的安全管理要求。

第三章"构建安全的服务与服务管理规则体系"，针对实践中存在的服务主体不适格、客户风险超出机构承受能力、服务行为不规范、服务合同管理不全面等风险因素，按照法律关系主体、客体与内容及法律关系管理的逻辑思路，安排了八节内容，依次是确保服务主体适格、做到客户风险可承受、实现服务行为的六性要求、加强服务合同的订立管理、加强服务合同的履行管理、加强服务合同的中止管理、加强服务合同的变更与转让管理、加强服务合同的续签与解除管理。重点阐述了什么是安全的服务与服务管理规则以及如何做到。

第四章"构建风控工作运行及服务纠纷处理机制"，是针对机构养老服务高风险的特点安排的，强调养老机构应像金融等高风险行业一样建立自身的风控运行机制，把风险防控纳入硬件建设与管理、服务与服务管理等业务工作之中，并建立服务纠纷处理机制。本章有两节，第一节"构建风控工作运行机制"，重点介绍了风险识别与分析、风险处理、风险监测与预警处置、应急救助与处置的方法、流程与手段等；第二节"构建服务纠纷处理机制"，重点介绍了如何把握事故事实、分析事故责任、选择纠纷解决方式。

第五章"强化对风控工作的保障"，指出做好风控工作，需要有人员保障、设施保障、管理保障、资金保障。本章有两节，第一节"强化对员工的权益保障"，详细介绍了员工休息休假、取得劳动报酬、享受社会保险、接受职业技能培训、参与规章制度建设的权利内容，强调只有让员工满意，才能服务好住养人，保障好住养人的健康和安全；第二节"做好机构建设和运营的资金保障"，强调资金是各项保障的保障，并对做好关于机构建设和运营的资金支持提出两点建议：做好投入资金的周密预算和可靠安排、保证机构具有可盈利性。

近年来，虽然我国养老机构的设施条件和管理、服务水平整体上有了明显提升，但住养人伤害事故的高发态势总体上还没有得到缓解，"防不住""赔不起""辛辛苦苦干一年，一夜回到解放前"等现象或困境在不少机构仍然存在。本书对养老机构树立正确的法律风险防控观念、提升设施建设和设施设备物品的安全管理水平、提升服务与服务管理规则的标准化法治化水平、优化风控运行和纠纷解决机制，加强风控保障建设，守住服务安全底线，具有指导意义和应用价值。本书全面系统阐述了养老机构设施设备物品的安全管理体系及安全管理要求，提出并首次从法律的角度系统阐述了客户风险可承受、实现服务行为的六性要求、加强服务合同的全周期管理等安全服务与服务管理规则体系，探索分析了养老机构住养人伤害事故责任划分的裁判思路，对加强养老服务相关立法或标准化及进一步的科学研究建设具有借鉴价值。

本书是我多年从事养老法律研究的成果，尤其是八年来专业养老法律服务实务经验的总结与提炼，不仅回答了在住养人伤害事故法律风险防控上应该做哪些正确的事，而且回答了如何正确地做事，具有较强的应用性。本书在语言表述上，力求深入浅出、通俗易懂，精心选取了 50 余个真实案例，以增强生动性或"代入感"，具有可读性。本书适合相关法律工作者、养老行业从业人员以及高等院校相关专业的学生阅读。希望读者能从本书中汲取所需，有所增益。

感谢 2015 年冬季给我打电话的那位院长，正是您的垂询开启了我人生一个新的阶段。感谢八年来我服务过的所有客户和所供职学校，是你们提供的沃土孕育了本书的诞生。本书在写作过程中借鉴吸收了有关研究成果和裁判文书的观点，得到了天津师范大学王培利教授的热情帮助，以及武汉大学出版社领导的大力支持，在此一并表示感谢！我的女儿赵浩文在中国政法大学学习的课余时间，也为本书的写作做了案例搜集、整理等大量工作。

英国生物学家托马斯·亨利·赫胥黎曾说"已知的事物是有限的，未知的事物是无穷的"。目前我国的机构养老服务业还处于成长阶段，机构的设施条件、管理与服务水平正处在日新月异的变化或进步中，相关立法和标准化建设也在不断推进，有关住养人伤害事故法律风险防控的实践有待进一步归纳和总结，再限于作者的水平和时间，本书不可避免地存在一定的局限和疏漏之处，恳请广大读者批评指正。对本书的任何意见，可发送邮件至以下邮箱：zhxch7206@163.com。

赵学昌

2024 年 8 月 26 日于天津

目　　录

第一章　树立正确的法律风险防控观念

法律风险防控观念是法律风险防控的指导思想，决定着法律风险防控的起点、过程、重点与效果等。仅仅有正确的防控观念，不一定能防控住法律风险，但防控观念错误，一定不会防控住法律风险。养老机构要防控住法律风险，首先要树立从落实己方义务出发防控风险、重视己方权利的行使和对方义务的履行、重视事前防范和事中控制等正确的防控观念。

一、从落实己方义务出发防控风险

所有法律责任的承担，最终都是因为违反了法定或约定义务。要避免承担责任，就不要违背法定或约定义务。避免责任是风控的目的或终点，而绝不是起点。起点应是落实自己的法定或约定义务。

把避免责任作为起点，无视己方义务的免责或不担责观念是错误的。持有这种观念的人，不考虑己方义务，认为通过签订免责或不担责条款，或向对方发出己方不担责的告知，就可以实现免责或不担责的目标。作者曾遇到一个案件，住养人王某在甲养老机构跌倒，王某要求甲赔偿损失，协商不成，诉至法院。一审法院判决甲承担70%的责任。甲不服一审判决，提起上诉。二审维持原判。甲仍不服，申请再审。再审申请被驳回。① 甲的负责人很不理解，数次跟作者说："我有个心结，怎么也想不明白，当初王某的家人照顾不了王某，求着我们接收王某。签合同时答应我们，如王某出现跌倒等事故，不让我们承担责任，怎么真出了事故，当时的承诺就不算数了呢？"

为什么当时的承诺就不"算数"了呢？因为根据《中华人民共和国民法典》(以下简称《民法典》)第五百零六条规定："造成对方人身损害的免责约定无效。"什

---

① 参见(2020)津民申 1721 号民事裁定书。

么叫免责约定无效？意思就是，如果你有责任，你通过合同免除了你的责任，这是无效的，你仍然有责任。当然，如果你没有责任，你说你不承担责任，那不叫免责约定。关键是，你究竟有没有责任，谁说了算？不是事先的合同说了算，而是法律说了算。

《民法典》第一百八十六条规定："因当事人一方的违约行为，损害对方人身权益、财产权益的，受损害方有权选择请求其承担违约责任或者侵权责任。"根据该条规定，王某有权选择请求甲承担违约责任或者侵权责任。

王某如果告甲违约，要求甲承担违约责任，甲是否应承担违约责任，与养老机构服务合同所属合同种类及损失赔偿违约责任的归责原则有关。目前养老机构服务合同属于非典型合同或无名合同，相关法律没有对其作详细的明文规定。《民法典》第四百六十七条规定："对于本法或者其他法律没有明文规定的合同，适用本编通则的规定，并可以参照适用本编或者其他法律最相类似合同的规定。"根据该条规定，养老机构服务合同可以参照适用《民法典》合同编最相类似合同的规定。哪种合同是最相类似的合同？应是委托合同。《民法典》第九百二十九条规定："有偿的委托合同，因受托人的过错造成委托人损失的，委托人可以请求赔偿损失。无偿的委托合同，因受托人的故意或者重大过失造成委托人损失的，委托人可以请求赔偿损失。"根据该条规定，委托合同损失赔偿违约责任的归责原则应是过错责任原则，只是有偿的委托合同、无偿的委托合同在损失赔偿上对过错的要求不同。甲是否应承担违约责任，除了看甲是否有违约行为、王某是否有实际损失、违约行为与实际损失之间是否有因果关系以外，就是看甲有无过错。

王某如果告甲侵权，要求甲承担侵权责任，甲是否承担侵权责任，与养老机构侵害老年人人身权行为的类型及归责原则有关。根据我国现行法律规定，此种侵权行为，与产品缺陷、机动车交通事故、高度危险作业、污染环境和生态破坏、饲养动物、建筑物和物件致人损害不同，不属于特殊侵权行为，不适用无过错责任原则或过错推定的归责原则。养老机构侵害老年人人身权的行为属于一般侵权行为，按照《民法典》第一千一百六十五条的规定，适用过错责任原则。甲是否应承担侵权责任，除了看甲是否有侵权行为、王某是否有实际损失、侵权行为与实际损失之间是否有因果关系外，就是看甲有无过错。

总之，无论王某告甲侵权还是违约，甲是否承担损害赔偿责任，都要看甲是否有过错。何谓过错，法律对此没有作出明确规定，学术界对此的认识不尽相同。从法律实务角度看，过错是指行为人的行为违反了法定或约定义务，具有故意或过失的主观状态。通过行为人的客观行为，判断其是否违反了法定或约定义务：没有违反，即没有过错，无需担责；违反了，即有过错，需要担责。至于责任的大小，再看其过错程度，即推断其主观上是故意还是过失，是重大过失还是一般过失或轻微过失。因此，不考虑义务和过错，仅简单约定或告知不承担责任，是不管用的。法院判决甲承担 70% 的责任，是因为甲没有履行相关法定义务，具有过错。《养老机构管理办法》(2020 年 8 月 21 日民政部部务会议通过) 第十五条规定："养老机构应当建立入院评估制度，对老年人的身心状况进行评估，并根据评估结果确定照料护理等级。"根据该管理办法，甲有义务根据对王某的评估结果确定王某的照料护理等级，即服务项目。现实中，甲对王某进行了能力评估，评估结果是，王某由于患有小脑萎缩等基础性疾病，不具有自主走动的能力，但甲为王某确定的照护等级对应的服务内容，却没有任何走动看护服务。法院认为，甲明知王某不具有自主走动的能力，但没有为其提供走动照护服务，具有过错，故应承担责任。

无视义务的免责或不担责观念，不仅不能免责，而且其无视义务本身即为风险，会造成员工对义务、对履行义务的茫然无知或疏忽、懈怠，与掩耳盗铃、火中取栗无异。

从落实己方义务出发防控风险，首先要熟知己方义务。欲熟知己方义务，养老机构除了要组织员工加强对服务合同、相关法律和标准的学习以外，还要将服务合同、相关法律和标准规定的己方义务转化为单位内部的各种规则，如设备与物品管理制度、人员配备标准、员工岗位职责、员工培训制度、照护等级与服务项目、服务规范与质量标准、考核标准与奖惩制度等，并组织员工持续学习与落实。

二、重视己方权利的行使与对方义务的履行

法律风险是行为主体因违反法定或约定义务，或者由于未能充分行使法律或合同所赋予的权利，从而承担不利后果的可能性。违反法定或约定义务是法律风险，未充分行使法律或合同所赋予的权利往往也构成法律风险，也会给行为主体带来不利后果。从合同关系看，一方的权利大多是对方的义务。未充分行使己方

权利，也是对对方义务的履行重视、关注或相应的处理不够。

不重视己方权利的行使及对方义务的履行，是错误的，也是有害的。住养人程某已入住乙养老机构 6 年之久。入住伊始，乙评估程某为自理照护等级。6 年后的某日，程某去卫生间如厕时摔倒受伤。就程某损失赔偿，双方协商未成，诉至法院。最后法院判决乙承担 40% 的赔偿责任，审判理由就是程某入住后，乙明知程某体能衰退，但未及时变更程某照护等级，存在过错，与程某摔伤具有因果关系。① 《养老机构管理办法》第十五条规定："老年人身心状况发生变化，需要变更照料护理等级的，养老机构应当重新进行评估。"根据该法该条规定，当老年人的身心状况发生变化时，经评估变更照护等级是养老机构的法定义务。既然养老机构有此义务，为了履行此义务，当然其就具有向老年人或其送养人提出重新评估及变更照护等级的请求权。双方所签署的 2016 年民政部、国家工商行政管理总局联合制定的《养老机构服务合同(示范文本)》(以下简称民政部养老服务合同示范文本)9.1.1 款明确约定，根据住养人健康状况的变化，养老机构可以提出变更服务方案。本案中，乙未履行法定和约定义务，应当承担责任。但是，假如乙对程某及时进行了重新评估，重新确定了照护等级，向程某或其送养人提出了变更照护等级和服务方案的书面请求，并有证据证明是程某或其送养人拒不履行配合乙重新评估的义务，拒不同意变更，则程某或其送养人就存在过错，理应承担责任。但本案中乙未及时行使请求变更的权利，不存在程某或其送养人拒不同意变更的事实，无法主张程某或其送养人存在过错，则相应风险和责任只能由乙来承担。由于没有及时行使权利，最终给自己带来风险或不利后果的案例，不胜枚举。

如果把法律风险防控类比为防控主体与法律风险搏斗的话，从落实己方义务出发防控风险是防控主体的"盾"，积极行使己方权利，督促对方义务的履行则是防控主体的"矛"。重视己方权利的行使与对方义务的履行，不仅要熟知己方权利、对方义务，还要强化与对方有效沟通的意识。在合同关系中，一方所享有的权利为债权。债权本身是一种请求权，即请求债务人为一定行为或不为一定行为的资格、主张、自由、利益或力量。请求权中的请求，即沟通，包括通知、告知、催告、提示或提醒等具体行为。

① 参见(2020)津 01 民终 5198 号民事判决书。

义务人有些义务的履行，以债权人的请求为前提。如住养人或其送养人要如实向养老机构反映住养人的情况，如脾气秉性、家庭成员、既往病史、健康状况和药品使用情况等，就需要养老机构向住养人或送养人提出请求或询问，要求住养人或送养人填写《健康状况自我陈述书》等相关材料。如养老机构没有请求或询问，则难以认定对方没有履行如实告知义务，或隐瞒了住养人病情等信息。

义务人有些义务的履行，不以债权人的请求为前提，但通过请求，不仅可以督促其履行义务，而且还可以固定义务人未及时履行义务的证据。比如，住养人或送养人按合同约定及时交纳服务费的义务，不以养老机构请求为前提。住养人或送养人未及时交费，养老机构进行催告，不仅可以督促住养人或送养人履行义务，而且也固定了其未及时交费的证据，并彰显了其存在过错的程度。一旦住养人在未及时交费期间发生伤害事故，养老机构可以其未交费为由进行抗辩，其未交费的事实与养老机构的服务行为、与其损害事实是有一定因果关系的，其应根据其过错程度承担相应的责任。

另外，债权人有些权利的行使并产生相应法律效果需以另一项权利的行使为前提。如根据《民法典》第五百六十三条的规定，债权人拟行使法定解除合同的权利，仅仅有债务人迟延履行主要债务的事实是不够的，还需要债权人对债务人的催告，催告债务人在合理期限内履行，如债务人仍未在合理期限内履行，才可行使法定解除合同的权利。民政部养老服务合同示范文本 9.2.2 款第一项也约定："付款人无故拖欠各项费用超过＿日，经甲方催告后＿日内仍不交纳的，甲方有权解除合同，书面通知乙方搬出养老机构。"根据前述法律规定及合同约定，如养老机构未经催告就单方解除合同，则单方解除的通知或行为就不具有法律效力，养老机构不得以双方合同已经解除为由，对住养人滞留期间的事故责任进行抗辩。

三、重视事前防范及事中控制

法律风险防控可以分为事前防范、事中控制及事后救济三个阶段。事前防范包括对潜在风险因素的识别、分析和处理。事中防控包括对现实风险的监测、预警处置、应急救助等。事后救济主要是指纠纷的解决。

法律的价值在于对行为的评价和定分止争，但更重要的是对行为的预测和引导。这其中就包括对法律风险的事前防范和事中控制。现实中有不少养老机构对事前防范和事中控制不够重视，认为法律就是用来解决纠纷的，律师就是打官司的，法律风险控制就是如何解决好纠纷、如何打好或打赢官司、如何实现自己利益的最大化或尽量减少自己的损失。殊不知，对于很多纠纷或案件，事故发生后，再优秀的律师或法律工作者，其作用也是有限的。前文例举的甲养老机构和住养人王某因摔伤发生的诉讼案件，从一审、二审到再审，打了三场官司，一审判决甲承担70%责任，甲的投资人对一审代理人不满意，重新委托新的代理人申请二审，二审判决维持原判，甲的投资人又换了代理人申请再审。甲的损失不仅没有减少，而且增加了诉讼费、律师代理费，损失反而增加了。为什么会是这种结果呢？因为在事前、事中（王某摔倒后，甲也没有及时将王某转送医疗机构，存在送医延迟），甲的过错已经铸成，无论是一审，还是二审、再审的代理律师，这都是无法改变的事实。俗话说，"临渊羡鱼，不如退而结网"，仅仅想有好的事后结果，往往是没有什么用的，应高度重视事前的防范、事中的控制，争取不出或少出事故，不出或少出重大责任事故或责任比例高的事故。

重视事前防范和事中控制，意味着养老机构要把防控作为一项常规工作嵌入建设、经营、管理、服务等日常的业务工作之中，做好具有潜在风险因素的每项业务工作的风险识别与分析、风险处理（规避、排除或降低）、风险监测、预警处置、应急救助。事前防范和事中控制也意味着通过抓早、抓小，力争不出事故、少出事故，没有损失或少受损失。既然如此，现实中不少机构为什么对此没有充分重视？如何树立起事前防范和事中控制的观念？

其一，对事前防范和事中控制重视不够，源于养老机构建设、经营、管理与服务的专业化程度不高，专业能力不足。自2000年以来，我国进入人口老龄化社会，社会化养老机构大量建设，虽然有了二十余年的历史和长足进步，虽然近些年发布了大量国家、行业和地方标准，但由于我国几千年来采取家庭养老为主的养老模式，相对于发达国家数十年甚至百余年的人口老龄化和社会养老的历史，我国的机构养老事业与产业还处于初步发展阶段。对于机构建设，尤其是机构经营、管理与服务，不少人的认识还停留在经验化，而非专业化的阶段，对于什么样的经营管理与服务才是正确的，什么样的是错误的，怎样做才是没风险的，怎样做是有风险的，还不是太清楚。正确的人做正确的事，并正确地做事，才能防控风险。既然还不知道什么是正确的，那怎么会有事前防范和事中控制的观念及行为呢？因此，树立事前防范和事中控制的观念，需要不断提升养老机构建设、经营、管理、服务的专业能力和水平。

其二，对事前防范和事中控制重视不够，源于有些养老机构缺乏持续提升服务品质的坚定的发展理念。具有这种理念的机构，会紧盯政策、市场等外部环境的变化，瞄准老年人代际更替下需求层次的渐进式上移，不断改善设施条件，不断优化人员配置，不断强化队伍建设，不断拓展服务功能，不断深化服务内涵，高度重视将风险防控同业务工作一并建设、一并推进，走出一条"增加投入、扩大产出、再增加投入、再扩大产出"的良性发展道路。如缺乏这种理念，则会一味地以收定支，追求收支平衡或保守既有利润（盈余），不再投入，不再提升，就不可能重视法律风险的事前防范和事中控制。因此，只有坚定持续提升服务品质的发展理念，才会重视法律风险的事前防范和事中控制。

其三，对事前防范和事中控制重视不够，源于新建养老机构的运营和资金压力。新建养老机构前期一次性建设投入高，运营亏损期较长，投资回收慢（即使设施改建型机构，运营亏损期一般也有三四年的时间，全部收回成本少则七八年，多则十余年）。在全部收回成本前，尤其是运营亏损期间，有些机构资金紧张，财务压力大，难以稳扎稳打，顾不上培养团队和建设内涵，把重点放在了营销或提升入住率上，甚至有的机构为了生存，"饥不择食"，收住了远远超出自己风险承受能力的老年人。因此，新建养老机构一定要做好财务预算，保证有足够的资金支撑运营亏损期的正常运营，唯有如此，才谈得上对事前防范和事中控制的重视。

第二章　构建安全的设施设备物品及其管理体系

第一节　建设符合安全规范要求的硬件设施

一、硬件设施符合无障碍规范要求

根据《无障碍环境建设法》(2023年通过)、《养老机构管理办法》等相关法律法规要求以及《无障碍设计规范》(GB 50763—2012)、《民用建筑设计统一标准》(GB 50352—2019)、《养老机构服务质量基本规范》(GB/T 35796—2017)、《养老机构服务安全基本规范》(GB 38600—2019)、《养老机构等级划分与评定》(GB/T 37276—2018)、《老年人照料设施建筑设计标准》(JGJ 450—2018)、《居家与养老机构适老产品配置要求》(MZ/T 219—2024)等有关标准规定,养老机构的设施应为无障碍设施。

(一)建筑基地

建筑基地应选择在工程地质条件稳定、不受洪涝灾害威胁的地段,应远离污染源、噪声源及易燃、易爆、危险品生产、储运的区域。

(二)建筑总平面布局与道路交通

1. 建筑出入口位置

机构设施的建筑基地及建筑物的主要出入口不宜开向城市主干道。机动车出入口位置距建筑的出入口最近边缘不应小于20.0m。

2. 交通组织

总平面交通组织应便捷流畅、避免车辆对人员通行的影响，应保证救护车辆能停靠在建筑的主要出入口处，且应与建筑的紧急送医通道相连。

3. 车行道与人行通道地面高差的处理

车行道与人行通道地面有高差时，在人行通道的路口及人行横道的两端应设缘石坡道。缘石坡道应符合下列规定：缘石坡道的坡面应平整、防滑；缘石坡道的坡口与车行道之间宜没有高差；当有高差时，高出车行道的地面不应大于10mm；宜优先选用全宽式单面坡缘石坡道，坡度不应大于1∶20，宽度应与人行道宽度相同。

4. 室外通行的步行道

室外通行的步行道宽度不宜小于1.50m；应连续，其地面应平整、坚固、耐磨、防滑、反光小或无反光，并不宜设置厚地毯，宜设防风避雨设施；有高差时，应设置轮椅坡道，且坡度不应大于1∶12；当轮椅坡道的高度大于0.10m时，应同时设无障碍台阶；雨水箅子的孔洞宽度不应大于15mm；固定在无障碍通道的墙、立柱上的物体或标牌距地面的高度不应小于2.00m，如小于2.00m时，探出部分的宽度不应大于100mm，如突出部分大于100mm，则其距地面的高度应小于600mm。

室外通行的步行道不符合上述规范要求造成住养人伤害事故的，养老机构应承担相应责任。如丙养老中心院内有一井盖，位置正对大门进出口，井盖及其下沿明显高于周边地面数厘米，且处于日常通行道路上。某日，住养人孙某被井盖绊倒受伤，起诉要求丙承担赔偿责任。审理法院认为，丙未对其经营场所进行适老化改造，其场所内通道上高于地面的井盖对老年人行动构成安全威胁，并导致孙某摔倒受伤，丙存在过错。根据其过错程度及对损害后果的参与度，酌定由丙承担60%的赔偿责任。① 丙的过错就在于其违反了《无障碍设计规范》3.5.2款、《老年人照料设施建筑设计标准》6.1.3款关于老年人使用的室内外交通空间的相应规定。

5. 无障碍机动车停车位

---

① 参见最高人民法院《保障老年人合法权益 引导养老产业健康发展 最高法发布涉养老服务民事纠纷典型案例》。中华人民共和国最高人民法院网，https：//www.court.gov.cn/zixun/xiangqing/425652.html.20240220.

应将通行方便、行走距离路线最短的停车位设为无障碍机动车停车位并与无障碍人行道相连；无障碍机动车停车位的地面应平整、防滑、不积水，地面坡度不应大于 1：50；无障碍机动车停车位一侧，应设宽度不小于 1.20m 的通道，供乘轮椅者从轮椅通道直接进入人行道和无障碍出入口；无障碍机动车停车位的地面应涂有停车线、轮椅通道线和无障碍标志。

(三)场地设计

1. 基本要求

老年人使用的室外活动场地应避免与车辆交通空间交叉；地面应平整防滑、排水畅通、不积水，当有坡度时，坡度不应大于 2.5%；老年人集中的室外活动场地应与满足老年人使用的公用卫生间邻近设置；休息座椅旁应留有轮椅停留空间。

2. 居室外的公共厕所

居室外的公共厕所应满足无障碍设计要求或设置无障碍厕所。

(1)无障碍设计要求：

1)女厕所的无障碍设施包括至少 1 个无障碍厕位和 1 个无障碍洗手盆；男厕所的无障碍设施包括至少 1 个无障碍厕位、1 个无障碍小便器和 1 个无障碍洗手盆；

2)厕所的入口和通道应方便乘轮椅者进入和进行回转，回转直径不小于 1.50m；

3)门应方便开启，通行净宽度不应小于 800mm；

4)地面应防滑、不积水。

(2)无障碍厕位设计要求：

1)无障碍厕位应方便乘轮椅者到达和进出，尺寸宜做到 2.00m×1.50m，不应小于 1.80m×1.00m；

2)无障碍厕位的门宜向外开启，如向内开启，需在开启后厕位内留有直径不小于 1.50m 的轮椅回转空间，门的通行净宽不应小于 800mm，平开门外侧应设高 900mm 的横扶把手，在关闭的门扇里侧设高 900mm 的关门拉手，并应采用门外可紧急开启的插销；

3)厕位内应设坐便器，厕位两侧距地面 700mm 处应设长度不小于 700mm 的水平安全抓杆，另一侧应设高 1.40m 的垂直安全抓杆；

4)无障碍厕位应设置无障碍标志,无障碍标志应符合规定。

(3)无障碍厕所设计要求:

1)位置宜靠近公共厕所,应方便乘轮椅者进入和进行回转,回转直径不小于1.50m;

2)面积不应小于4.00m²;

3)地面应防滑、不积水;

4)内部应设坐便器、洗手盆、多功能台、挂衣钩和呼叫按钮;

5)厕位两侧距地面700mm处应设长度不小于700mm的水平安全抓杆,另一侧应设高1.40m的垂直安全抓杆;

6)多功能台长度不宜小于700mm,宽度不宜小于400mm,高度宜为600mm;

7)挂衣钩距地高度不应大于1.20m;

8)在坐便器旁的墙面上高400mm~500mm处应设救助呼叫按钮;

9)入口应设置无障碍标志,无障碍标志应符合规定。

(4)厕所里的其他无障碍设施应符合下列规定:

1)无障碍小便器下口距地面高度不应大于400mm,小便器两侧应在离墙面250mm处,设高度为1.20m的垂直安全抓杆,并在离墙面550mm处,设高度为900mm的水平安全抓杆,与垂直安全抓杆连接;

2)无障碍洗手盆的水嘴中心距侧墙应大于550mm,其底部应留出宽750mm、高650mm、深450mm供乘轮椅者膝部和足尖部移动的空间,并在洗手盆上方安装镜子,出水龙头宜采用杠杆式水龙头或感应式自动出水方式;

3)安全抓杆应安装牢固,直径应为30mm~40mm,内侧距墙不应小于40mm;

4)取纸器应设在坐便器的侧前方,高度为400mm~500mm。

(四)绿化景观

绿化植物不应对老年人安全和健康造成危害。总平面内设置观赏水景水池时,应有安全提示与安全防护措施。否则,即存在相应法律风险。2018年11月1日早上5时50分许,住养人潘某从其入住的房间出发,手推轮椅车慢走,走到所住楼栋附近的观赏水池边,水池设有高约80cm的墙体,水池里水深约30~40cm。潘某坐在水池的墙体上,转身将右脚放入水池内,再将左脚放入水池内,在双脚均置于水池内后,其右手按在水池墙体上面,身体正面跌入水池内。后康养公司工作人员将潘某从水池中捞出,并送往急救中心抢救,潘某经抢救无效死亡。法院认为，根据《老年人照料设施建筑设计标准》第 4.4.2 条"总平面内设置观赏水景水池时，应有安全提示与安全防护措施"的规定，潘某落水死亡的观赏水池既无安全提示也无安全防护措施，康养公司提供的养老设备、设施存在安全隐患，导致潘某落水死亡，因此康养公司对潘某落水死亡存在过错，应当承担相应的民事责任。此外，康养公司昼夜巡逻存在疏忽大意、对潘某的精神慰藉服务存在瑕疵。综合考虑双方过错，酌情确定康养公司承担 30% 的民事责任。①

(五)建筑内部服务设施

问询台、服务窗口、各种业务台等应设置低位服务设施；低位服务设施上表面距地面高度宜为 700mm~850mm，其下部宜至少留出宽 750mm、高 650mm、深 450mm 供乘轮椅者膝部和足尖部移动的空间；低位服务设施前应有轮椅回转空间，回转直径不小于 1.50m。

(六)居室

每间居室应按不小于 6.00m²/床确定使用面积。单人间居室使用面积不应小于 10.00 m²，双人间居室使用面积不应小于 16.00m²。居室内应有空间能保证轮椅进行回转，回转直径不小于 1.50m；相邻床位的长边间距不应小于 0.80m，床边应留有护理、急救操作空间。家具和电器控制开关的位置和高度应方便乘轮椅者靠近和使用。床的使用高度为 450mm。床头应设呼叫装置。有坠床风险住养人使用的床应有床护栏。房间内应设置为听力障碍者服务的闪光提示门铃，宜设置为视力障碍者服务的语音提示装置。室内品与家具布置应安全稳固，若有突出尖锐的阳角应做软包处理，适合老年人生理特点和使用需求。老年人用房的厅、廊、房间如设置休息座椅或休息区、布设管道设施、挂放各类物件等形成的突出物应有防刮碰的保护措施。

居室面积、室内设施设备配置或布置不符合上述规范要求的，即具有法律风险。例如，2017 年 11 月 26 日凌晨 3 时 30 分许，生活完全不能自理的周某在某养老院 205 房间坠床致左肋骨骨折，12 月 17 日 19 时许，周某因呼吸、循环衰竭被宣布临床死亡。因周某的床铺没有床护栏，又养老院对治疗延误存在过错，法

---

① 参见(2019)川 1622 民初 1432 民事判决书。

院经审理，确定由养老院承担 50% 的责任。① 又如，2018 年 12 月 11 日 19 时 30 分左右，张某才从某老年公寓床上滚落地面致闭合性颅脑损伤重伤、脑疝、硬膜外血肿。张某才住院 37 天，出院后不久便死亡。法院认为，老年公寓为张某才提供的床铺没有预防摔落的设置，也没有采取其他预防老人从床上摔落的防护措施，而张某才本已做过开颅手术，患有基础性疾病，在治疗过程中家属的治疗意见对张某才的治疗有很大程度的影响，酌定老年公寓承担 20% 的责任。② 再如，2020 年 4 月 17 日晚，住养人李某被所居房间内倒下来的木制橱柜砸伤，4 月 18 日经诊断为左股骨颈骨折。同年 4 月 21 日，李某再次入院治疗，经诊断为冠心病(心衰)等症状。4 月 23 日经诊断为昏迷、脑梗死、高血压 3 级等，于 4 月 29 日 5 时 30 分被宣布死亡。法院认为，老年公寓未提供安全保障及尽到护理职责，致使李某的左腿被倒下的橱柜砸伤，李某的左股骨颈骨折与老年公寓的行为有因果关系。鉴于李某入院时已 90 余岁，其左股骨颈骨折足以诱发血压高、脑梗死等病症，李某的死亡与老年公寓的侵权行为有一定的因果关系，老年公寓应对李某近亲属的损失承担 60% 的赔偿责任。③

(七) 餐厅

餐厅地面应干燥、平整、防滑、无障碍物。单人座椅应可移动且牢固稳定，餐桌应便于轮椅老年人使用。2018 年 3 月 3 日下午 17 时许，因被告某养老服务中心的食堂地面回潮造成地面湿滑，住养人陈某尧在就餐时摔倒致腰椎压缩性骨折、左侧股骨颈骨折。法院综合考虑原告身体健康、能自主行走等因素，酌定由被告承担 65% 的责任。④

(八) 卫生间

1. 居室内的卫生间

与相邻房间室内地坪不宜有高差，当有不可避免的高差时，不应大于 15mm，且应以斜坡过渡；应设置安全抓杆；无障碍小便器下口距地面高度不应大于

---

① 参见(2018)渝 0103 民初 5630 号民事判决书。
② 参见(2020)皖 08 民终 1304 号民事判决书。
③ 参见(2021)鲁 09 民终 565 号民事判决书。
④ 参见(2018)赣 0426 民初 595 号民事判决书。

400mm，小便器两侧应在离墙面 250mm 处，设高度为 1.20m 的垂直安全抓杆，并在离墙面 550mm 处，设高度为 900mm 的水平安全抓杆，与垂直安全抓杆连接；安全抓杆应安装牢固，直径应为 30mm~40mm，内侧距墙不应小于 40mm；应设呼叫装置。当设盥洗、便溺、洗浴等设施时，应留有助洁、助厕、助浴等操作空间。

2015 年 9 月 12 日，原告乔某英在某老年公寓如厕过程中在卫生间跌倒受伤。法院经审理认为，公寓的卫生间未针对老年人设置扶手等设施，且没有陪护人员陪护，从这一点上看，老年公寓未对入住人尽到合理的安全保障义务，对原告乔某英受伤应该承担相应的责任，结合该案实际情况，应该承担 30% 的责任。[①]

2. 公共卫生间

每个公共卫生间内至少应设 1 个供轮椅老年人使用的无障碍厕位，或设无障碍卫生间；应设呼叫装置。

(九)公共浴室

1. 公共浴室的无障碍设计

(1)公共浴室的无障碍设施包括 1 个无障碍淋浴间或盆浴间以及 1 个无障碍洗手盆。

(2)公共浴室的入口和室内空间应方便乘轮椅者进入和使用，浴室内部应能保证轮椅进行回转，回转直径不小于 1.50m；浴室内应配备助浴设施，并应留有助浴空间。

(3)浴室地面应防滑、不积水。因地面不防滑造成住养人伤害的，机构应承担相应赔偿责任。2018 年 6 月 17 日晨 5 点 39 分许，住养人彭某学提桶进入某养老院公用洗浴间洗澡。6 时 01 分，该养老院的清洁工发现彭某学倒在洗浴间的地上，头部接触的地面有血。6 点 30 分"120"急救车到场，经医生到现场确认，彭某学已经死亡。法院认为，洗澡间地面为白色瓷砖，并非防滑瓷砖，被告也没有采取其他防滑等防护措施，且洗澡间的淋浴水龙头在这个时间段没有供应热水。被告存在洗澡间安全防护措施不到位、限制供水时间等瑕疵，与住养人摔倒死亡这一事件之间存在一定的关联性，养老院应当对彭某学死亡的后果承担相应

---

① 参见(2017)内 09 民终 260 号民事判决书。

的合同责任。结合本案养老院在履行合同过程中违约程度以及彭某学自身的年龄、身体情况，养老院应对彭某学死亡的损失后果承担 30%的赔偿责任。①

（4）浴室入口宜采用活动门帘，当采用平开门时，门扇应向外开启，设高 900mm 的横扶把手，在关闭的门扇里侧设高 900mm 的关门拉手，并应采用门外可紧急开启的插销。

（5）应附设无障碍厕位、无障碍盥洗盆或盥洗槽，并应附设更衣空间。

（6）应设呼叫装置。

2. 无障碍淋浴间的无障碍设计

（1）无障碍淋浴间的短边宽度不应小于 1.50m。

（2）淋浴间坐台高度宜为 450mm，深度不宜小于 450mm。

（3）淋浴间应设距地面高 700mm 的水平抓杆和高 1.40m～1.60m 的垂直抓杆。

（4）淋浴间内淋浴喷头的控制开关的高度距地面不应大于 1.20m。

（5）毛巾架的高度不应大于 1.20m。

3. 无障碍盆浴间的无障碍设计

（1）在浴盆一端设置方便进入和使用的坐台，其深度不应小于 400mm。

（2）浴盆内侧应设高 600mm 和 900mm 的两层水平抓杆，水平长度不小于 800mm；洗浴坐台一侧的墙上设高 900mm、水平长度不小于 600mm 的安全抓杆。

（3）毛巾架的高度不应大于 1.20m。

（十）文娱与健身及其他用房

地面应平整；文娱与健身用房应邻近设置公共卫生间。

（十一）建筑内交通空间

1. 基本要求

老年人使用的交通空间应清晰、明确、易于识别，且有规范、系统的提示标识；失智老年人使用的交通空间，线路组织应便捷、连贯。

2. 建筑物首层主要出入口

应为无障碍出入口，宜采用平坡出入口，地面坡度不应大于 1∶20，当场地

---

① 参见（2018）渝 0153 民初 3802 号民事判决书。

条件比较好时，不宜大于1∶30；地面应平整；出入口的地面、台阶、踏步、坡道等均应采用防滑材料铺装，应有防止积水的措施，严寒、寒冷地区宜采取防结冰措施；在门完全开启的状态下，出入口的平台的净深度不应小于1.50m；出入口的上方应设置雨棚；出入口设置台阶时，台阶两侧宜设置扶手；出入口严禁采用旋转门；出入口大厅、休息厅等人员聚集场所宜提供休息座椅和可以放置助行器、轮椅的无障碍休息区。

3. 室内通道

应为无障碍通道：老年人使用的走廊，通行净宽不应小于1.80m，确有困难时不应小于1.40m；当走廊的通行净宽大于1.40m且小于1.80m时，走廊中应设通行净宽不小于1.80m的轮椅错车空间，错车空间的间距不宜大于15.00m；通道应连续，其地面应平整、防滑、反光小或无反光，并不宜设置厚地毯；走道两侧墙面应设置扶手，无障碍单层扶手的高度应为850mm～900mm，无障碍双层扶手的上层扶手高度应为850mm～900mm，下层扶手高度应为650mm～700mm；扶手应保持连贯，靠墙面的扶手的起点和终点处应水平延伸不小于300mm的长度；扶手末端应向内拐到墙面或向下延伸不小于100mm，栏杆式扶手应向下成弧形或延伸到地面上固定；扶手内侧与墙面的距离不应小于40mm；扶手应安装坚固，形状易于抓握；圆形扶手的直径应为35mm～50mm，矩形扶手的截面尺寸应为35mm～50mm；扶手的材质宜选用防滑、热惰性指标好的材料。

通道上有高差时，应设置轮椅坡道，且坡度不应大于1∶12。当轮椅坡道的高度大于0.10m时，应同时设无障碍台阶；轮椅坡道临空侧应设置安全阻挡措施；轮椅坡道应设置无障碍标志。

2017年6月18日11时许，原告王某芝在被告老年公寓内从室内去往阳台，经过阳台门时被阳台门的门槛绊倒致右股骨颈骨折，造成原告身体受伤(九级伤残)。法院认为，公寓室内设施存在瑕疵，又在存在众多托老人员的情况下，没有安排、配置相应的护理人员对公寓内的住养人进行看护、照顾，导致原告摔伤。考虑到原告作为一个完全民事行为能力人，未尽到小心谨慎的自身注意义务，酌定被告对原告的损失承担30%的赔偿责任。①

---

① 参见(2018)黑12民终44号民事判决书。

4. 楼梯

应为无障碍楼梯：宜采用直线形楼梯，严禁采用弧形楼梯和螺旋楼梯；梯段通行净宽不应小于1.20m，各级踏步应均匀一致，楼梯缓步平台内不应设置踏步；踏步宽度不应小于280mm，踏步高度不应大于160mm；踏步前缘不应突出，踏面下方不应透空；应采用防滑材料饰面，所有踏步上的防滑条、警示条等附着物均不应突出踏面；宜在两侧均做扶手；如采用栏杆式楼梯，在栏杆下方宜设置安全阻挡措施；踏面和踢面的颜色宜有区分和对比；楼梯上行及下行的第一阶宜在颜色或材质上与平台有明显区别。

5. 电梯

二层及以上楼层、地下室、半地下室设置老年人用房时应设电梯，电梯应为无障碍电梯，且至少1台能容纳担架。

(1)无障碍电梯的候梯厅应符合下列规定：

1)候梯厅深度不宜小于1.80m；

2)呼叫按钮高度为0.90m~1.10m；

3)电梯门洞的净宽度不宜小于900mm；

4)电梯出入口处宜设提示盲道；

5)候梯厅应设电梯运行显示装置和抵达音响。

(2)无障碍电梯的轿厢应符合下列规定：

1)轿厢门开启的净宽度不应小于800mm；

2)在轿厢的侧壁上应设高0.90m~1.10m带盲文的选层按钮，盲文宜设置于按钮旁；

3)轿厢的三面壁上应设高850mm~900mm的扶手；

4)轿厢内应设电梯运行显示装置和报层音响；

5)轿厢正面高900mm处至顶部应安装镜子或采用有镜面效果的材料；

6)轿厢的规格应依据建筑性质和使用要求的不同而选用，最小规格为深度不应小于1.40m，宽度不应小于1.10m；中型规格为深度不应小于1.60m，宽度不应小于1.40m；医疗建筑与老人建筑宜选用病床专用电梯；

7)电梯位置应设无障碍标志。

(3)应设置监控系统，梯门宜装可视窗。

(4)建筑高度大于24.0m，不大于100.0m的高层公共建筑，电梯台数不宜少于 2 台。

（十二）建筑细部（门窗、阳台等）

1. 门

居室户门净宽不应小于 900mm；护理型床位居室的门净宽不应小于 1.10m。卧室、厨房、卫生间门净宽不应小于 800mm；含有 2 个或多个门扇的门，至少应有 1 个门扇的开启净宽不小于 800m；老年人居室门及卫生间门应具有内外均可开锁的功能；可双向开启的平开门及养老机构环形路线上的门应具有观察窗；建筑主要出入口的门净宽不应小于 1.10m，应具有良好的倚靠稳定性，宜具有防夹手功能、开闭缓冲功能。

2013 年 5 月 12 日 18 时许，吕某莲在从外面进入楼里时，因进楼的对开门反弹致使吕某莲摔倒，造成其左股骨粗隆间粉碎性骨折。法院认为，被告某养老院的进楼门属于无障碍平开门，其功能之一就是推开后门扇能够自动回转，门扇回转时因惯性产生反弹现象，这种反弹对正常人群也许不会造成不良影响，但是对于行动迟缓的老人和儿童有可能产生伤害。吕某莲已是年近八旬的老人，虽然能够自理生活，但行动自然会比正常人迟缓，其在进楼时被对开门反弹摔伤，被告负有不可推卸的责任，故应对吕某莲受伤后产生的全部经济损失承担赔偿责任。①

2. 窗户

（1）公共走道的窗扇开启时不得影响人员通行，其底面距走道地面高度不应低于 2.0m。

（2）临空外窗的窗台距楼地面净高不得低于 0.8m，否则应设置防护设施，防护设施的高度由地面起算不应低于 0.8m。

（3）居室门窗应采取安全防护措施，如隐形防坠网、限位器等。

2018 年 3 月 2 日 13 时左右，住养人吴某被老年公寓的工作人员发现其受伤在地，吴某的护工将其送至房间，后经抢救无效死亡。经调查，吴某所居住的三楼房间被其护工从外面反锁，吴某欲从窗户翻越出去，因该房间窗户并未安装防护装置，致使其从三楼坠落身亡。法院认为，吴某居住的房间窗户未安装防护措

---

① 参见（2014）沈中民一终字第 2397 号民事判决书。

施,老年公寓未能提供安全的养老场所,且将房间门从外面反锁,放任危险情况的发生;另在吴某坠楼后,老年公寓采取的救护措施亦不合理,酌定老年公寓对吴某的死亡承担70%的责任。[1]

3. 阳台、上人平台

相邻居室的阳台宜相连通,开敞式阳台、上人平台的栏杆、栏板应采取防坠落措施,且距地面0.35m高度范围内不宜留空。

(十三)标识与信息

出入口应设置无障碍设施位置图。主要出入口、无障碍通道、停车位、建筑出入口、公共厕所等无障碍设施的位置应设置无障碍标志,并应形成完整的无障碍标识系统,清楚地指明无障碍设施的走向及位置。

养老机构应设置应急导向标识(包括但不限于安全出口标志、疏散路线标志、消防和应急设备位置标志、楼层平面疏散指示图等,且信息准确无误)、通行导向标识(包括但不限于人行和车行导向标志、楼梯/电梯导向标志、楼层号等,且信息准确无误,具有一致性、连续性和显著性)、服务导向标识(包括但不限于公共活动空间、就餐空间、公共卫生间标识等,且信息准确无误,具有明确性和显著性)。

危险地段应设置必要的警示、提示标志及安全警示线,如墙面凸出处贴有防撞标志、透明玻璃门视线高度贴有防撞标志、临空处、水池边设有警告标志、地面高差突变处设有提示标志等,以引起老年人对不安全因素的注意。

2016年11月19日,曾某霜(三级智力残疾人)与其姐一同前往长沙市某老年公寓参观并咨询养老事宜。中午时分,曾某霜与姐姐从室外石质阶梯右转步入有顶长廊下行步道,起初姐姐行走位置在前,双手插在衣兜,走到步道后,两人稍作停留,并半转身回头向后观看,此后继续下行。在此过程中,曾某霜行走位置稍落后于姐姐,并逐渐向木质阶梯靠近,在快接近木质阶梯时,曾某霜脚下趔趄,小碎步急行几步,双膝弯曲,俯身倒在地上,倒地时手接触台阶。倒地前,曾某霜在姐姐之前约半个身位,倒地后,姐姐将手从衣兜伸出去搀扶曾某霜。步道周围未见警示标志,步道上可见几处水渍。曾某霜受伤后住院治疗。事故发生

---

[1] 参见(2018)苏03民终5346号判决书。

之日天气为雨天。法院认为，老年公寓作为对外经营的主体，应对客户包括参观考察人员尽到适当的安全保障义务，事发地段系下坡路段，从石质台阶往右下行为急转，且当天为雨天，虽然下行步道上方有顶棚，但步道上可见几处明显的水渍，老年公寓未设置警示标志对可能出现的风险进行提醒，对本案损失应承担30%的次要责任。①

二、硬件设施符合消防规范要求

(一) 硬件设施应符合消防相关法律及标准规定

养老机构设施应符合《中华人民共和国消防法》(2021年修订版)、《机关、团体、企业、事业单位消防安全管理规定》(2001年10月19日公安部部长办公会议通过)等相关法律法规及《建筑防火通用规范》(GB 55037—2022)、《建筑内部装修设计防火规范》(GB 50222—2017)、《建筑灭火器配置设计规范》(GB 50140—2005)、《消防安全标志 第1部分：标志》(GB 13495.1—2015)、《人员密集场所消防安全管理》(GB/T 40248—2021)等有关标准的规定，其中，专门针对养老机构设施的规定主要包括以下内容。

1. 消防救援设施

5层及以上(包括设置在其他建筑内第五层及以上楼层)且建筑面积大于3000m² 的老年人照料设施应设置消防电梯，且每个防火分区可供使用的消防电梯不应少于1部。

2. 建筑平面布置与防火分隔

(1)养老机构应设置在合法建筑内，不应设置在生产储存经营易燃易爆危险品的场所、厂房、仓库或商场等建筑内。养老机构内除可设置满足其使用功能的附属库房外，不应设置生产场所或其他库房，不应与工业建筑组合建造。

(2)养老机构与其他单位共同处于同一建筑物内的，应当与其他单位进行防火分隔。养老机构内的厨房、烧水间、配电室、锅炉房等设备用房，应当单独设置或者与其他区域进行防火分隔。进行防火分隔的，应采用防火门、防火窗、耐火极限不低于2.00h 的防火隔墙和耐火极限不低于1.00h 的楼板。

---

① 参见(2019)湘01民终4612号民事判决书。

3. 建筑结构耐火

（1）建筑高度大于50m的老年人照料设施耐火等级应为一级，建筑高度大于24m小于50m或总建筑面积大于1500m²的老年人照料设施耐火等级不应低于二级，其他老年人照料设施耐火等级不应低于三级。

（2）养老机构的布置应符合下列规定：

1）对于一、二级耐火等级建筑，不应布置在楼地面设计标高大于54m的楼层上；

2）对于三级耐火等级建筑，应布置在首层或二层；

3）居室和休息室不应布置在地下或半地下；

4）老年人公共活动用房、康复与医疗用房，应布置在地下一层及以上楼层，当布置在半地下或地下一层、地上四层及以上楼层时，每个房间的建筑面积不应大于200m²，且使用人数不应大于30人；

5）Ⅰ级木结构建筑，应布置在首层、二层或三层；

6）Ⅱ级木结构建筑，应布置在首层或二层。

4. 建筑构造与装修

（1）装饰装修材料的燃烧性能等级。除以下特别场所外，养老机构设施的顶棚、墙面应采用燃烧性能为A级的装饰装修材料，地面、隔断所用装饰装修材料以及窗帘的燃烧性能不低于B1级，固定家具的燃烧性能不低于B2级，不宜设置采用B3级装饰材料制成的壁挂、布艺等，当需要设置时，不应靠近电气线路、火源或热源，或采取隔离措施：

1）消防水泵房、机械加压送风排烟机房、固定灭火系统钢瓶间、配电室、变压器室、发电机房、储油间、通风和空调机房、锅炉房等，其内部所有装修均应采用燃烧性能为A级的装修材料；

2）厨房、避难走道、避难层、避难间、疏散楼梯间及其前室、消防电梯前室或合用前室的顶棚、墙面、地面均应采用燃烧性能为A级的装修材料；

3）经常使用明火器具的餐厅，顶棚、墙面、地面、隔断、窗帘应采用燃烧性能为A级的装饰装修材料，固定家具的燃烧性能不低于B1级。

（2）保温材料或制品的燃烧性能。独立建造的老年人照料设施、与其他功能的建筑组合建造且老年人照料设施部分的总建筑面积大于500m²的老年人照料设施的内、外保温系统和屋面保温系统均应采用燃烧性能为A级的保温材料或制品，不得使用聚苯乙烯、聚氨酯泡沫等燃烧性能低于 A 级的材料。

5. 安全疏散设施

（1）老年人照料设施的老年人居室的疏散门，应在关闭后具有烟密闭的性能。

（2）老年人照料设施的与敞开式外廊不直接连通的室内疏散楼梯均应为封闭楼梯间。

（3）老年人照料设施中的老年人活动场所，当位于走道尽端时，疏散门不应少于 2 个；老年人照料设施中的老年人活动场所位于两个安全出口之间或袋形走道两侧且建筑面积不大于 50m² 时，可仅设置 1 个疏散门。

（4）安全出口的个数：每个防火分区或一个防火分区的每个楼层的安全出口不应少于 2 个。

6. 消防设施及用电

（1）建筑占地面积大于 300m² 的养老机构应设置室外消火栓系统，建筑体积大于 5000m³ 的老年人照料设施应设置室内消火栓系统。

（2）老年人照料设施应设置自动灭火系统、火灾自动报警系统。

（3）灭火器应设置在位置明显和便于取用的地点，且不得影响安全疏散，摆放应稳固，其铭牌应朝外。手提式灭火器宜设置在灭火器箱内或挂钩、托架上，其顶部离地面高度不应大于 1.50m；底部离地面高度不宜小于 0.08m。灭火器箱不得上锁。灭火器不得设置在超出其使用温度范围的地点。

（4）老年人照料设施内消防应急照明和灯光疏散指示标志的备用电源的连续供电时间不少于 1.0 小时。

7. 建筑施工

扩建、改建建筑施工时，施工区域应停止建筑正常使用。非施工区域如继续正常使用，应符合下列规定：

（1）在施工区域与非施工区域之间应采取防火分隔措施。

（2）外脚手架搭设不应影响安全疏散、消防车正常通行、外部消防救援。

（3）因施工等特殊情况需要使用明火作业的，应当事先办理审批手续。

（4）焊接、切割、烘烤或加热等动火作业前和作业后，应清理作业现场的可燃物，作业现场及其下方或附近不能移走的可燃物应采取防火措施。

（5）落实现场监护人和安全措施，在确认无火灾、爆炸危险后方可动火作业。

（6）不应直接在裸露的可燃或易燃材料上动火作业。

（7）不应在具有爆炸危险性的场所使用明火、电炉及高温直接取暖设备。

8. 消防安全标志

养老机构设置的消防安全标志牌应符合《消防安全标志 第 1 部分：标志》（GB 13495.1—2015）的规定，应定期检查与维修，至少半年检查一次，发现问题应及时修整、更换或重新设置。

案例

北京长峰医院床位数量增加后，未按规定向丰台区卫生健康委申请办理变更登记。2023 年 4 月 18 日 12 时 50 分，北京长峰医院发生重大火灾事故，造成 29 人死亡、42 人受伤，直接经济损失 3831.82 万元。

1. 起火原因分析

一是北京长峰医院南配楼三层 ICU 改造工程施工现场，作业人员违反《中华人民共和国消防法》《建设工程施工现场消防安全技术规范》《自流平地面工程技术标准》（JGJ/T 175—2018）等有关法律与标准规定，在未办理动火审批手续、未对现场可燃物进行清理的情况下，违规进行净化门门框安装切割动火作业，违规进行环氧树脂自流平地面施工与净化门安装交叉作业。二是自流平地面施工涂刷的环氧树脂底涂材料中易燃易爆成分挥发，加之现场未保持有效通风，形成爆炸性气体混合物，且浓度达到爆炸下限。三是角磨机切割金属净化板产生的火花，遇爆炸性气体混合物引起爆燃，并引燃西北门外坡道下方堆放的可燃物。

2. 火灾蔓延原因分析

一是爆燃发生后，作业人员未将现场形成的多处火点全部扑灭，且未第一时间报警；事发医院工作人员发现火情后也未第一时间报警，未有效组织初期火灾扑救；固定消防设施失效，自动喷水灭火系统和消火栓系统管网无水，未能有效控制火势。二是坡道和医院通道墙面采用木质装修材料、施工区域与非施工区域未按规定采用不燃材料进行防火分隔，导致明火蔓延至东楼主体建筑内。三是部分管道竖井未进行防火封堵且未设置防火门；部分楼梯间防火门闭门器损坏，无法正常关闭，北通道五层东侧楼梯间常闭式防火门未保持关闭状态；南通道六层西侧楼梯间防火门上方石膏板隔墙被烧穿，导致烟气蔓延扩散。

3. 人员伤亡原因分析

未能及时转移疏散、吸入含一氧化碳的烟气是造成大量人员伤亡的主要原因。一是火灾初期事发医院未启动应急预案，未有效组织疏散转移被困人员。二是病区设置不合理，事发医院将行动不能自理或行动不便的患者集中安置在七层、八层等高楼层，大部分患者无自主逃生能力。三是危重患者移动难度大，楼内通道狭窄、转移条件差，救援转移困难。①

(二)养老机构设施应取得消防安全合格证明

根据《中华人民共和国建筑法》(2019 年修正)、《中华人民共和国消防法》(2021 年修订版)、《建设工程质量管理条例》(2019 年修订)、《建设工程消防设计审查验收管理暂行规定》(根据 2023 年 8 月 21 日住房和城乡建设部令第 58 号修正)等法律法规及《建筑防火通用规范》等相关标准规定，养老机构设施新建、改建、扩建应取得消防安全合格证明。

1. 消防设计审查与验收

根据《建设工程消防设计审查验收管理暂行规定》第十四条的规定，总建筑面积大于 $1000 m^2$ 的养老机构属于特殊建设工程，实行消防设计审查和验收制度。

(1)消防设计审查：

建设单位在施工前应当向消防设计审查验收主管部门(住房和城乡建设主管部门)申请消防设计审查。申请消防设计审查时，应当提交下列材料：

1)消防设计审查申请表；

2)消防设计文件；

3)依法需要办理建设工程规划许可的，应当提交建设工程规划许可文件；

4)依法需要批准的临时性建筑，应当提交批准文件。

消防设计审查验收主管部门收到建设单位提交的消防设计审查申请后，对申请材料齐全的，应当出具受理凭证；申请材料不齐全的，应当一次性告知需要补

---

① 国务院事故调查组. 北京丰台长峰医院"4·18"重大火灾事故调查报告. 中华人民共和国应急管理部网，https://www.mem.gov.cn/gk/zfxxgkpt/fdzdgknr/202310/t20231025_466731.shtml. 20231025.

正的全部内容。

消防设计审查验收主管部门应当自受理消防设计审查申请之日起15个工作日内出具书面审查意见。对符合下列条件的，应当出具消防设计审查合格意见：

1）申请材料齐全、符合法定形式；

2）设计单位具有相应资质；

3）消防设计文件符合国家工程建设消防技术标准。对不符合前款规定条件的，消防设计审查验收主管部门应当出具消防设计审查不合格意见，并说明理由。

（2）消防验收：

建设工程竣工验收后，建设单位应当向消防设计审查验收主管部门申请消防验收；未经消防验收或者消防验收不合格的，禁止投入使用。

建设单位组织竣工验收时，应当对建设工程是否符合下列要求进行查验：

1）完成工程消防设计和合同约定的消防各项内容；

2）有完整的工程消防技术档案和施工管理资料（含涉及消防的建筑材料、建筑构配件和设备的进场试验报告）；

3）建设单位对工程涉及消防的各分部分项工程验收合格；施工、设计、工程监理、技术服务等单位确认工程消防质量符合有关标准；

4）消防设施性能、系统功能联调联试等内容检测合格。

经查验不符合前款规定的建设工程，建设单位不得编制工程竣工验收报告。

建设单位申请消防验收，应当提交下列材料：

1）消防验收申请表；

2）工程竣工验收报告；

3）涉及消防的建设工程竣工图纸。

消防设计审查验收主管部门收到建设单位提交的消防验收申请后，对申请材料齐全的，应当出具受理凭证；申请材料不齐全的，应当一次性告知需要补正的全部内容。

消防设计审查验收主管部门受理消防验收申请后，应当按照国家有关规定，对特殊建设工程进行现场评定。现场评定包括对建筑物防（灭）火设施的外观进行现场抽样查看；通过专业仪器设备对涉及距离、高度、宽度、长度、面积、厚度等可测量的指标进行现场抽样测量；对消防设施的功能进行抽样测试、联调联试消防设施的系统功能等内容。

消防设计审查验收主管部门应当自受理消防验收申请之日起 15 日内出具消防验收意见。对符合下列条件的，应当出具消防验收合格意见：

1）申请材料齐全、符合法定形式；

2）工程竣工验收报告内容完备；

3）涉及消防的建设工程竣工图纸与经审查合格的消防设计文件相符；

4）现场评定结论合格。

对不符合前款规定条件的，消防设计审查验收主管部门应当出具消防验收不合格意见，并说明理由。

实行规划、土地、消防、人防、档案等事项联合验收的建设工程，消防验收意见由地方人民政府指定的部门统一出具。

2. 消防验收备案

根据《建设工程消防设计审查验收管理暂行规定》第二、十四条的规定，总建筑面积 1000m^2 以下的养老机构属于其他建设工程，实行消防设计、备案与抽查制度。

（1）消防设计：

建设单位申请施工许可或者申请批准开工报告时，应当提供满足施工需要的消防设计图纸及技术资料。未提供满足施工需要的消防设计图纸及技术资料的，有关部门不得发放施工许可证或者批准开工报告。

（2）消防验收备案：

建设工程竣工验收合格之日起 5 个工作日内，建设单位应当报消防设计审查验收主管部门备案。备案时，应当提交下列材料：

1）消防验收备案表；

2）工程竣工验收报告；

3）涉及消防的建设工程竣工图纸。

消防设计审查验收主管部门收到建设单位备案材料后，对备案材料齐全的，应当出具备案凭证；备案材料不齐全的，应当一次性告知需要补正的全部内容。

（3）消防抽查：

消防设计审查验收主管部门应当对备案的其他建设工程进行抽查，随机抽取检查对象，随机选派检查人员。建设单位收到检查不合格整改通知后，应当停止使用建设工程，并组织整改，整改完成后，向消防设计审查验收主管部门申请复查。消防设计审查验收主管部门应当自收到书面申请之日起 7 个工作日内进行复查，并出具复查意见。复查合格后方可使用建设工程。

案例

2015 年 5 月 25 日 19 时 30 分许，河南省平顶山市鲁山县康某园老年公寓发生特别重大火灾事故，造成 39 人死亡、6 人受伤，过火面积 745.8 平方米，直接经济损失 2064.5 万元。

1. 直接原因

老年公寓不能自理区西北角房间西墙及其对应吊顶内，给电视机供电的电器线路接触不良发热，高温引燃周围的电线绝缘层、聚苯乙烯泡沫、吊顶木龙骨等易燃可燃材料，造成火灾。造成火势迅速蔓延和重大人员伤亡的主要原因是建筑物大量使用聚苯乙烯夹芯彩钢板(聚苯乙烯夹芯材料燃烧的滴落物具有引燃性)，且吊顶空间整体贯通，加剧火势迅速蔓延并猛烈燃烧，导致整体建筑短时间内垮塌损毁；不能自理区老人无自主活动能力，无法及时自救造成重大人员伤亡。

2. 间接原因

康某园老年公寓违规建设运营，管理不规范，安全隐患长期存在：

(1)违法违规建设、运营。康某园老年公寓发生火灾建筑没有经过规划、立项、设计、审批、验收，使用无资质施工队；违规使用聚苯乙烯夹芯彩钢板、不合格电器电线；未按照国家强制性行业标准《老年人建筑设计规范》(JGJ 122—99)要求在床头设置呼叫对讲系统，不能自理区配置护工不足。

(2)日常管理不规范，消防安全意识淡薄。康某园老年公寓日常管理不规范，没有建立相应的消防安全组织和消防制度，没有制定消防应急预案，没有组织员工进行应急演练和消防安全培训教育；员工对消防法律法规不熟悉、不掌握，消防安全知识匮乏。

3. 第三方原因

地方民政部门违规审批许可，行业监管不到位；地方公安消防部门落实消防法规政策不到位，消防监管不力；地方国土、规划、建设部门执法监督工作不力，履行职责不到位；地方政府安全生产属地责任落实不到位。①

第二节　健全设施设备物品的安全管理体系

养老机构设施设备物品包括供配电、照明、通讯、音响、智能化系统等建筑电气类设施设备物品，平衡杆、肩关节回旋器、听诊器、血压计等医疗器械类设施设备物品，冰箱、消毒柜、洗碗机、灶具、进餐器具、食材等厨房炊具类设施设备物品，监控、呼叫、信息管理系统等管理系统类设施设备物品，床、桌、柜、电视等适老家具类设施设备物品，洗衣机、脸盆、马桶、坐浴椅等卫生沐浴类设施设备物品，助行器、轮椅、移位机等移动运输类设施设备物品，饮水机、微波炉、衣被、尿垫等生活用品类设施设备物品，电脑、打印机等办公类设施设备物品。

养老机构应建立设施设备物品的配置、采购、安装、建账、保管、使用、清洁、检查、维保、报废、销账的一般安全管理体系。例如，在采购环节，应留存销售方的营业执照及所需资质证书复印件，留存设施设备物品的合格证明文件及购货凭证；对于需要安装的设施设备，在安装环节，安装单位和专业人员应具有相应资质；在保管环节，应责任到部门、责任到人，保管场所、措施等符合设施设备物品的特定要求；在使用环节，应符合特定设施设备物品的使用说明要求，对于住养人使用的设施设备物品，还应通过适当方式告知住养人使用方法、注意事项；在检查、维保环节，应建立并落实定期检查、维保的制度，保证设施设备物品的完好或具有正常的使用功能。对于相关法律、标准有特定要求的，还应符合相关法律、标准的特定要求。

养老机构不仅"硬件要硬"，即设施设备和物品要符合无障碍、消防规范要求，而且要"硬中有软"，即对设施设备和物品的管理要符合相关安全要求。对于符合无障碍、消防规范要求设施设备和物品，如果安全管理跟不上，也容易出现事故，具有相应法律风险。作者曾接触一案例，住养人郑某如厕未按呼叫铃，在自行下床时坠床导致骨折，各方面损失共计 6 万余元。住养人和养老机构就损

---

① 国务院事故调查组 . 河南平顶山"5・25"特别重大火灾事故调查报告 . 新郑市人民政府网，https：//public.xinzheng.gov.cn/09FBG/2028327.jhtml.20251014.

失赔偿协商不成，诉至法院。一审法院判决养老机构赔偿 4 万元。判决送达后，养老机构非常不解，认为郑某床头有呼叫铃，机构设备配置完全符合要求，是郑某自己没按铃造成的事故，机构不应担责。养老机构提起上诉，二审法院仍然维持原判。养老机构为什么要担责呢？《中华人民共和国消费者权益保护法》(2013年修正)第八条规定："消费者享有知悉其购买、使用的商品或者接受的服务的真实情况的权利。消费者有权根据商品或者服务的不同情况，要求经营者提供商品的价格、产地、生产者、用途、性能、规格、等级、主要成份、生产日期、有效期限、检验合格证明、使用方法说明书、售后服务，或者服务的内容、规格、费用等有关情况。"根据该条规定，郑某有权要求养老机构告知在什么情况下使用呼叫铃、如何使用呼叫铃。《消费者权益保护法》第二十条规定："经营者向消费者提供有关商品或者服务的质量、性能、用途、有效期限等信息，应当真实、全面，不得作虚假或者引人误解的宣传。经营者对消费者就其提供的商品或者服务的质量和使用方法等问题提出的询问，应当作出真实、明确的答复。"根据该条规定，养老机构有义务告知郑某在什么情况下使用呼叫铃，如何使用呼叫铃。本案中，郑某是在入住养老机构的当天中午发生的事故，且入住时养老机构并未与郑某签署合同，即养老机构并未通过合同告知郑某在什么情况下使用呼叫铃、如何使用呼叫铃，也没有通过口头、张贴提示标识等方式告知。养老机构有义务并未履行，是存在过错的，应承担一定责任。养老机构告知住养人在什么情况下使用呼叫铃、如何使用呼叫铃，正是设施设备或物品使用管理的内容。

一、消防及消防设施安全管理

养老机构应根据《中华人民共和国消防法》《机关、团体、企业、事业单位消防安全管理规定》《人员密集场所消防安全管理》(GB/T 40248—2021)、《消防控制室通用技术要求》(GB 25506—2010)、《养老机构服务安全基本规范》(GB 38600—2019)以及《养老机构消防安全管理规定》(民发〔2023〕37 号)等有关法律、标准、规范性文件的规定加强消防安全管理。

(一)落实消防安全主体责任

1. 建立健全消防安全责任制

养老机构应当建立健全逐级和岗位消防安全责任制，明确相应的消防安全责任人员及职责。养老机构的职责包括以下内容：

（1）制定消防安全管理制度和保障消防安全的操作规程。

（2）开展关于消防法律法规和防火安全知识的宣传教育，对员工进行消防安全教育和培训。

（3）定期开展防火巡查、检查，及时消除火灾隐患。

（4）确保疏散走道、通道、安全出口、疏散门和消防车通道的畅通，不被占用、堵塞、封闭。

（5）确定各类消防设施的操作维护人员，保证消防设施、器材以及消防安全标志完好有效，并处于正常运行状态。

（6）组织扑救初起火灾，疏散人员，维持火场秩序，保护火灾现场，协助火灾调查。

（7）制定灭火和应急疏散预案，定期组织消防演练。

（8）建立并妥善保管消防档案。

消防安全责任人的职责。养老机构的法定代表人、主要负责人或者实际控制人为本单位的消防安全责任人，其职责包括：

（1）严格遵守消防法律法规，保证人员密集场所符合国家消防技术标准，掌握本场所的消防安全情况，全面负责本场所的消防安全工作。

（2）统筹安排本场所的消防安全管理工作，批准实施年度消防工作计划。

（3）为本场所消防安全管理工作提供必要的经费和组织保障。

（4）确定逐级消防安全责任，批准实施消防安全管理制度和保障消防安全的操作规程。

（5）组织召开消防安全例会，组织开展防火检查，督促整改火灾隐患，及时处理涉及消防安全的重大问题。

（6）根据有关消防法律法规的规定建立专职消防队、志愿消防队（微型消防站），并配备相应的消防器材和装备。

（7）针对本场所的实际情况，组织制定灭火和应急疏散预案，并实施演练。

消防安全管理人的职责。养老机构作为消防安全重点单位应确定消防安全管理人。消防安全管理人宜具备注册消防工程师执业资格。其职责包括：

（1）拟订年度消防安全工作计划，组织实施日常消防安全管理工作。

（2）组织制订消防安全管理制度和保障消防安全的操作规程，并检查督促落实。

（3）拟订消防安全工作的经费预算和组织保障方案。

（4）组织实施防火检查和火灾隐患整改。

（5）组织实施对本场所消防设施、灭火器材和消防安全标志的维护保养，确保其完好有效并处于正常运行状态，确保疏散通道、走道和安全出口、消防车通道畅通。

（6）组织管理专职消防队或志愿消防队（微型消防站），开展日常业务训练，组织初起火灾扑救和人员疏散。

（7）组织员工开展岗前和日常消防知识、技能的教育和培训，组织灭火和应急疏散预案的实施和演练。

（8）定期向消防安全责任人报告消防安全情况，及时报告涉及消防安全的重大问题。

（9）管理人员密集场所委托的物业服务企业和消防技术服务机构。

（10）消防安全责任人委托的其他消防安全管理工作。

部门消防安全负责人的职责。养老机构作为人员密集场所，其内部各部门的负责人是该部门的消防安全负责人。其职责为：

（1）组织实施本部门的消防安全管理工作计划。

（2）根据本部门的实际情况开展岗位消防安全教育与培训，制定消防安全管理制度，落实消防安全措施。

（3）按照规定实施消防安全巡查和定期检查，确保管辖范围的消防设施完好有效。

（4）及时发现和消除火灾隐患，不能消除的，应采取相应措施并向消防安全管理人报告。

（5）发现火灾，及时报警，并组织人员疏散和初起火灾扑救。

消防控制室值班人员的职责：

（1）应持证上岗，熟悉和掌握消防控制室设备的功能及操作规程，按照规定和规程测试自动消防设施的功能，保证消防控制室的设备正常运行。

（2）在接到消防警报时，立即确认警情，通知消防队并指挥疏散。

（3）对故障报警信号应及时确认，并及时查明原因，排除故障；不能排除的，应立即向部门主管人员或消防安全管理人报告。

(4)应严格执行每日 24 小时专人值班制度，每班不应少于 2 人，做好消防控制室的火警、故障记录和值班记录。

消防设施操作员的职责：

(1)熟悉和掌握消防设施的功能和操作规程。

(2)按照制度和规程对消防设施进行检查、维护和保养，保证消防设施和消防电源处于正常运行状态，确保相关阀门处于正确状态。

(3)发现故障，应及时排除；不能排除的，应及时向上级主管人员报告。

(4)做好消防设施运行、操作、故障和维护保养记录。

保安人员的职责：

(1)按照消防安全管理制度进行防火巡查，并做好记录；发现问题，应及时向主管人员报告。

(2)发现火情，应及时报火警并报告主管人员，实施灭火和应急疏散预案，协助灭火救援。

(3)劝阻和制止违反消防法律法规和消防安全管理制度的行为。

电气焊工、易燃易爆危险品管理及操作人员的职责：

(1)执行有关消防安全制度和操作规程，履行作业前审批手续。

(2)落实相应作业现场的消防安全防护措施。

(3)发生火灾后，应立即报火警，实施扑救。

专职或志愿消防队队员的职责：

(1)熟悉单位基本情况、灭火和应急疏散预案、消防安全重点部位及消防设施、器材设置情况。

(2)参加消防业务培训及消防演练，掌握消防设施及器材的操作方法。

(3)专职消防队定期开展灭火救援技能训练，能够 24 小时备勤。

(4)志愿消防队能在接到火警出动信息后迅速集结、参加灭火救援行动。

员工的职责：

(1)主动接受消防安全宣传教育培训，遵守消防安全管理制度和操作规程。

(2)熟悉本工作场所消防设施、器材及安全出口的位置，参加单位灭火和应急疏散预案演练。

(3)清楚本单位火灾危险性，会报火警、会扑救初起火灾、会组织疏散逃生和自救。

（4）每日到岗后及下班前应检查本岗位工作设施、设备、场地、电源插座、电气设备的使用状态等，发现隐患及时处置并向消防安全工作归口管理部门报告。

（5）监督其他人员遵守消防安全管理制度，制止吸烟、使用大功率电器等不利于消防安全的行为。

养老机构护理人员、厨师等其他岗位员工对本岗位消防安全负责。

2. 加强制度建设

养老机构应当制定消防安全管理制度，具体包括防火巡查检查、安全疏散设施管理、消防设施器材维护管理、火灾隐患整改、用火用电安全管理、消防宣传教育培训、消防安全工作考评奖惩等。

养老机构应当制定消防安全操作规程，具体包括：消防（控制室）值班和消防设施操作、燃气设备使用、灭火和应急疏散预案演练等。

消防安全管理制度和操作规程应当根据情况及时修订完善。

3. 明晰多主体各方责任

养老机构与其他单位共同使用同一建筑的，应当明确各方的消防安全责任，同时明确消防车通道、消防车登高操作场地、涉及公共消防安全的疏散设施和其他共用建筑消防设施的管理责任。养老机构委托物业服务企业实施消防安全管理的，应当在合同中约定物业服务企业承担责任的具体内容，并督促、配合做好消防安全工作。

（二）确保设施正常运行

1. 加强消防设施管理

养老机构消防设施包括室内外消火栓、自动灭火系统、火灾自动报警系统和防排烟系统等设施。养老机构应当建立消防设施管理制度，其内容应明确消防设施管理的责任部门和责任人、消防设施的检查内容和要求、消防设施定期维护保养的要求。应建立消防设施、器材的档案资料，记录配置类型、数量、设置部位、检查及维修单位（人员）、更换药剂时间等有关情况。建筑消防设施投入使用后，应保证其处于正常运行或准备工作状态，不得擅自断电停运或长期带故障运行。需要维修时，应采取相应的防范措施；维修完成后，应立即恢复到正常运行状态。应每年至少进行 1 次建筑消防设施联动检查，每月至少进行 1 次建筑消防设施单项检查，每日应进行 1 次建筑消防设施、器材巡查。消防设施的电源开关、管道阀门，均应指示正常运行位置，并正确标识开/关的状态；对需要保持常开或常闭状态的阀门，应采取铅封、标识等限位措施。应建立建筑消防设施、器材故障报告和故障消除的登记制度。发生故障后，应及时组织修复。因故障、维修等原因需要暂时停用相关设施设备或系统的，应当严格履行内部审批程序，采取确保安全的有效措施，并在建筑入口等明显位置公告。

消防设施的维护、管理还应符合下列要求：

(1)消火栓应有明显标识。

(2)室内消火栓箱不应上锁，箱内设备应齐全、完好，其正面至疏散通道处，不得设置影响消火栓正常使用的障碍物。

(3)室外消火栓不应埋压、圈占；距室外消火栓、水泵接合器 2.0m 范围内不得设置影响其正常使用的障碍物。

(4)展品、商品、货柜、广告箱牌、生产设备等的设置不得影响防火门、防火卷帘、室内消火栓、灭火 剂喷头、机械排烟口和送风口、自然排烟窗、火灾探测器、手动火灾报警按钮、声光报警装置等消防设施的正常使用。

(5)确保消防设施和消防电源始终处于正常运行状态；确保消防水池、气压水罐或高位消防水箱等 消防储水设施水量符合规定要求；确保消防水泵出水管阀门、自动喷水灭火系统管道上的阀门常开；确保消防水泵、防排烟风机、防火卷帘等消防用电设备的配电柜、控制柜开关处于接通和自动状态。需要维修时，应采取相应的备用措施；维修完成后，应立即恢复到正常运行状态。

(6)对自动消防设施应每年进行全面检查测试，并出具检测报告。当事人在订立相关委托合同时，应依照有关规定明确各方关于消防设施维护和检查的责任。

消防控制室管理应明确值班人员的职责，制定并落实 24 小时值班制度(每班不应少于 2 人)和交接班的程序、要求以及设备自检、巡检的程序、要求。值班人员应持证上岗应持消防设施操作员中级(四级)及以上等级证书。消防控制室内不得堆放杂物，应保证其环境满足设备正常运行的要求，应设置各楼层消防设施平面布置图、完整的消防设施设计、施工和验收资料，灭火和应急疏散预案等。严禁对消防控制室报警控制设备的喇叭、蜂鸣器等声光报警器件进行遮蔽、堵塞、断线、旁路等操作，保证警示器件处于正常工作状态。严禁将消防控制室的消防电话、消防应急广播、消防记录打印机等设备挪作他用。消防图形显示装置中专用于报警显示的计算机,严禁安装游戏、办公等其他无关软件。在消防控制室内,应置备一定数量的灭火器、消防过滤式自救呼吸器、空气呼吸器、手持扩音器、手电筒、对讲机、消防梯、消防斧、辅助逃生装置等消防紧急备用物品、工具仪表。在消防控制室内,应置备有关消防设备用房、通往屋顶和地下室等消防设施的通道门锁钥匙、防火卷帘按钮钥匙、手动报警按钮恢复钥匙等,并分类标志悬挂;置备有关消防电源、控制箱(柜)、开关专用钥匙及手提插孔消防电话、安全工作帽等消防专用工具、器材。消防控制室接到火灾警报后,消防控制室值班人员应立即以最快方式进行确认。确认发生火灾后,应立即确认火灾报警联动控制开关处于自动状态,拨打"119"电话报警,同时向消防安全责任人或消防安全管理人报告,启动单位内部灭火和应急疏散预案。消防控制室的值班人员应每两小时记录一次值班情况,值班记录应完整、字迹清晰、保存完好。

2. 加强安全疏散设施管理

安全疏散设施包括疏散门、疏散走道、疏散楼梯、消防应急照明、疏散指示标志等设施,以及消防过滤式自救呼吸器、逃生缓降器等安全疏散辅助器材。养老机构应确保疏散通道、安全出口和疏散门畅通;保持常闭式防火门处于关闭状态,常开防火门应能在火灾时自行关闭,并应具有信号反馈功能;保证消防应急照明、疏散指示标志完好有效;保证安全出口、疏散通道上不安装栅栏,建筑每层外墙的窗口、阳台等部位不设置影响逃生和灭火救援的栅栏,确需设置的,应能从内部易于开启;在各楼层的明显位置设置安全疏散指示图,配备轮椅、担架、呼救器、过滤式自救呼吸器、疏散用手电筒等安全疏散辅助器材。

(三)严格消防安全日常管理

在对用电、用气、建筑材料和装修装饰以及值班进行严格管理的同时,还要对用火和具有火灾风险的设备设施进行严格管理。

1. 严格用火管理

养老机构生活、活动区域应禁止吸烟,室内活动区域、廊道应禁止烧香。禁止使用明火照明、取暖。在进行艾灸、拔罐等医疗保健活动确实需要使用明火时,应当有专人看护。

2. 严格具有火灾风险的设备设施管理

养老机构内具有火灾危险性的大型医疗设备应定期进行维护检查，操作人员应当严格遵守操作规程。设有中心供氧系统的养老机构，供氧站与周边建筑、火源、热源应保持安全距离，氧气干管上应设置手动紧急切断装置，高压氧舱的排氧口应远离明火或火花散发地点，供氧、用氧设备不应沾染油污。核磁共振机房应当配置无磁性灭火器。

3. 严格消防安全重点部位管理

人员集中的厅（室）以及建筑内的消防控制室、消防水泵房、储油间、变配电室、锅炉房、厨房、空调机房、资料库等，应确定为消防安全重点部位，在明显位置张贴标识，严格管理。应建立岗位消防安全责任制，并明确消防安全管理的责任部门和责任人。应根据实际需要配备相应的灭火器材、装备和个人防护器材，并列入防火巡查范围，作为定期检查的重点，应制定和完善事故应急处置操作程序。

（四）做好安全隐患自查自改

1. 开展定期防火巡查检查

养老机构应当明确人员定期开展防火巡查、检查。老年人居室、公共活动用房、厨房等重点部位白天至少巡查 2 次，其他部位每日至少巡查 1 次。养老机构应当加强每日夜间巡查，且至少每两小时巡查 1 次。每月和重要节假日、重大活动前，养老机构应当至少开展 1 次防火检查。养老机构开展防火巡查、检查时，应当做好巡查、检查记录。

2. 突出防火巡查检查重点

养老机构防火巡查重点应当包括：用电、用火、用气有无违章；安全出口、疏散通道是否畅通、有无锁闭；消防应急照明、疏散指示标志是否完好；常闭式防火门是否保持常闭状态，防火卷帘下是否堆放物品；消防设施、器材是否在位、完好有效；消防安全标志是否标识完好清晰；消防安全重点部位人员是否在岗；消防车通道是否畅通；其他需巡查的内容。

养老机构防火检查重点应当包括：消防安全管理制度落实情况；电气线路、用配电设备和燃气管道、燃气灶具、液化气瓶定期检查维护情况；厨房灶具、油烟罩和烟道清洗情况；消防车通道、消防车登高操作场地、室外消火栓、消防水源情况；安全疏散通道、楼梯，安全出口及其疏散指示标志、应急照明情况；消防安全标志设置情况；灭火器材配备及完好情况；楼板、防火墙、防火隔墙和竖井孔洞的封堵情况；建筑消防设施运行和维护保养情况；消防控制室值班和管理情况；用火、用电、用油、用气有无违规、违章情况；老年人居室、康复与医疗用房、公共活动用房、厨房等重点部位防火措施落实情况；防火巡查落实情况和记录情况；火灾隐患整改和防范措施落实情况；护理人员、保安、电工、厨师等员工是否掌握防火灭火常识和疏散逃生技能；其他需要检查的内容。

3. 及时消除火灾隐患

养老机构对于防火巡查检查中发现的问题，应当及时纠正。对于无法当场纠正的火灾隐患应当形成清单，并建立整改台账，实行销号管理，整改完成一项、销号一项。火灾隐患整改期间，应当采取相应的安全保障措施。

(五)提升应急处置能力

1. 科学制定灭火和应急疏散预案

养老机构应当结合本单位实际制定有针对性的灭火和应急疏散预案，明确组织机构、报警和接警处置程序、应急疏散的组织程序和措施、扑救初起火灾的程序和措施等内容。预案应当充分考虑天气情况，夜间、节假日特殊时段等因素对灭火和应急疏散的不利影响。针对失能失智老年人，预案应当明确专门的疏散和安置措施，逐一明确负责疏散的工作人员。

2. 定期开展消防演练

养老机构应当至少每半年组织 1 次消防演练。重点检验相关人员报告火警、扑救初起火灾、安全疏散、消防设施使用情况以及灭火和应急疏散预案的可操作性等。消防演练应当通知老年人积极参加。演练后应及时总结，并根据情况完善灭火和应急疏散预案。

3. 加强应急力量建设

养老机构应当根据需要建立志愿消防队，配备必要的装备器材，提高自防自救能力。应当根据需要建立微型消防站。志愿消防队(微型消防站)应当接受辖区消防救援站的指导，积极与周边微型消防站、专职消防队等实现联勤联动。

(六)加强消防安全教育培训

1. 加强员工消防安全培训

养老机构应当至少每半年开展 1 次对全体员工的消防安全培训；对新上岗员

工或者进入新岗位的员工应当进行上岗前消防安全培训；对志愿消防队(微型消防站)队员、自动消防设施操作人员、特种岗位人员等人员，应当组织经常性消防安全业务学习。

2. 明确消防安全培训内容

养老机构消防安全培训内容主要包括：有关消防法律法规、消防安全管理制度、消防安全操作规程；本单位、本岗位的火灾危险性和防火措施；消防设施、灭火器材的性能、使用方法；报火警、扑救初起火灾、应急疏散和自救逃生的知识和技能；安全疏散路线、引导人员疏散的程序、方法；灭火和应急疏散预案的内容、操作程序等。

3. 加强老年人消防安全提示

养老机构应当通过张贴标语海报、发放消防刊物、播放火灾案例视频、举办消防文化活动等形式面向入住老年人宣传消防安全常识。重点提示火灾危险性、安全疏散路线、用火用电常识、灭火器材位置和使用方法等。

(七)加强消防档案管理

养老机构应建立消防档案管理制度，其内容应明确消防档案管理的责任部门和责任人，消防档案的制作、使用、更新及销毁的要求。消防档案应存放在消防控制室或值班室等，留档备查。

消防档案管理应符合下列要求：

(1)按照有关规定建立纸质消防档案，并宜同时建立电子档案。

(2)消防档案应包括消防安全基本情况、消防安全管理情况、灭火和应急疏散预案演练情况。

(3)消防档案的内容应全面反映消防工作的基本情况，并附有必要的图纸、图表。

(4)消防档案应由专人统一管理，按档案管理要求装订成册。

消防安全基本情况应包括下列内容：

(1)建筑的基本概况和消防安全重点部位。

(2)所在建筑消防设计审查、消防验收或消防设计、消防验收备案以及场所投入使用、营业前消防安全检查的相关资料。

(3)消防组织和各级消防安全责任人。

（4）微型消防站设置及人员、消防装备配备情况。

（5）相关租赁合同。

（6）消防安全管理制度和保证消防安全的操作规程，灭火和应急疏散预案。

（7）消防设施、灭火器材配置情况。

（8）专职消防队、志愿消防队人员及其消防装备配备情况。

（9）消防安全管理人、自动消防设施操作人员、电气焊工、电工、易燃易爆危险品操作人员的基本情况。

（10）新增消防产品质量合格证，新增建筑材料和室内装修、装饰材料的防火性能证明文件。

消防安全管理情况应包括下列内容：

（1）消防安全例会记录或会议纪要、决定。

（2）消防救援机构填发的各种法律文书。

（3）消防设施定期检查记录、自动消防设施全面检查测试的报告、维修保养的记录以及委托检测和维修保养的合同。

（4）火灾隐患、重大火灾隐患及其整改情况记录。

（5）消防控制室值班记录。

（6）防火检查、巡查记录。

（7）有关燃气、电气设备检测、动火审批等记录资料。

（8）消防安全培训记录。

（9）灭火和应急疏散预案的演练记录。

（10）各级和各部门消防安全责任人的消防安全承诺书。

（11）火灾情况记录。

（12）消防奖惩情况记录。

二、用电产品安全管理

（一）用电产品的采购

养老机构应正确选用用电产品的规格型式、容量和保护方式（如过载保护等），应确认其符合产品使用说明书规定的环境要求和使用条件。选用的用电产品应是合格产品，符合相应产品标准的规定，需要强制性认证的，应取得认证证书或标志，非强制性认证的产品应具备有效的型式检验报告；应具有符合规定的铭牌或标志，以满足安装、使用和维护的要求。

（二）用电产品的安装

电器线路、电气设备的安装与维修应由具备职业资格的电工进行，留存施工图纸或线路改造记录；安装与维修完成后，应依法进行检测。用电产品的安装应符合《用电安全导则》（GB/T 13869—2017）、《建筑防火通用规范》（GB 55037—2022）、《人员密集场所消防安全管理》（GB/T40248—2021）的有关规定，主要包括如下内容：按照产品使用说明书规定的环境条件进行安装，并不得擅自更改用电产品的结构、原有配置的电气线路以及保护装置的整定值和保护元件的规格等；更换或新增电气设备时，应根据实际负荷重新校核、布置电气线路并设置保护措施；不得随意乱接电线，擅自增加用电设备；电气线路应具有足够的绝缘强度、机械强度和导电能力；电气线路敷设应避开炉灶、烟囱等高温部位及其他可能受高温作业影响的部位，不应直接敷设在可燃物上；室内明敷的电气线路，在有可燃物的吊顶或难燃性、可燃性墙体内敷设的电气线路，应具有相应的防火性能或防火保护措施；一般条件下，用电产品的周围应留有足够的安全通道和工作空间，且不应堆放易燃、易爆和腐蚀性物品。

因用电产品安装不规范导致的住养人伤害事故时有发生。2014 年 1 月 28 日，原告孔某芹居住的某老年公寓 B306 房间发生火灾，致使原告被烧伤。火灾由孔某芹的家属擅自增加台灯及插排引起短路所致。法院认为，上诉人之所以使用台灯和插排，系因室内常设电路和开关不方便起居，如果老年公寓认为上诉人使用台灯和插排存在安全隐患，应当及时制止，并相应对室内常设电路和开关进行改造，以方便住养人的生活，而不是放任住养人长期使用，因此，老年公寓疏于管理，对本案火灾的发生具有过错；同时，老年公寓虽有夜间巡视制度，但在发生火灾后近一个小时才发现火情，老年公寓明显未尽到安全保障义务，致使原告未能及时得到救治，这是造成原告烧伤后果的主要原因，根据本案案情，该老年公寓对原告损失应承担赔偿责任（一审判决承担的责任比例为 50%，二审改判为 70%）。①

① 参见（2016）鲁 09 民终 2668 号民事判决书。

(三)用电产品的使用与维护

用电产品的使用及维修应符合《用电安全导则》的规定，其中包括如下内容：养老机构应了解使用用电产品时可能出现的危险及应采取的预防措施；用电产品应该在规定的使用寿命期间内使用，超过使用寿命期限的应及时报废或更换，必要时按照相关规定延长使用寿命；任何用电产品在运行过程中应有必要的监控或监视措施；用电产品不允许超负荷运行；餐饮、娱乐场所营业结束时，应切断场所内的非必要电源；正常运行时会产生飞溅火花或外壳表面温度较高的用电产品，使用时应远离可燃物质或采取相应的密闭、隔离等措施，用完后及时切断电源；靠近可燃物的电器，应采取隔热、散热等防火保护措施。

2015 年 8 月 5 日 2 时许，某老年公寓护工李某在 3 层 308 室孔某珍床头柜上面用电锅熬红小豆水，因使用电锅不当，引起火灾，火灾造成李某青受伤，其被诊断为全身多部位烧伤、吸入性损伤、特殊部位烧伤、烧伤休克等，住院治疗 70 天，后于 2015 年 10 月 14 日去世，病历记载根本死亡原因为全身多部位烧伤。法院判决该老年公寓对李某青的受伤及死亡承担全部责任。[1]

另外，养老机构内严禁电动自行车停放、充电。插拔插头时，应保证电气设备和电气装置处于非工作状态，同时人体不得触及插头的导电极，并避免对电源线施加外力。

应定期检查、检测电气线路、设备。用电产品因停电或故障等情况而停止运行时，应及时切断电源，在查明原因，排除故障，并确认已恢复正常后才能重新接通电源。涉及重大活动临时增加用电负荷时，应委托专业机构进行用电安全检测，检测报告应存档备查。

三、燃气设备安全管理

燃气，是指作为燃料使用并符合一定要求的气体燃料，包括天然气（含煤层气）、液化石油气和人工煤气等。燃气设备的安全管理应符合《城镇燃气管理条例》(2016 年修订)、《燃气工程项目规范》(GB 55009—2021)、《家用燃气燃烧器具安全管理规则》(GB 17905 — 2008)等有关法律和标准的规定。

---

[1]　参见(2020)鲁 01 民终 7454 号民事判决书。

(一)燃气设备的采购

养老机构选择使用的燃气灶、热水器和壁挂炉等燃具和配件应符合相关标准中的安全性能和环境性能要求，应经有资质的检验机构检验合格，并根据产品使用说明书了解产品使用时可能出现的危险及需采取的预防措施。不得选用、安装、使用不符合气源要求的燃气燃烧器具。

(二)燃气设备的安装

燃具应正确安装。燃具安装单位必须经过资格认定，安装者必须经过培训，并获得资格认定。燃具安装必须符合相关标准的规定，如使用燃气的设备及场所应设可燃气体报警和切断等安全装置。

燃气管道及附件应结合建筑物的结构合理布置，并应设置在便于安装、检修的位置，不得设置在下列场所：

(1)卧室、客房等人员居住和休息的房间。

(2)建筑内的避难场所、电梯井和电梯前室、封闭楼梯间、防烟楼梯间及其前室。

(3)空调机房、通风机房、计算机房和变、配电室等设备房间。

(4)易燃或易爆品的仓库、有腐蚀性介质等场所。

(5)电线(缆)、供暖和污水等沟槽及烟道、进风道和垃圾道等地方。

燃气引入管、立管、水平干管不应设置在卫生间内。

燃气管道阀门设置应符合下列规定：

(1)燃气表前应设置阀门。

(2)用气场所燃气进口和燃具前的管道上应单独设置阀门，并应有明显的启闭标记。

(3)当使用鼓风机进行预混燃烧时，应采取在用气设备前的燃气管道上加装止回阀等防止混合气体或火焰进入燃气管道的措施。

燃具或用气设备不得设置在下列场所：

(1)空调机房、通风机房、计算机房和变、配电室等设备房间。

(2)易燃或易爆品的仓库、有强烈腐蚀性介质等场所。

厨房不应设置液化天然气气瓶、压缩天然气气瓶及液化石油气气瓶。

　　燃具与燃气管道的连接软管的使用年限不应低于燃具的判废年限。连接软管不应穿越墙体、门窗、顶棚和地面，长度不应大于 2.0m 且不应有接头。

　　燃具和用气设备燃气燃烧所产生的烟气应排出至室外，并应符合下列规定：

　　(1)设置直接排气式燃具的场所应安装机械排气装置。

　　(2)燃气热水器和采暖炉应设置专用烟道。

　　(3)燃气热水器的烟气不得排入灶具、吸油烟机的排气道。

　　(4)燃具的排烟不得与使用固体燃料的设备共用一套排烟设施。

　　烟气的排烟管、烟道及排烟管口的设置应符合下列规定：

　　(1)竖向烟道应有可靠的防倒烟、串烟措施，当多台设备合用竖向排烟道排放烟气时，应保证互不影响。

　　(2)排烟口应设置在利于烟气扩散、空气畅通的室外开放空间，并应采取措施防止燃烧的烟气回流入室内。

　　(3)燃具的排烟管应保持畅通，并应采取措施防止鸟、鼠、蛇等堵塞排烟口。

　　养老机构不应私自拆、移、改动燃气表、灶、管道等燃气设施，不应私自安装燃气热水器、取暖器和其他燃气器具。

(三) 燃气设备的使用与维护

　　养老机构应按说明书中的有关规定正确使用燃具产品。应按产品使用说明书中的规定，定期对燃具进行常规、简单、易行的清洁维护。

　　燃具维修单位必须经过资格认定，维修者必须经过培训，并获得资格认定。维修必须符合相关标准的规定。与燃具生产企业签约的维修单位和燃气供应企业，应接受用户委托，对燃具进行安全检查和安全宣传，并进行检查登记。对有问题的燃具，应提出书面检修意见并登记备案。检查内容如下：

　　(1)燃具各操作部件的功能，燃具的使用年限。

　　(2)燃烧器燃烧时火焰稳定性。

　　(3)控制器功能，安全阀正常关闭功能和故障安全关闭功能。

　　(4)烟道密封性和抽力、燃具连接管的气密性。

　　(5)烟道和给排气筒有无堵塞；给排气系统是否畅通。

　　(6)交流电安全检查和燃具安装环境、接地条件检查。

　　(7)液化石油气钢瓶、角阀、调压器、橡胶连接管的气密性和安全性。

(8)维修或易损件更换的记录。养老机构应及时更换国家明令淘汰或者使用年限已届满的燃气燃烧器具、连接管等。

发现燃具使用时有异常现象，应立即停止使用，并及时与燃具销售者、生产者或维修单位联系，取得技术支持和保护。在出现事故时，养老机构要保护好现场，并通知有关部门。

(四)燃气设备的判废

燃具从售出当日起：

(1)使用人工煤气的快速热水器、容积式热水器和采暖热水炉的判废年限应为 6 年。

(2)使用液化石油气和天然气的快速热水器、容积式热水器和采暖热水炉的判废年限应为 8 年。

(3)燃气灶具的判废年限应为 8 年。

(4)燃具的判废年限有明示的，应以企业产品明示为准，但是不应低于以上的规定年限。

(5)上述规定以外的其他燃具的判废年限应为 10 年。

燃气热水器等燃具，检修后仍发生如下故障之一时，即使没有达到判废年限，也应予以判废：

(1)燃烧工况严重恶化，检修后烟气中一氧化碳含量仍达不到相关标准规定。

(2)燃烧室、热交换器严重烧损或火焰外溢。

(3)检修后仍漏水、漏气或绝缘击穿漏电。

四、医疗器械安全管理

医疗器械，是指直接或者间接用于人体的仪器、设备、器具、体外诊断试剂及校准物、材料以及其他类似或者相关的物品，包括所需要的计算机软件；其效用主要通过物理等方式获得，不是通过药理学、免疫学或者代谢的方式获得，或者虽然有这些方式参与但是只起辅助作用。国家对医疗器械按照风险程度实行分类管理。第一类是风险程度低，实行常规管理可以保证其安全、有效的医疗器械。第二类是具有中度风险，需要严格控制管理以保证其安全、有效的医疗器械。第三类是具有较高风险，需要采取特别措施严格控制管理以保证其安全、有效的医疗器械。

根据《医疗器械监督管理条例》(2020 年 12 月 21 日国务院第 119 次常务会议修订通过)的规定，医疗器械的管理应符合如下要求。

(一) 医疗器械的采购

1. 索证索票

医疗器械使用单位应当从具备合法资质的医疗器械注册人、备案人、生产经营企业购进医疗器械。购进医疗器械时，应当查验供货者的资质和医疗器械的合格证明文件。

医疗器械注册人、备案人，是指取得医疗器械注册证或者办理医疗器械备案的企业或者研制机构。第一类医疗器械实行产品备案管理，第二类、第三类医疗器械实行产品注册管理。第一类医疗器械产品备案，由备案人向所在地设区的市级人民政府负责药品监督管理的部门提交备案资料。备案人向负责药品监督管理的部门提交符合本条例规定的备案资料后即完成备案。负责药品监督管理的部门应当自收到备案资料之日起 5 个工作日内，通过国务院药品监督管理部门在线政务服务平台向社会公布备案有关信息。医疗器械注册证有效期为 5 年。有效期届满需要延续注册的，应当在有效期届满 6 个月前向原注册部门提出延续注册的申请。

从事第一类医疗器械生产的，应当向所在地设区的市级人民政府负责药品监督管理的部门备案。从事第二类、第三类医疗器械生产的，应持有医疗器械生产许可证。医疗器械生产许可证有效期为 5 年。有效期届满需要延续的，依照有关规定办理延续手续。

从事第二类医疗器械经营的，由经营企业向所在地设区的市级人民政府负责药品监督管理的部门备案。按照国务院药品监督管理部门的规定，对产品安全性、有效性不受流通过程影响的第二类医疗器械，可以免于经营备案。从事第三类医疗器械经营的，经营企业应当向所在地设区的市级人民政府负责药品监督管理的部门申请经营许可。医疗器械经营许可证有效期为 5 年。有效期届满需要延续的，依照有关规定办理延续手续。

医疗器械注册人、备案人经营其注册、备案的医疗器械，无需办理医疗器械经营许可或者备案，但应当符合法律规定的经营条件。

　　医疗器械使用单位之间转让在用医疗器械，转让方应当确保所转让的医疗器械安全、有效，不得转让过期、失效、淘汰以及检验不合格的医疗器械。否则，按照《医疗器械监督管理条例》第八十八条的规定，由负责药品监督管理的部门责令改正，处 1 万元以上 5 万元以下罚款；拒不改正的，处 5 万元以上 10 万元以下罚款；情节严重的，责令停产停业，对违法单位的法定代表人、主要负责人、直接负责的主管人员和其他责任人员，没收违法行为发生期间自本单位所获收入，并处所获收入 30% 以上 2 倍以下罚款。

　　医疗器械应当有说明书、标签。说明书、标签的内容应当与经注册或者备案的相关内容一致，确保真实、准确。医疗器械的说明书、标签应当标明下列事项：

　　(1)通用名称、型号、规格。

　　(2)医疗器械注册人、备案人、受托生产企业的名称、地址以及联系方式。

　　(3)生产日期，使用期限或者失效日期。

　　(4)产品性能、主要结构、适用范围。

　　(5)禁忌、注意事项以及其他需要警示或者提示的内容。

　　(6)安装和使用说明或者图示。

　　(7)维护和保养方法，特殊运输、贮存的条件、方法。

　　(8)产品技术要求规定应当标明的其他内容。

　　第二类、第三类医疗器械还应当标明医疗器械注册证编号。由消费者个人自行使用的医疗器械还应当具有安全使用的特别说明。

　　医疗器械使用单位应当妥善保存购入第三类医疗器械的原始资料，并确保信息具有可追溯性。

　　对于从不具备合法资质的供货者购进医疗器械、未妥善保存购入第三类医疗器械的原始资料、未按照产品说明书要求对医疗器械进行检查、检验、校准、保养、维护并予以记录，及时进行分析、评估，确保医疗器械处于良好状态的，按照《医疗器械监督管理条例》第八十九条的规定，由负责药品监督管理的部门和卫生主管部门依据各自职责责令改正，给予警告；拒不改正的，处 1 万元以上 10 万元以下罚款；情节严重的，责令停产停业，对违法单位的法定代表人、主要负责人、直接负责的主管人员和其他责任人员处 1 万元以上 3 万元以下罚款。

　　2. 进货查验

医疗器械使用单位购进医疗器械时，应当建立进货查验记录制度。记录事项包括：

(1)医疗器械的名称、型号、规格、数量。

(2)医疗器械的生产批号、使用期限或者失效日期、销售日期。

(3)医疗器械注册人、备案人和受托生产企业的名称。

(4)供货者或者购货者的名称、地址以及联系方式。

(5)相关许可证明文件编号等。

进货查验记录应当真实、准确、完整和可追溯，并按照国务院药品监督管理部门规定的期限予以保存。国家鼓励采用先进技术手段进行记录。

对于未依照规定建立并执行医疗器械进货查验记录制度的、按照《医疗器械监督管理条例》第八十九条的规定，由负责药品监督管理的部门和卫生主管部门依据各自职责责令改正，给予警告；拒不改正的，处 1 万元以上 10 万元以下罚款；情节严重的，责令停产停业，对违法单位的法定代表人、主要负责人、直接负责的主管人员和其他责任人员处 1 万元以上 3 万元以下罚款。

(二) 医疗器械的使用

医疗器械使用单位对重复使用的医疗器械，应当按照国务院卫生主管部门制定的消毒和管理的规定进行处理。一次性使用的医疗器械不得重复使用，对使用过的应当按照国家有关规定销毁并记录。一次性使用的医疗器械目录由国务院药品监督管理部门会同国务院卫生主管部门制定、调整并公布。列入一次性使用的医疗器械目录，应当具有充足的无法重复使用的证据理由。重复使用可以保证安全、有效的医疗器械，不列入一次性使用的医疗器械目录。对因设计、生产工艺、消毒灭菌技术等改进后重复使用可以保证安全、有效的医疗器械，应当调整出一次性使用的医疗器械目录，允许重复使用。医疗器械使用单位重复使用一次性使用的医疗器械，或者未按照规定销毁使用过的一次性使用的医疗器械的，按照《医疗器械监督管理条例》第九十条的规定，由县级以上人民政府卫生主管部门责令改正，给予警告；拒不改正的，处 5 万元以上 10 万元以下罚款；情节严重的，处 10 万元以上 30 万元以下罚款，责令暂停相关医疗器械使用活动，直至由原发证部门吊销执业许可证，依法责令相关责任人员暂停 6 个月以上 1 年以下执业活动，直至由原发证部门吊销相关人员执业证书，对违法单位的法定代表人、主要负责人、直接负责的主管人员和其他责任人员，没收违法行为发生期间自本单位所获收入，并处所获收入30%以上3倍以下罚款，依法给予处分。

对使用期限长的大型医疗器械，应当逐台建立使用档案，记录其使用、维护、转让、实际使用时间等事项。记录保存期限不得少于医疗器械规定使用期限终止后5年。

医疗器械使用单位不得使用未依法注册或者备案、无合格证明文件以及过期、失效、淘汰的医疗器械。医疗器械使用单位发现使用的医疗器械不符合强制性标准、经注册或者备案的产品技术要求，或者存在其他缺陷或安全隐患的，应当立即停止使用，并通知医疗器械注册人、备案人或者其他负责产品质量的机构进行检修；经检修仍不能达到使用安全标准的医疗器械，不得继续使用。违反上述规定的，根据《医疗器械监督管理条例》第八十六条的规定，由负责药品监督管理的部门责令改正，没收违法使用的医疗器械；违法使用的医疗器械货值金额不足1万元的，并处2万元以上5万元以下罚款；货值金额1万元以上的，并处货值金额5倍以上20倍以下罚款；情节严重的，责令停产停业，对违法单位的法定代表人、主要负责人、直接负责的主管人员和其他责任人员，没收违法行为发生期间自本单位所获收入，并处所获收入30%以上3倍以下罚款。

(三)医疗器械的检查与维保

医疗器械使用单位对需要定期检查、检验、校准、保养、维护的医疗器械，应当按照产品说明书的要求进行检查、检验、校准、保养、维护并予以记录，及时进行分析、评估，确保医疗器械处于良好状态，保障使用质量，否则，按照《医疗器械监督管理条例》第八十九条的规定，由负责药品监督管理的部门和卫生主管部门依据各自职责责令改正，给予警告；拒不改正的，处1万元以上10万元以下罚款；情节严重的，责令停产停业，对违法单位的法定代表人、主要负责人、直接负责的主管人员和其他责任人员处1万元以上3万元以下罚款。

五、特种设备安全管理

特种设备，是指对人身和财产安全有较大危险性的锅炉、压力容器(含气瓶)、压力管道、电梯、起重机械、客运索道、大型游乐设施、场(厂)内专用机动车辆，以及法律、行政法规规定适用《特种设备安全法》的其他特种设备。根据《特种设备安全法》(2013 年通过)、《特种设备安全监察条例》(2009 年修正)规定，特种设备的安全管理涉及设备采购、安装、改造、修理、使用、检查、维保、报废与注销等环节。

(一)特种设备的采购

养老机构应当采购具有特种设备生产许可，经检验合格，符合安全技术规范及相关标准的要求，设计文件、产品质量合格证明、安装及使用维护保养说明、监督检验证明等相关技术资料和文件齐全，在设备显著位置设置产品铭牌、安全警示标志及其说明的特种设备，不得采购国家明令淘汰和已经报废的特种设备。

使用未取得许可生产，未经检验或者检验不合格的特种设备，或者国家明令淘汰、已经报废的特种设备的，将会受到特种设备安全监督管理部门的以下处罚：责令停止使用有关特种设备；处 3 万元以上 30 万元以下罚款。

(二)特种设备的安装、改造、修理

特种设备安装、改造、修理的施工单位应当在施工前将拟进行的特种设备安装、改造、修理情况书面告知直辖市或者设区的市级人民政府负责特种设备安全监督管理的部门。锅炉、压力容器、压力管道、电梯、起重机械、客运索道、大型游乐设施的安装、改造、重大修理过程以及锅炉清洗，应当经特种设备检验机构按照安全技术规范的要求进行监督检验；未经监督检验或者监督检验不合格的，不得交付使用。特种设备安装、改造、修理竣工后，安装、改造、修理的施工单位应当在验收后 30 日内将相关技术资料和文件移交特种设备使用单位。特种设备使用单位应当将其存入该特种设备的安全技术档案。

电梯的安装、改造、修理，必须由电梯制造单位或者其委托的取得相应许可的单位进行。电梯制造单位委托其他单位进行电梯安装、改造、修理的，应当对其安装、改造、修理进行安全指导和监控，并按照安全技术规范的要求进行校验和调试。电梯制造单位对电梯安全性能负责。

特种设备安装、改造、修理的施工单位在施工前未书面告知负责特种设备安全监督管理的部门即行施工的，或者在验收后 30 日内未将相关技术资料和文件移交特种设备使用单位的，由特种设备安全监督管理部门责令限期改正；逾期未改正的，处 1 万元以上 10 万元以下罚款。

锅炉、压力容器、压力管道、电梯、起重机械、客运索道、大型游乐设施的制造、安装、改造、重大修理以及锅炉清洗过程，未经监督检验的，由特种设备安全监督管理部门责令限期改正；逾期未改正的，处5万元以上20万元以下罚款；有违法所得的，没收违法所得；情节严重的，吊销生产许可证。

(三)特种设备的使用

特种设备使用单位应当使用取得许可生产并经检验合格的特种设备。禁止使用国家明令淘汰和已经报废的特种设备。

特种设备使用单位应当在特种设备投入使用前或者投入使用后30日内，向负责特种设备安全监督管理的部门办理使用登记，取得使用登记证书。登记标志应当置于该特种设备的显著位置。

特种设备使用单位应当建立岗位责任、隐患治理、应急救援等安全管理制度，制定操作规程，保证特种设备安全运行。

特种设备使用单位应当建立特种设备安全技术档案。安全技术档案应当包括以下内容：

(1)特种设备的设计文件、产品质量合格证明、安装及使用维护保养说明、监督检验证明等相关技术资料和文件。

(2)特种设备的定期检验和定期自行检查记录。

(3)特种设备的日常使用状况记录。

(4)特种设备及其附属仪器仪表的维护保养记录。

(5)特种设备的运行故障和事故记录。

电梯、客运索道、大型游乐设施等为公众提供服务的特种设备的运营使用单位，应当对特种设备的使用安全负责，设置特种设备安全管理机构或者配备专职的特种设备安全管理人员；其他特种设备使用单位，应当根据情况设置特种设备安全管理机构或者配备专职、兼职的特种设备安全管理人员。电梯层门钥匙、电梯轿厢内操纵箱钥匙和电梯启动钥匙应当由具备电梯作业资格的钥匙使用人员统一管理。未配备具有相应资格的特种设备安全管理人员、检测人员和作业人员的，或使用未取得相应资格的人员从事特种设备安全管理、检测和作业的，或未对特种设备安全管理人员、检测人员和作业人员进行安全教育和技能培训的，由特种设备安全监督管理部门责令限期改正；逾期未改正的，责令停止使用有关特种设备或者停产停业整顿，处 1 万元以上 5 万元以下罚款。

电梯、客运索道、大型游乐设施的运营使用单位应当将电梯、客运索道、大型游乐设施的安全使用说明、安全注意事项和警示标志置于易于为乘客注意的显著位置。公众乘坐或者操作电梯、客运索道、大型游乐设施，应当遵守安全使用说明和安全注意事项的要求，服从有关工作人员的管理和指挥；遇有运行不正常时，应当按照安全指引，有序撤离。

电梯、客运索道、大型游乐设施的运营使用单位未设置特种设备安全管理机构或者配备专职的特种设备安全管理人员的，或未将电梯、客运索道、大型游乐设施的安全使用说明、安全注意事项和警示标志置于易于为乘客注意的显著位置的，由特种设备安全监督管理部门责令限期改正；逾期未改正的，责令停止使用有关特种设备或者停产停业整顿，处 2 万元以上 10 万元以下罚款。

移动式压力容器、气瓶的充装，需由经特种设备安全监督管理部门许可的充装单位充装。

(四)特种设备的检查与维保

特种设备使用单位应当对其使用的特种设备进行经常性维护保养和定期自行检查(至少每月进行一次)，并作出记录。

特种设备使用单位应当对其使用的特种设备的安全附件、安全保护装置进行定期校验、检修，并作出记录。特种设备使用单位应当按照安全技术规范的要求，在检验合格有效期届满前一个月向经特种设备安全监督管理部门核准的特种设备检验机构提出定期检验要求。特种设备使用单位应当将定期检验标志置于该特种设备的显著位置。未经定期检验或者检验不合格的特种设备，不得继续使用。

电梯的维护保养应当由电梯制造单位或者取得许可的安装、改造、修理单位进行。未经许可，擅自从事电梯维护保养的，由特种设备安全监督管理部门责令停止违法行为，处 1 万元以上 10 万元以下罚款；有违法所得的，没收违法所得。电梯维护单位应至少每 15 天对在用电梯进行一次清洁、润滑、调整和检查，并作记录。

特种设备安全管理人员应当对特种设备使用状况进行经常性检查，发现问题应当立即处理；情况紧急时，可以决定停止使用特种设备并及时报告本单位有关负责人。特种设备作业人员在作业过程中发现事故隐患或者其他不安全因素，应当立即向特种设备安全管理人员和单位有关负责人报告；特种设备运行不正常时，特种设备作业人员应当按照操作规程采取有效措施保证安全。

特种设备出现故障或者发生异常情况，特种设备使用单位应当对其进行全面检查，消除事故隐患，方可继续使用，否则，由特种设备安全监督管理部门责令停止使用有关特种设备，处3万元以上30万元以下罚款。

特种设备使用单位应当制定特种设备事故应急专项预案，并定期进行应急演练。特种设备发生事故后，事故发生单位应当按照应急预案采取措施，组织抢救，防止事故扩大，减少人员伤亡和财产损失，保护事故现场和有关证据，并及时向事故发生地县级以上人民政府负责特种设备安全监督管理的部门和有关部门报告。与事故相关的单位和人员不得迟报、谎报或者瞒报事故情况，不得隐匿、毁灭有关证据或者故意破坏事故现场。发生特种设备事故时，不立即组织抢救或者在事故调查处理期间擅离职守或者逃匿的，或对特种设备事故迟报、谎报或者瞒报的，对单位处5万元以上20万元以下罚款；对主要负责人处1万元以上5万元以下罚款；主要负责人属于国家工作人员的，并依法给予处分。

特种设备使用单位有下列行为之一的，由特种设备安全监督管理部门责令限期改正；逾期未改正的，责令停止使用有关特种设备，处1万元以上10万元以下罚款：

（1）使用特种设备未按照规定办理使用登记的。

（2）未建立特种设备安全技术档案或者安全技术档案不符合规定要求，或者未依法设置使用登记标志、定期检验标志的。

（3）未对其使用的特种设备进行经常性维护保养和定期自行检查，或者未对其使用的特种设备的安全附件、安全保护装置进行定期校验、检修，并作出记录的。

（4）未按照安全技术规范的要求及时申报并接受检验的。

（5）未按照安全技术规范的要求进行锅炉水(介)质处理的。

（6）未制定特种设备事故应急专项预案的。

(五)特种设备的报废与注销

特种设备存在严重事故隐患,无改造、修理价值,或者达到安全技术规范规定的其他报废条件的,特种设备使用单位应当依法履行报废义务,采取必要措施消除该特种设备的使用功能,并向原登记的负责特种设备安全监督管理的部门办理使用登记证书注销手续,否则,由特种设备安全监督管理部门责令停止使用有关特种设备,处 3 万元以上 30 万元以下罚款。

规定报废条件以外的特种设备,达到设计使用年限可以继续使用的,应当按照安全技术规范的要求通过检验或者安全评估,并办理使用登记证书变更,方可继续使用。允许继续使用的,应当采取加强检验、检测和维护保养等措施,确保使用安全。

六、食品安全管理

食品,指各种供人食用或者饮用的成品和原料以及按照传统既是食品又是中药材的物品,但是不包括以治疗为目的的物品。食品添加剂,指为改善食品品质和色、香、味以及为防腐、保鲜和加工工艺的需要而加入食品中的人工合成或者天然物质,包括营养强化剂。食品相关产品是指与食品直接接触,从而可能会影响到食品安全的各类产品,包括直接接触食品的材料和制品(如食品用包装、容器、工具、加工设备以及涂料等)、食品生产加工用化工产品(如洗涤剂、消毒剂、润滑剂等)。

(一)食品采购

1. 索证索票

索证索票即指养老机构食堂或餐厅在采购食品原料、食品添加剂、食品相关产品时,应查验食品销售商的食品经营许可证(采购食用农产品除外,采购预包装食品的,应当查验销售预包装食品的备案证明)和产品合格证明或其他合格证明文件,应留存产品合格证明或其他合格证明文件以及食品销售商的有效的食品经营许可证复印件,应索要并留存采购发票等购货凭证。根据《餐饮服务食品安全操作规范》(国家市场监督管理总局 2018 年第 12 号公告)的要求,须查验并留存的供货者的许可资质证明复印件具体见表 2-2-1。

表 2-2-1　须查验并留存的供货者的许可资质证明复印件

序号	采购来源	查验并留存的资质证明复印件
1	从食品生产者采购食品的	食品生产许可证和产品合格证明文件等
2	从食品生产者采购食品添加剂、食品相关产品的	营业执照和产品合格证明文件等
3	从食品销售者(商场、超市、便利店等)采购食品的	食品经营许可证等
4	从食品销售者(商场、超市、便利店等)采购食品添加剂、食品相关产品的	营业执照等
5	从食用农产品个体生产者直接采购食用农产品的	有效身份证明
6	从食用农产品生产企业和农民专业合作经济组织采购食用农产品的	社会信用代码和产品合格证明文件
7	从集中交易市场采购食用农产品的	市场管理部门或经营者加盖公章(或负责人签字)的购货凭证
8	采购畜禽肉类的	市场管理部门或经营者加盖公章(或负责人签字)的购货凭证、动物产品检疫合格证明
9	采购猪肉的	市场管理部门或经营者加盖公章(或负责人签字)的购货凭证、动物产品检疫合格证明、肉品品质检验合格证明

备注：1. 实行统一配送经营方式，可由企业总部统一查验供货者的相关资质证明及产品合格证明文件，留存每笔购物或送货凭证。各门店能及时查询、获取相关证明文件复印件或凭证；2. 采购食品、食品添加剂、食品相关产品的，应留存每笔购物或送货凭证

　　如果从不具有食品经营许可证的单位采购食品原料、食品添加剂、食品相关产品，根据《中华人民共和国食品安全法》(2021年修正)第一百二十六条的规定，将受到食品安全监督管理部门责令改正、警告、罚款(5000元以上5万元以下)、责令停产停业或吊销许可证的处罚。养老机构食堂或餐厅宜建立固定的供货渠道，确保所采购的食品、食品添加剂及食品相关产品的质量安全。

　　2. 进货查验

　　养老机构食堂或餐厅应当建立食品原料、食品添加剂、食品相关产品进货查验记录制度，如实记录食品原料、食品添加剂、食品相关产品的名称、规格、数

量、生产日期或者生产批号、保质期、进货日期以及供货者名称、地址、联系方式等内容，并保存相关凭证(见表2-2-2)。记录和凭证保存期限不得少于产品保质期满后6个月；没有明确保质期的，保存期限不得少于2年。违反上述规定的，根据《食品安全法》第一百二十六条的规定，将受到食品安全监督管理部门责令改正、警告、罚款(5000元以上5万元以下)、责令停产停业或吊销许可证的处罚。

养老机构食堂或餐厅不得采购或者使用下列不符合食品安全标准的食品原料、食品添加剂、食品相关产品：

(1)用非食品原料生产的食品或者添加食品添加剂以外的化学物质和其他可能危害人体健康物质的食品，或者用回收食品作为原料生产的食品。

(2)致病性微生物，农药残留、兽药残留、生物毒素、重金属等污染物质以及其他危害人体健康的物质含量超过食品安全标准限量的食品、食品添加剂、食品相关产品。

(3)用超过保质期的食品原料、食品添加剂生产的食品、食品添加剂。

(4)超范围、超限量使用食品添加剂的食品。

(5)腐败变质、油脂酸败、霉变生虫、污秽不洁、混有异物、掺假掺杂或者感官性状异常的食品、食品添加剂。

(6)病死、毒死或者死因不明的禽、畜、兽、水产动物肉类及其制品。

(7)未按规定进行检疫或者检疫不合格的肉类，或者未经检验或者检验不合格的肉类制品。

(8)被包装材料、容器、运输工具等污染的食品、食品添加剂。

(9)标注虚假生产日期、保质期或者超过保质期的食品、食品添加剂。

(10)无标签的预包装食品、食品添加剂；预包装食品的包装上应当有标签。

标签应当标明下列事项：

1)名称、规格、净含量、生产日期；

2)成分或者配料表；

3)生产者的名称、地址、联系方式；

4)保质期；

5)产品标准代号；

6)贮存条件；

表 2-2-2 进货查验记录表格示例（选自《餐饮服务食品安全操作规范》）

序号	进货日期	产品名称	规格	数量	生产批号或生产日期	生产者地址及联系方式(电话等)	供货者地址及联系方式(电话等)	随货证明文件查验				入库检查		自检或委检情况	记录人	备注
								许可证(如有)	营业执照(如有)	购货凭证	该批产品检验报告	其他合格证明(如有)	外观检查	温度检查(如需)			

7）所使用的食品添加剂在国家标准中的通用名称；

8）生产许可证编号；

9）法律、法规或者食品安全标准规定应当标明的其他事项。

（11）国家为防病等特殊需要明令禁止生产经营的食品。

（12）其他不符合法律、法规或者食品安全标准的食品、食品添加剂、食品相关产品。

违反上述规定的，根据《食品安全法》第一百二十三、一百二十四、一百二十五条的规定，将受到食品安全监督管理部门的行政处罚，如没收违法所得和违规食品、罚款、责令停产停业或吊销许可证，构成犯罪的，将会被追究刑事责任。

根据《中华人民共和国刑法》（2023年修正，以下简称《刑法》）第一百四十三条的规定，生产、销售不符合食品安全标准的食品，足以造成严重食物中毒事故或者其他严重食源性疾病的，处3年以下有期徒刑或者拘役，并处罚金；对人体健康造成严重危害或者有其他严重情节的，处3年以上7年以下有期徒刑，并处罚金；后果特别严重的，处7年以上有期徒刑或者无期徒刑，并处罚金或者没收财产。

根据《刑法》第一百四十四条的规定，在生产、销售的食品中掺入有毒、有害的非食品原料的，或者销售明知掺有有毒、有害的非食品原料的食品的，处5年以下有期徒刑，并处罚金；对人体健康造成严重危害或者有其他严重情节的，处5年以上10年以下有期徒刑，并处罚金；致人死亡或者有其他特别严重情节的，处10年以上有期徒刑、无期徒刑或者死刑，并处罚金或者没收财产。

（二）食品生产经营一般要求

食品生产经营应当符合《餐饮服务通用卫生规范》（GB 31654—2021）等食品安全标准，并符合下列要求：

（1）具有与生产经营的食品品种、数量相适应的食品原料处理和食品加工、包装、贮存等场所，保持该场所环境整洁，并与有毒、有害场所以及其他污染源保持规定的距离。

（2）具有与生产经营的食品品种、数量相适应的生产经营设备或者设施，有相应的消毒、更衣、盥洗、采光、照明、通风、防腐、防尘、防蝇、防鼠、防虫、洗涤以及处理废水、存放垃圾和废弃物的设备或者设施。

（3）有专职或者兼职的食品安全专业技术人员、食品安全管理人员和保证食品安全的规章制度。

（4）具有合理的设备布局和工艺流程，防止待加工食品与直接入口食品、原料与成品交叉污染，避免食品接触有毒物、不洁物。

（5）餐具、饮具和盛放直接入口食品的容器，使用前应当洗净、消毒，炊具、用具用后应当洗净，保持清洁。

（6）贮存、运输和装卸食品的容器、工具和设备应当安全、无害，保持清洁，防止食品污染，并符合保证食品安全所需的温度、湿度等特殊要求，不得将食品与有毒、有害物品一同贮存、运输。

（7）直接入口的食品应当使用无毒、清洁的包装材料、餐具、饮具和容器。

（8）食品生产经营人员应当保持个人卫生，生产经营食品时，应当将手洗净，穿戴清洁的工作衣、帽等；销售无包装的直接入口食品时，应当使用无毒、清洁的容器、售货工具和设备。

（9）用水应当符合国家规定的生活饮用水卫生标准。

（10）使用的洗涤剂、消毒剂应当对人体安全、无害。

（11）法律、法规规定的其他要求。

此外，根据《养老机构服务安全基本规范》（GB 38600—2019）的规定，养老机构应定期检查，防止老年人误食过期或变质的食品。

七、药品安全管理

（一）索证索票

养老机构内设医疗机构应当从药品上市许可持有人或者具有药品生产、经营资格的企业购进药品（购进未实施审批管理的中药材除外）。药品上市许可持有人是指取得药品注册证书的企业或者药品研制机构等。药品上市许可持有人可以自行销售其取得药品注册证书的药品。药品上市许可持有人从事药品零售活动的，应当取得药品经营许可证。从事药品批发或零售活动的企业，应当取得药品经营许可证。

根据《医疗机构药品监督管理办法（试行）》（国食药监安〔2011〕442号）的规定，内设医疗机构购进药品时，应查验供货单位的《药品生产许可证》或者《药品经营许可证》和《营业执照》、所销售药品的批准证明文件等相关证明文件，并核实销售人员持有的授权书原件和身份证原件。医疗机构应当妥善保存首次购进药品加盖供货单位原印章的前述证明文件的复印件，保存期不得少于5年。

内设医疗机构购进药品时应当索取、留存供货单位的合法票据，并建立购进记录，做到票、账、货相符。合法票据包括税票及详细清单，清单上必须载明供货单位名称、药品名称、生产厂商、批号、数量、价格等内容，票据保存期不得少于3年。

根据《中华人民共和国药品管理法》（2019年修订）第一百二十九条的规定，医疗机构未从药品上市许可持有人或者具有药品生产、经营资格的企业购进药品的，将受到药品管理部门的以下行政处罚：责令改正，没收违法购进的药品和违法所得，并处违法购进药品货值金额2倍以上10倍以下的罚款；情节严重的，并处货值金额10倍以上30倍以下的罚款，吊销医疗机构执业许可证；货值金额不足5万元的，按5万元计算。

（二）进货查验

医疗机构购进药品，应当建立并执行进货检查验收制度，验明药品合格证明和其他标识；不符合规定要求的，不得购进和使用；应当有真实、完整的进货记录：注明药品的通用名称、剂型、规格、产品批号、有效期、上市许可持有人、生产企业、销售单位、购进数量、购进价格、购进日期及国务院药品监督管理部门规定的其他内容。遇药品价格主管部门执法询问，应当依法提供其药品的实际购进价格和购进数量等资料。验收记录必须保存至超过药品有效期1年，但不得少于3年。

医疗机构所购进的药品包装应当按照规定印有或者贴有标签并附有说明书。标签或者说明书应当注明药品的通用名称、成份、规格、上市许可持有人及其地址、生产企业及其地址、批准文号、产品批号、生产日期、有效期、适应症或者功能主治、用法、用量、禁忌、不良反应和注意事项。标签、说明书中的文字应当清晰，生产日期、有效期等事项应当显著标注，容易辨识。麻醉药品、精神药品、医疗用毒性药品、放射性药品、外用药品和非处方药的标签、说明书，应当印有规定的标志。

医疗机构在药品购销中不得给予、收受回扣或者其他不正当利益的，否则，由市场监督管理部门没收违法所得，并处30万元以上300万元以下的罚款。

　　禁止使用假药、劣药。有下列情形之一的，为假药：

（1）药品所含成分与国家药品标准规定的成分不符。

（2）以非药品冒充药品或者以他种药品冒充此种药品。

（3）变质的药品。

（4）药品所标明的适应症或者功能主治超出规定范围。

有下列情形之一的，为劣药：

（1）药品成分的含量不符合国家药品标准。

（2）被污染的药品。

（3）未标明或者更改有效期的药品。

（4）未注明或者更改产品批号的药品。

（5）超过有效期的药品。

（6）擅自添加防腐剂、辅料的药品。

（7）其他不符合药品标准的药品。

　　根据《药品管理法》第一百一十六、一百一十七、一百一十八、一百一十九条的规定，药品使用单位使用假药、劣药的，按照销售假药、零售劣药的规定处罚；使用假药的，没收假药和违法所得，责令停产停业整顿，处假药货值金额15倍以上30倍以下的罚款；货值金额不足10万元的，按10万元计算；使用劣药的，没收劣药和违法所得，并处劣药货值金额10倍以上20倍以下的罚款；劣药货值金额不足1万元的，按1万元计算；情节严重的，责令停产停业整顿；情节严重的，法定代表人、主要负责人、直接负责的主管人员和其他责任人员有医疗卫生人员执业证书的，还应当吊销执业证书。

　　根据《刑法》第一百四十一条的规定，药品使用单位的人员明知是假药而提供给他人使用的，处3年以下有期徒刑或者拘役，并处罚金；对人体健康造成严重危害或者有其他严重情节的，处3年以上10年以下有期徒刑，并处罚金；致人死亡或者有其他特别严重情节的，处10年以上有期徒刑、无期徒刑或者死刑，并处罚金或者没收财产。

　　根据《刑法》第一百四十二条的规定，药品使用单位的人员明知是劣药而提供给他人使用的，对人体健康造成严重危害的，处3年以上10年以下有期徒刑，并处罚金；后果特别严重的，处10年以上有期徒刑或者无期徒刑，并处罚金或者没收财产。

案例

2017 年 12 月 14 日凌晨，冯某霞在南宁市某养老院睡觉时不慎从床上跌落，左下肢软组织处有红肿、淤血，后已经医生处理，但早上食欲较差、精神差，不愿进食，养老院人员已于当天将情况告知家属冯某义。2017 年 12 月 15 日，冯某霞诉腿疼，下不了床，养老院医生予以口服双氯芬酸缓释片及注意观察，冯某霞在次日可以自行下床排尿。2017 年 12 月 18 日，冯某霞诉畏冷、发抖、脚疼，养老院医生予以口服双氯芬酸缓释片。随后两天冯某霞精神差、睡眠差、无食欲、乏力，养老院人员于 2017 年 12 月 20 日电话联系冯某义，但无人接听或关机。2017 年 12 月 21 日，养老院人员通过手机短信与身在国外的冯某义取得联系，冯某义回复短信称冯某霞患有地中海贫血症，补些葡萄糖、生理盐水和能量点滴就可以了，另给其服酵母片，可以输些补血(补铁)的液。养老院医生于当天下午 15 时 10 分给予冯某霞静脉滴注 10%葡萄糖注射液、维生素 C 及 B6、三磷酸腺苷二钠、林格氏液，17 时 30 分予以口服小柴胡颗粒。2017 年 12 月 22 日，冯某霞未进食、状态差、无力、脸色发黄，养老院人员将情况短信告知冯某义，冯某义回复称没有同意该养老院对冯某霞使用维生素 B6、三磷酸腺苷二钠及林格氏液，并要求立即停止输液，只同意输葡萄糖加生理盐水。2017 年 12 月 23 日凌晨 3 时 40 分，养老院人员发现冯某霞呼吸微弱、呼之不应、测不到血压，立即给予吸氧，但症状无缓解，冯某霞于 3 时 50 分去世。养老院人员及时将冯某霞去世的情况短信通知冯某义，冯某义要求养老院将其遗体保存好，不得火化。2017 年 12 月 25 日，同在该养老院处托养的冯某义的母亲王某兰去世，冯某义遂向当地公安机关南宁市公安局新阳派出所报警，称其妹妹冯某霞亦于 2017 年 12 月 23 日在该养老院去世，其怀疑是该养老院下毒害死了其母亲和妹妹。新阳派出所接到报警后通知刑警和法医与冯某义一起查看现场，未发现有异常情况，并告知冯某义如需进一步知道两人的死因需进行遗体解剖，冯某义未申请进行尸检并已在殡仪馆对遗体进行火化，后向公安机关报案称其母亲和妹妹是被该养老院注射不明药品致死。因两人遗体已火化，新阳派出所认为不构成立案条件，不予受理。

2018 年 1 月 25 日，冯某义向南宁市西乡塘区食品药品监督管理局(以下简称"西乡塘食药局")投诉该养老院涉嫌使用假冒劣药。西乡塘食药局于2018 年 3 月 20 日和 2018 年 4 月 13 日两次回复冯某义,认为经现场检查未发现有私配药品情况,冯某义所说的"能量点滴"系指"乳酸钠林格注射液",该养老院所购该药品《产品检验报告单》《产品检验报告》检验结论均为合格。对王某兰、冯某霞所用药品进行查验未发现有来源不明药品或假冒劣药情况,暂不对被投诉单位予以立案。冯某义不服该两次回复,向南宁市食品药品监督管理局(以下简称"市食药局")申请复议,市食药局认为西乡塘食药局仅对养老院药房内发现的乳酸钠林格注射液进行检查,未对养老院在 2017年 12 月 1 日至 12 月 25 日期间对王某兰、冯某霞等使用的乳酸钠林格注射液批号及其库存调查确认,使用的药品是否为假冒伪劣药品真假不明,未尽调查核实义务,遂作出南食药监复决[2018]45 号行政复议决定书,撤销西乡塘食药局的上述两次答复,责令西乡塘食药局重新回复冯某义。南宁市西乡塘食品药品监督管理局于 2018 年 12 月 17 日作出关于冯某义投诉南宁市该养老院涉嫌使用假冒劣药等问题的调查处理情况的重新回复,主要内容为:1. 因被投诉单位在使用药品时未予记录所用药品批次情况,故无法核查 2017 年 12 月 1 日至 12 月 25 日期间对冯某霞、王某兰等所使用的乳酸钠林格注射液的批号及其库存情况。2. 经查,被投诉单位曾对患者冯某霞注射过 10% 葡萄糖注射液、维生素 C0.5×2、维生素 B60.1×1、三磷酸腺苷二钠 20ml×2,林格氏液 500ml。对患者王某兰注射过林格氏液 500ml。其中10% 葡萄糖注射液、维生素 C0.5×2、维生素 B60.1×1、三磷酸腺苷二钠20ml×2 为依照医师医嘱调配,非私配制剂行为。3. 被投诉单位提供了 10%葡萄糖注射液、维生素 C 注射液、维生素 B6 注射液、三磷酸腺苷二钠注射液、乳酸钠林格注射液 2016 年至 2018 年间的药品进货情况,并提供了上述药品供货商资质证照、进货票据及药品生产厂家所出具的药品检验合格证明。4. 被投诉单位未对所使用药品做批次记录,未对所购进药品做库存记录,无法核查到被投诉单位对冯某霞、王某兰等所使用药品的具体情况,调查过程中未发现被投诉单位涉嫌使用假冒伪劣药品的线索。5. 被投诉单位未建立和执行药品验收记录,未能完全索取、留存供货单位的合法票据违反了《医疗机构药品监督管理办法》第八、九、十条之规定,执法人员对其下达了《责令改正通知书》，要求其限期整改。

法院认为，冯某义主张该养老院存在用药过错，冯某霞的死亡与该养老院存在因果关系。根据《托养协议》约定，如冯某义对冯某霞死亡存在异议，应在 48 小时内提出尸检要求。且冯某义母亲王某兰去世当天，冯某义怀疑该养老院下毒害死了其母亲和妹妹，已向南宁市公安局新阳派出所报警，新阳派出所接到报警后通知刑警和法医与冯某义一起查看现场，未发现有异常情况，并告知冯某义如需进一步知道死因需进行遗体解剖，但冯某义未申请进行尸检，并已在殡仪馆对遗体进行火化，导致冯某霞的死亡原因无法查明。根据南宁市西乡塘食品药品监督管理局关于冯某义投诉南宁市该养老院涉嫌使用假冒劣药等问题的调查处理情况的答复和重新回复，均未发现该养老院涉嫌使用假冒伪劣药品的线索。冯某义亦无证据证实冯某霞的死亡与该养老院存在因果关系，故其主张该养老院对冯某霞的死亡承担全部赔偿责任没有依据。[1]

(三) 药品保管

根据《医疗机构药事管理规定》(卫医政发〔2011〕11 号)第二十七条规定，化学药品、生物制品、中成药和中药饮片应当分别储存，分类定位存放。易燃、易爆、强腐蚀性等危险性药品应当另设仓库单独储存，并设置必要的安全设施，制订相关的工作制度和应急预案。

根据《麻醉药品和精神药品管理条例》(2016 年修订)的规定，第一类精神药品的使用单位应当设立专库或者专柜储存。专库应当设有防盗设施并安装报警装置；专柜应当使用保险柜。专库和专柜应当实行双人双锁管理。

第一类精神药品的使用单位，应当配备专人负责管理工作，并建立储存第一类精神药品的专用账册。药品入库双人验收，出库双人复核，做到账物相符。专用账册的保存期限应当自药品有效期期满之日起不少于 5 年。

第一类精神药品和第二类精神药品目录由国务院药品监督管理部门会同国务院公安部门、国务院卫生主管部门制定、调整并公布。

---

[1]　参见(2019)桂 01 民终 9127 号民事判决书。

(四)药品使用

1. 处方药与非处方药的使用

《处方药与非处方药分类管理办法(试行)》(1999 年 6 月 18 日国家药品监督管理局令第 10 号发布)第二条规定:"处方药必须凭执业医师或执业助理医师处方才可调配、购买和使用;非处方药不需要凭执业医师或执业助理医师处方即可自行判断、购买和使用。"

根据《处方管理办法》(2007 年 2 月 14 日卫生部令第 53 号发布)、《关于印发长期处方管理规范(试行)的通知》(国卫办医发〔2021〕17 号)的规定,处方一般不得超过 7 日用量;急诊处方一般不得超过 3 日用量;对于某些慢性病、老年病或特殊情况,处方用量可适当延长,长期处方的处方量一般在 4 周内;根据慢性病特点,病情稳定的患者适当延长,最长不超过 12 周。超过 4 周的长期处方,医师应当严格评估,强化患者教育,并在病历中记录,患者通过签字等方式确认。第一类和第二类精神药品不得用于长期处方。

2. 精神药品的使用

根据《麻醉药品和精神药品管理条例》《处方管理办法》的规定,精神药品分为第一类精神药品和第二类精神药品,对精神药品的使用需遵守以下规定。

(1)第一类精神药品的使用

医疗机构需要使用第一类精神药品的,应当经所在地设区的市级人民政府卫生主管部门批准,取得第一类精神药品购用印鉴卡(以下称印鉴卡)。医疗机构应当凭印鉴卡向本省、自治区、直辖市行政区域内的定点批发企业购买第一类精神药品。

医疗机构应当按照国务院卫生主管部门的规定,对本单位执业医师进行有关精神药品使用知识的培训、考核,经考核合格的,授予第一类精神药品处方资格。执业医师取得麻醉药品和第一类精神药品的处方资格后,方可在本医疗机构开具麻醉药品和第一类精神药品处方,但不得为自己开具该种处方。未取得第一类精神药品处方资格的执业医师擅自开具第一类精神药品处方,由县级以上人民政府卫生主管部门给予警告,暂停其执业活动;造成严重后果的,吊销其执业证书;构成犯罪的,依法追究刑事责任。

具有第一类精神药品处方资格的执业医师,根据临床应用指导原则,对确需使用麻醉药品或者第一类精神药品的患者，应当满足其合理用药需求。在医疗机构就诊的癌症疼痛患者和其他危重患者得不到第一类精神药品时，患者或者其亲属可以向执业医师提出申请。具有第一类精神药品处方资格的执业医师认为要求合理的，应当及时为患者提供所需第一类精神药品。

门（急）诊癌症疼痛患者和中、重度慢性疼痛患者需长期使用第一类精神药品的，首诊医师应当亲自诊查患者，建立相应的病历，要求其签署《知情同意书》。

为门（急）诊患者开具的第一类精神药品注射剂，每张处方为一次常用量；控缓释制剂，每张处方不得超过 7 日常用量；其他剂型，每张处方不得超过 3 日常用量。

为门（急）诊癌症疼痛患者和中、重度慢性疼痛患者开具的第一类精神药品注射剂，每张处方不得超过 3 日常用量；控缓释制剂，每张处方不得超过 15 日常用量；其他剂型，每张处方不得超过 7 日常用量。

为住院患者开具的第一类精神药品处方应当逐日开具，每张处方为 1 日常用量。

医疗机构应当对精神药品处方进行专册登记，加强管理。第一类精神药品处方至少保存 3 年。

（2）第二类精神药品的使用

第二类精神药品零售企业应当凭执业医师出具的处方，按规定剂量销售第二类精神药品，并将处方保存 2 年备查；禁止超剂量或者无处方销售第二类精神药品；不得向未成年人销售第二类精神药品。

为门（急）诊患者开具的第二类精神药品一般每张处方不得超过 7 日常用量；对于慢性病或某些特殊情况的患者，处方用量可以适当延长，医师应当注明理由。

医疗机构应当对精神药品处方进行专册登记，加强管理。精神药品处方至少保存 2 年。

根据《中华人民共和国医师法》（2021 年通过）第五十六条的规定，未按照规定使用精神药品的，由县级以上人民政府卫生健康主管部门责令改正，给予警告，没收违法所得，并处 1 万元以上 3 万元以下的罚款；情节严重的，责令暂停 6 个月以上 1 年以下执业活动直至吊销医师执业证书。

八、医疗废物的管理

医疗废物,是指医疗卫生机构在医疗、预防、保健以及其他相关活动中产生的具有直接或者间接感染性、毒性以及其他危害性的废物。医疗废物的收集、登记、储存、运送、处置等应遵守《医疗废物管理条例》(2011 年修订)的规定。

(一)医疗废物的收集与登记

医疗卫生机构应当及时收集本单位产生的医疗废物,并按照类别分置于防渗漏、防锐器穿透的专用包装物或者密闭的容器内。医疗废物专用包装物、容器,应当有明显的警示标识和警示说明。

医疗卫生机构应当对医疗废物进行登记,登记内容应当包括医疗废物的来源、种类、重量或者数量、交接时间、处置方法、最终去向以及经办人签名等项目。登记资料至少保存 3 年。

(二)医疗废物的储存

医疗卫生机构应当建立医疗废物的暂时贮存设施、设备,不得露天存放医疗废物;医疗废物暂时贮存的时间不得超过 2 天。医疗废物的暂时贮存设施、设备,应当远离医疗区、食品加工区和人员活动区以及生活垃圾存放场所,并设置明显的警示标识和防渗漏、防鼠、防蚊蝇、防蟑螂、防盗以及预防儿童接触等安全措施。医疗废物的暂时贮存设施、设备应当定期消毒和清洁。

(三)医疗废物的运送

医疗卫生机构应当使用防渗漏、防遗撒的专用运送工具,按照本单位确定的内部医疗废物运送时间、路线,将医疗废物收集、运送至暂时贮存地点。运送工具使用后应当在医疗卫生机构内指定的地点及时消毒和清洁。

(四)医疗废物的处置

医疗卫生机构应当根据就近集中处置的原则,及时将医疗废物交由持有经营许可证的医疗废物集中处置单位处置。医疗废物集中处置单位应当至少每 2 天到医疗卫生机构收集、运送一次医疗废物,并负责医疗废物的贮存、处置。

医疗废物中病原体的培养基、标本和菌种、毒种保存液等高危险废物，在交医疗废物集中处置单位处置前应当就地消毒。医疗卫生机构产生的污水、传染病病人或者疑似传染病病人的排泄物，应当按照国家规定严格消毒；达到国家规定的排放标准后，方可排入污水处理系统。

不具备集中处置医疗废物条件的农村，医疗卫生机构应当按照县级人民政府卫生行政主管部门、环境保护行政主管部门的要求，自行就地处置其产生的医疗废物。自行处置医疗废物的，应当符合下列基本要求：

（1）使用后的一次性医疗器具和容易致人损伤的医疗废物，应当消毒并作毁形处理。

（2）能够焚烧的，应当及时焚烧。

（3）不能焚烧的，消毒后集中填埋。

医疗卫生机构和医疗废物集中处置单位应当采取有效措施，防止医疗废物流失、泄漏、扩散。发生医疗废物流失、泄漏、扩散时，医疗卫生机构和医疗废物集中处置单位应当采取减少危害的紧急处理措施，对致病人员提供医疗救护和现场救援；同时向所在地的县级人民政府卫生行政主管部门、环境保护行政主管部门报告，并向可能受到危害的单位和居民通报。

（五）法律责任

医疗卫生机构有下列情形之一的，由县级以上地方人民政府卫生行政主管部门或者环境保护行政主管部门按照各自的职责责令限期改正，给予警告；逾期不改正的，处 2000 元以上 5000 元以下的罚款：

（1）未建立、健全医疗废物管理制度，或者未设置监控部门或者专（兼）职人员的。

（2）未对有关人员进行相关法律和专业技术、安全防护以及紧急处理等知识的培训的。

（3）未对从事医疗废物收集、运送、贮存、处置等工作的人员和管理人员采取职业卫生防护措施的。

（4）未对医疗废物进行登记或者未保存登记资料的。

（5）对使用后的医疗废物运送工具或者运送车辆未在指定地点及时进行消毒和清洁的。

（6）未及时收集、运送医疗废物的。

医疗卫生机构有下列情形之一的，由县级以上地方人民政府卫生行政主管部门或者环境保护行政主管部门按照各自的职责责令限期改正，给予警告，可以并处 5000 元以下的罚款；逾期不改正的，处 5000 元以上 3 万元以下的罚款：

（1）贮存设施或者设备不符合环境保护、卫生要求的。

（2）未将医疗废物按照类别分置于专用包装物或者容器的。

（3）未使用符合标准的专用车辆运送医疗废物或者使用运送医疗废物的车辆运送其他物品的。

（4）未安装污染物排放在线监控装置或者监控装置未经常处于正常运行状态的。

医疗卫生机构有下列情形之一的，由县级以上地方人民政府卫生行政主管部门或者环境保护行政主管部门按照各自的职责责令限期改正，给予警告，并处 5000 元以上 1 万元以下的罚款；逾期不改正的，处 1 万元以上 3 万元以下的罚款；造成传染病传播或者环境污染事故的，由原发证部门暂扣或者吊销执业许可证件或者经营许可证件；构成犯罪的，依法追究刑事责任：

（1）在运送过程中丢弃医疗废物，在非贮存地点倾倒、堆放医疗废物或者将医疗废物混入其他废物和生活垃圾的。

（2）将医疗废物交给未取得经营许可证的单位或者个人收集、运送、贮存、处置的。

（3）对收治的传染病病人或者疑似传染病病人产生的生活垃圾，未按照医疗废物进行管理和处置的。

医疗卫生机构违反《医疗废物管理条例》规定，将未达到国家规定标准的污水、传染病病人或者疑似传染病病人的排泄物排入城市排水管网的，由县级以上地方人民政府建设行政主管部门责令限期改正，给予警告，并处 5000 元以上 1 万元以下的罚款；逾期不改正的，处 1 万元以上 3 万元以下的罚款；造成传染病传播或者环境污染事故的，由原发证部门暂扣或者吊销执业许可证件；构成犯罪的，依法追究刑事责任。

医疗卫生机构发生医疗废物流失、泄漏、扩散时，未采取紧急处理措施，或者未及时向卫生行政主管部门和环境保护行政主管部门报告的，由县级以上地方人民政府卫生行政主管部门或者环境保护行政主管部门按照各自的职责责令改正，给予警告，并处 1 万元以上 3 万元以下的罚款；造成传染病传播或者环境污染事故的，由原发证部门暂扣或者吊销执业许可证件或者经营许可证件；构成犯罪的，依法追究刑事责任。

不具备集中处置医疗废物条件的农村，医疗卫生机构未按照《医疗废物管理条例》的要求处置医疗废物的，由县级人民政府卫生行政主管部门或者环境保护行政主管部门按照各自的职责责令限期改正，给予警告；逾期不改正的，处 1000 元以上 5000 元以下的罚款；造成传染病传播或者环境污染事故的，由原发证部门暂扣或者吊销执业许可证件；构成犯罪的，依法追究刑事责任。

禁止任何单位和个人转让、买卖医疗废物。禁止邮寄医疗废物。禁止通过铁路、航空运输医疗废物。有陆路通道的，禁止通过水路运输医疗废物；没有陆路通道必须经水路运输医疗废物的，应当经设区的市级以上人民政府环境保护行政主管部门批准，并采取严格的环境保护措施后，方可通过水路运输。违反前述规定的，由县级以上地方人民政府环境保护行政主管部门责令转让、买卖双方、邮寄人、托运人立即停止违法行为，给予警告，没收违法所得；违法所得 5000 元以上的，并处违法所得 2 倍以上 5 倍以下的罚款；没有违法所得或者违法所得不足 5000 元的，并处 5000 元以上 2 万元以下的罚款。

医疗卫生机构违反《医疗废物管理条例》规定，导致传染病传播或者发生环境污染事故，给他人造成损害的，依法承担民事赔偿责任。

九、其他设施设备物品的安全管理

(一) 健身器材安全管理

《养老机构安全管理》(MZ/T 032—2012) 5.5 款规定："健身器材的安全注意事项和警示标志应设置在活动区显著位置。养老机构应定期对在用健身器材进行清洁、润滑、调整、检查并维护，并作记录。发现情况异常，应及时处理。"

(二) 监控设备管理

《养老机构安全管理》(MZ/T032—2012) 5.8 款规定："养老机构应设置监控设备，做到重点公共区域全覆盖。设置监控系统的养老机构应有监控系统控制室，并应有专 (兼) 职人员 24 小时值班；值班人员要坚守岗位，做好运行和值班记录，执行交接班制度。控制室的入口处应设置明显标志。"

设置监控设备的重要目的是为了及时发现并处理异常情况。若设置了监控设备，但没有人值班，没有及时发现、处理问题，不仅不能防控风险，还会增加养老机构的法律风险。某敬老院住养人吴某桂于 2018 年 8 月 18 日外出，中午 1 点左右自己脱掉鞋子后跳入敬老院旁边的水池中。一审法院认为，吴某桂自杀身亡，其自身应承担主要责任。但敬老院在院内及院门口均安装有摄像头的情况下，对吴某桂未经告知自行外出没有及时发现并采取有效措施，导致事故发生。作为提供养老服务的专业机构，该敬老院未采取足够措施避免本案损害后果的发生即未尽到充分的安全注意义务，其在履行养老服务合同过程中存在瑕疵，应对因吴某桂身亡造成的损失承担一定的民事赔偿责任。一审法院判决该敬老院承担 15% 的赔偿责任，二审法院改判敬老院承担 2 万元的赔偿责任。①

另外，在监控覆盖区域发生异常情况或事故后，养老机构应及时保存监控视频。如未及时保存，使得事实真相无法证实，养老机构对此有承担责任可能。2016 年 7 月 15 日清晨，被告某养护院的护工发现住养人唐某仙倒在走道中，被告于 6 时 17 分拨打了唐某仙的监护人的电话，7 时 30 分许，唐某仙的家属赶到被告处，后由被告工作人员于当天 8 时 29 分拨打 "120" 急救电话。9 时 13 分许，唐某仙被送往上海市浦东医院治疗，主诉：被发现神志不清 5 小时。经诊断为脑疝、自发性蛛网膜下腔出血、支气管肺炎，医院告知家属病情危重，家属放弃治疗，自动出院。2016 年 7 月 16 日，受害人唐某仙死亡，死亡原因为各种疾病死亡，其遗体于 2016 年 7 月 18 日火化。2016 年 10 月 10 日，被告某养护院出具情况说明 1 份，内容为：我院住养老人唐某仙，于 2016 年 7 月 15 日早上 5：30 左右摔倒在走道中，护工发现后扶她起来，老人不配合，后与门卫一起抬入房间，其后发现老人大小便失禁。被告表示唐某仙摔倒处的走道安装有监控设备，但事发当天的监控视频被告未保存。法院认为，本案中，被告在审理中陈述受害人唐某仙摔倒的过道安装有监控设备，但现已被覆盖无法提供。被告在发生意外后，未妥善保管监控摄像；且唐某仙在入院时，被告未对其进行必要的体检，致使唐某仙倒地的原因无法查明，责任在于被告。另外，根据被告出具的情况说明显示，被告工作人员发现唐某仙摔倒时间为早上 5 时 30 分许，并发现其大小便失

---

①　参见 (2019) 豫 96 民终 715 号民事判决书。

禁，按日常生活经验法则，被告作为专业的养老机构，应当在发现上述情况后及时将老人送医，而唐某仙被送往医院的时间根据病史显示为当天9时13分，间隔大约4小时之久，被告未尽及时的救助义务，延误了抢救时间。综上，被告的行为显然构成违约，应承担违约责任。结合被告的违约程度及违约后果，酌情确定对原告的合理损失，由被告承担15%的赔偿责任。①

(三) 危险物品管理

为预防住养人发生他伤和自伤事故，《养老机构服务安全基本规范》6.7.2款要求，养老机构应专人管理易燃易爆、有毒有害、尖锐物品(剪刀、水果刀、改锥等)以及吸烟火种。对有他伤和自伤风险的住养人，如养老机构因未履行危险物品的专人管理义务，造成了住养人伤害事故的发生，养老机构应对事故损失承担相应的责任。

案例

2020年3月13日16时54分左右，在护理人员去一楼食堂为入住老人打饭时，住养人刘某华在公寓二楼走廊坐在轮椅上因用火烧身上衣物线头时引起身上衣物瞬间着火，公寓工作人员即刻到场救火，同时拨打"120"急救电话将刘某华送医抢救，入院诊断为：1.多个部位烧伤，述及的烧伤至少有一处三度烧伤；2.体表30%~39%烧伤；3.呼吸道烧伤；4.高血压病3级(高危)；5.陈旧性心肌梗死；6.脑梗死后遗症。刘某华住院治疗4天，2020年3月17日6时13分经抢救无效死亡。法院认为，本案刘某华的死亡虽然是其自身用火不慎造成严重烧伤所致，但老年公寓作为专门养老服务机构，没有对火源进行合理有效管控；且事发时，刘某华所在的二楼走廊仅剩其一人，无其他护理人员在场，因其行动受限，不能及时将火扑灭，延误抢救时机，老年公寓存在管理上的疏忽，应承担管理不善的安全责任。综合考虑损害发生的原因、双方的过错程度及因果关系等各种因素，酌定就因刘某华死亡导致的损失由老年公寓承担20%的赔偿责任。②

---

① 参见(2016)沪0115民初70307号民事判决书。
② 参见(2020)皖04民终1538号民事判决书。

2019 年 3 月 9 日 14 时 40 分许，被告抚顺市某养老院走廊警报器报警，工作人员发现梅某光所居住的 212 房间有烟雾冒出，随即进入室内，发现室内桌面上一次性塑料薄膜被烧毁，黏附在梅某光身上，梅某光身下所铺垫的海绵垫正在燃烧，室内发现打火机及烟头，与梅某光同室居住的另一位生活不能自理的住养人身上无衣物燃烧，未被烧伤，立即用水将梅某光身上的火浇灭。因梅某光从腰部往上至颈部右侧身体大半(包括手、臂)、面部大半部分、左手拇指、食指、中指均被烧伤，并拨打"120"急救电话将梅某光送至医院救治。2019 年 3 月 17 日，梅某光在医院死亡。法院认为，室内除打火机及烟头外，无其他火源，说明起火原因系梅某光自己用打火机点燃可燃物后不能自救而烧伤本人身体。而被告为保证住养人人身安全设置有吸烟区，明示禁止住养人在室内吸烟，且在走廊安设了警报器，发现火情后及时进行了扑救，并及时将烧伤的梅某光送至医院救治，以上说明被告已经尽到了保护住养人人身安全的义务，但梅某光违反禁止住养人在室内吸烟的规定，将打火机、香烟带入室内，引发自身被烧伤，应承担烧伤事故的主要责任，被告对住养人将打火机、香烟带入室内的危险行为管理不到位，应承担梅某光烧伤事故的次要责任。①

叶某于 2012 年 7 月 17 日入住浦江某养老院，程某富于 2018 年 3 月 25 日入住该养老院。程某富患有帕金森病伴发精神行为障碍。2018 年 3 月 27 日 23 时 15 分许，程某富用从阳台拿来的晾衣服的棍子将瘫痪在床的叶某棍击而亡。法院经审理，判决程某富对原告方损失承担 85% 赔偿责任，养老院承担 15% 的赔偿责任。② 该养老明知程某富有精神行为障碍，应及时将晾衣服用的棍子收起并做好保管工作。

① 参见(2020)辽 0404 民初 2031 号民事判决书。
② 参见(2019)浙 07 民终 1480 号民事判决书。

第三章　构建安全的服务与服务管理规则体系

第一节　确保服务主体适格

服务主体适格包括两个方面，一是养老机构要证照齐全，具有《营业执照》或《事业单位法人证书》或《民办非企业单位登记证书》，具有与经营业务相适应的资质证书；二是养老机构工作人员数量与质量符合相关法律及标准要求。

一、养老机构应证照齐全

(一)具有《营业执照》或《事业单位法人证书》或《民办非企业单位登记证书》

1. 具有《营业执照》

具有《营业执照》的养老机构属于在我国境内以营利为目的从事经营活动的法人或非法人组织，具体组织类型包括公司及其分支机构、个人独资企业及其分支机构、合伙企业及其分支机构、个体工商户、外国公司分支机构等。

根据《中华人民共和国市场主体登记管理条例》(2021年通过)的规定，市场主体应当办理登记；未经登记，不得以市场主体名义从事经营活动。申请人应向县级以上地方人民政府承担市场主体登记工作的部门申请登记。申请人申请市场主体设立登记，登记机关依法予以登记的，签发营业执照。营业执照签发日期为市场主体的成立日期。市场主体应当将营业执照置于住所或者主要经营场所的醒目位置。未经设立登记从事经营活动的，由登记机关责令改正，没收违法所得；拒不改正的，处1万元以上10万元以下的罚款；情节严重的，依法责令关闭停业，并处10万元以上50万元以下的罚款。

2. 具有《事业单位法人证书》

具有《事业单位法人证书》的养老机构是国家为了社会公益目的，由国家机关举办或者其他组织利用国有资产举办的，从事机构养老服务的社会服务组织。

根据《事业单位登记管理暂行条例》(2004 年修订)的规定，事业单位经县级以上人民政府及其有关主管部门批准设立后，向同级人民政府机构编制管理机关所属的事业单位登记管理机构申请登记。登记机关准予登记的，发给《事业单位法人证书》。法律规定具备法人条件、自批准设立之日起即取得法人资格的事业单位，或者法律、其他行政法规规定具备法人条件、经有关主管部门依法审核或者登记，已经取得相应的执业许可证书的事业单位，不再办理事业单位法人登记，由有关主管部门按照分级登记管理的规定向登记管理机关备案。县级以上各级人民政府设立的直属事业单位直接向登记管理机关备案。

3. 具有《民办非企业单位登记证书》

具有《民办非企业单位登记证书》的养老机构是企业事业单位、社会团体和其他社会力量以及公民个人利用非国有资产举办的，从事非营利性社会养老服务活动的社会组织。民办非企业单位的非国有资产份额不得低于其总财产的三分之二。

根据《民法典》《民办非企业单位登记管理暂行条例》(1998 年 9 月 25 日国务院第 8 次常务会议通过)、《民办非企业单位登记暂行办法》(1999 年 12 月 28 日民政部令第 18 号公布)等有关法律规定，成立民办非企业单位，首先应当经其业务主管单位审查同意，然后向县级以上人民政府民政部门是申请登记。准予登记的，根据其依法承担民事责任的不同方式，分别发给《民办非企业单位(法人)登记证书》《民办非企业单位(合伙)登记证书》《民办非企业单位(个体)登记证书》。民办非企业类型的养老机构，其出资人的出资或出资人投入的财产为捐赠财产，出资人不得向他人转让；其取得的利润不得向出资人、设立人分配；终止时的剩余财产，可继续用于公益目的或由主管机关主持转给宗旨相同或者相近的法人，出资人、设立人不得收回。出资人、设立人可以领取工资，但不变相分配利润，根据《财政部　税务总局关于非营利组织免税资格认定管理有关问题的通知》(财税〔2018〕13 号要求，养老机构工作人员的平均工资薪金水平不得超过税务登记所在地的地市级(含地市级)以上地区的同行业同类组织平均工资水平的 2 倍。因民办非企业类型的养老机构能获得建设补贴、运营补贴、税费减免等更多的政策扶持，目前我国大部分养老机构属于民办非企业单位类型的养老机构。

4. 应向民政部门办理备案

自 2018 年 12 月 29 日后，根据《中华人民共和国老年人权益保障法》(2018 年修订)第四十三条的规定，各级民政部门不再实施养老机构设立许可。根据《养老机构管理办法》第二章的要求，养老机构登记后即可开展服务活动，但应向民政部门办理备案。营利性养老机构办理备案，应当在收住老年人后 10 个工作日以内向服务场所所在地的县级人民政府民政部门提出。非营利性养老机构办理备案，应当在收住老年人后 10 个工作日以内向登记管理机关同级的人民政府民政部门提出。养老机构办理备案，应当向民政部门提交备案申请书、养老机构登记证书、符合建筑、消防、食品安全、医疗卫生、特种设备等法律、法规和强制性标准要求的承诺书等材料，并对真实性负责。民政部门收到养老机构备案材料后，对材料齐全的，应当出具备案回执；材料不齐全的，应当指导养老机构补正。对已经备案的养老机构，备案民政部门应当自备案之日起 20 个工作日以内进行现场检查，并核实备案信息；对未备案的养老机构，服务场所所在地的县级人民政府民政部门应当自发现其收住老年人之日起 20 个工作日以内进行现场检查，并督促及时备案。

需要补充说明的是，《关于做好医养结合机构审批登记工作的通知》(国卫办老龄发〔2019〕17 号)要求，具备法人资格的医疗机构申请设立养老机构的，不需另行设立新的法人，不需另行法人登记。

(1)社会力量举办的非营利性医疗机构申请设立养老机构的，应当依法向县级以上民政部门备案，应当依法向其登记的县级以上民政部门办理章程核准、修改业务范围，并根据修改后的章程在登记证书的业务范围内增加"养老服务"等职能表述。

(2)社会力量举办的营利性医疗机构申请内部设置养老机构的，应当依法向县级以上民政部门备案，应当依法向其登记的县级以上市场监管部门申请变更登记，在经营范围内增加"养老服务"等表述。

(3)公立医疗机构申请设立养老机构的，应当依法向县级以上民政部门备案，应当依法向各级编办提出主要职责调整和变更登记申请，在事业单位主要职责及法人证书"宗旨和业务范围"中增加"养老服务、培训"等职能。

(二)内设餐饮服务机构具有食品经营许可证

根据《中华人民共和国食品安全法》《食品经营许可和备案管理办法》(2023年公布)规定,养老机构内设餐饮服务机构先行取得营业执照等合法主体资格后,应当依法取得食品经营许可。未取得食品生产经营许可从事食品生产经营活动的,由县级以上人民政府食品安全监督管理部门没收违法所得和违法生产经营的食品、食品添加剂以及用于违法生产经营的工具、设备、原料等物品;违法生产经营的食品、食品添加剂货值金额不足一万元的,并处5万元以上10万元以下罚款;货值金额1万元以上的,并处货值金额10倍以上20倍以下罚款。

申请食品经营许可,应当按照食品经营主体业态和经营项目分类提出。食品经营主体业态分为食品销售经营者、餐饮服务经营者、集中用餐单位食堂。食品经营者从事食品批发销售、中央厨房、集体用餐配送的,利用自动设备从事食品经营的,或者学校、托幼机构食堂,应当在主体业态后以括号标注。主体业态以主要经营项目确定,不可以复选。

食品经营项目分为食品销售、餐饮服务、食品经营管理三类。食品经营项目可以复选。食品销售,包括散装食品销售、散装食品和预包装食品销售。餐饮服务,包括热食类食品制售、冷食类食品制售、生食类食品制售、半成品制售、自制饮品制售等,其中半成品制售仅限中央厨房申请。食品经营管理,包括食品销售连锁管理、餐饮服务连锁管理、餐饮服务管理等。

食品经营许可证发证日期为许可决定作出的日期,有效期为5年。食品经营者需要延续依法取得的食品经营许可有效期的,应当在该食品经营许可有效期届满前90个至15个工作日期间,向原发证的市场监督管理部门提出申请。食品经营者应当在经营场所的显著位置悬挂、摆放纸质食品经营许可证正本或者展示其电子证书。

(三)内设医疗机构具有医疗机构执业许可证或医疗机构执业备案证明

根据《中华人民共和国基本医疗卫生与健康促进法》(2019年通过)、《医疗机构管理条例》(2022年修改)等有关法律规定,医疗机构执业必须进行登记,领取《医疗机构执业许可证》;诊所按照国务院卫生行政部门的规定向所在地的县级人民政府卫生行政部门备案后,可以执业。医疗机构执业登记的主要事项:

（1）名称、地址、主要负责人。

（2）所有制形式。

（3）诊疗科目、床位。

（4）注册资金。

医疗机构必须将《医疗机构执业许可证》、诊疗科目、诊疗时间和收费标准悬挂于明显处所。任何单位或者个人，未取得《医疗机构执业许可证》或者未经备案，不得开展诊疗活动，且必须按照核准登记或者备案的诊疗科目开展诊疗活动。

未取得《医疗机构执业许可证》擅自执业的，由县级以上人民政府卫生健康主管部门责令停止执业活动，没收违法所得和药品、医疗器械，并处违法所得5倍以上20倍以下的罚款，违法所得不足1万元的，按1万元计算。诊所未经备案执业的，由县级以上人民政府卫生行政部门责令其改正，没收违法所得，并处3万元以下罚款；拒不改正的，责令其停止执业活动。

诊疗活动超出登记或者备案范围的，由县级以上人民政府卫生行政部门予以警告、责令其改正，没收违法所得，并可以根据情节处以1万元以上10万元以下的罚款；情节严重的，吊销其《医疗机构执业许可证》或者责令其停止执业活动。

近些年，在国家和各地医养结合政策的推动下，很多没有医疗资质的养老机构与医疗机构签订了合作协议。根据《关于加强老年人居家医疗服务工作的通知》（国卫办医发〔2020〕24号）等有关文件规定，如签约医疗机构在卫生行政部门已登记或备案"家庭病床""巡诊"等服务方式，其可在签约养老机构在自身诊疗科目范围内从事诊疗服务、医疗护理、康复治疗、药学服务、安宁疗护或中医服务等上门医疗服务；如签约医疗机构不具备"家庭病床""巡诊"等服务方式，其只能在签约养老机构提供健康教育、健康指导、建立健康档案、开通急诊急救绿色通道、院内感染风险防控指导等健康管理服务，而不能从事医疗服务，否则，具有承担民事责任、行政责任，甚至刑事责任的风险。

（四）提供其他须经许可的服务应具有相应资质

根据《中华人民共和国旅游法》（2018年修订）的规定，招徕、组织、接待旅游（游览、度假、休闲等）者，为其提供旅游服务，应当依法办理工商登记，并取得旅游主管部门的许可。未经许可经营旅行社业务的，由旅游主管部门或者市场监督管理部门责令改正，没收违法所得，并处 1 万元以上 10 万元以下罚款；违法所得 10 万元以上的，并处违法所得 1 倍以上 5 倍以下罚款；对有关责任人员，处 2000 元以上 2 万元以下罚款。

根据《中华人民共和国建筑法》（2019 年修正）、《建设工程质量管理条例》（2019 年修订）的规定，从事建筑活动的建筑施工企业、勘察单位、设计单位和工程监理单位，按照其拥有的注册资本、专业技术人员、技术装备和已完成的建筑工程业绩等资质条件，划分为不同的资质等级，经资质审查合格，取得相应等级的资质证书后，方可在其资质等级许可的范围内从事建筑活动。禁止施工单位超越本单位资质等级许可的业务范围或者以其他施工单位的名义承揽工程。禁止施工单位允许其他单位或者个人以本单位的名义承揽工程。根据 2014 年 11 月 6 日住房和城乡建设部印发的《建筑业企业资质标准》规定，建筑装修装饰工程专业承包资质分为一级、二级。除有关人员条件有不同要求外，一级资质企业须拥有净资产 1500 万元以上，二级资质企业净资产 200 万元以上。一级资质企业可承担各类建筑装饰装修工程，以及与装修工程配套的其他工程的施工。二级资质企业可承担单项合同额 2000 万元以下的建筑装修装饰工程，以及与装修工程直接配套的其他工程的施工。超越本单位资质等级承揽工程的，责令停止违法行为，对勘察、设计单位或者工程监理单位处合同约定的勘察费、设计费或者监理酬金 1 倍以上 2 倍以下的罚款；对施工单位处工程合同价款 2%以上 4%以下的罚款，可以责令停业整顿，降低资质等级；情节严重的，吊销资质证书；有违法所得的，予以没收。未取得资质证书承揽工程的，予以取缔，并根据前述超越资质等级的规定处以罚款；有违法所得的，予以没收。建筑施工企业转让、出借资质证书或者以其他方式允许他人以本企业的名义承揽工程的，责令改正，没收违法所得，并处罚款，可以责令停业整顿，降低资质等级；情节严重的，吊销资质证书。对因该项承揽工程不符合规定的质量标准造成的损失，建筑施工企业与使用本企业名义的单位或者个人承担连带赔偿责任。

根据《中华人民共和国民办教育促进法》（2018 年修正）、《中华人民共和国民办教育促进法实施条例》（2021 年 4 月 7 日中华人民共和国国务院令第 741 号修订）等有关法律法规，举办实施以职业技能为主的职业资格培训、职业技能培训的民办学校（包括利用互联网技术在线实施教育活动的民办学校），由县级以上人民政府人力资源和社会保障行政部门按照国家规定的权限审批，并抄送同级教育行政部门备案。审批机关对批准正式设立的民办学校发给办学许可证。未取得办学许可证，擅自举办民办学校的，由所在地县级以上地方人民政府教育行政部门或者人力资源和社会保障行政部门会同同级公安、民政或者市场监督管理等有关部门责令停止办学、退还所收费用，并对举办者处违法所得 1 倍以上 5 倍以下罚款；构成违反治安管理行为的，由公安机关依法给予治安管理处罚；构成犯罪的，依法追究刑事责任。

二、人员数量与质量符合相关法律和标准要求

养老机构工作人员包括管理岗位的人员，如院长、副院长（养老机构应配备专职院长或副院长）、内设部门负责人及各部门一般管理人员；专业技术岗位的人员，如医生、护士、康复专业人员、社会工作者（师）、健康管理师、营养师、心理咨询人员、会计；技术技能岗位人员，如养老护理员、保洁绿化人员、维修维护人员、厨师、帮厨、仓库保管员、门卫。

（一）人员数量符合相关法律和标准要求

根据《养老机构管理办法》《养老机构岗位设置及人员配备规范》（MZ/T 187—2021）、《养老机构医务室基本标准（试行）》与《养老机构护理站基本标准（试行）》（国卫办医发〔2014〕57 号文）、《安宁疗护中心基本标准（试行）》（国卫医发〔2017〕7 号文）等有关法律和规范性文件规定，养老机构应根据入住老年人人数和能力状况、服务质量要求，结合服务需求合理配备管理、专业技术和工勤技能人员。

管理岗位人员的配备数量应根据机构规模、服务对象、老年人能力状况、功能定位等进行合理配备，满足运营管理的需求。

专业技术岗位人员的配备数量应满足专业技术服务工作开展的需求。配备要求如下：

（1）养老机构医务室至少有 1 名取得执业医师资格，经注册后在医疗、保健机构中执业满 5 年，身体健康的临床类别执业医师或中医类别执业医师。执业医师人数≥2 人的，至少应含有 1 名中医类别执业医师。至少有 1 名注册护士。养老机构床位达到 100 张以上时，每增加 100 张床位，至少增加 1 名注册护士。其

他药学、医技人员按需配备。

（2）养老机构护理站至少有 2 名具有护士以上职称的注册护士，其中有 1 名具有主管护师以上职称。养老机构床位达到 100 张以上时，每增加 100 张床位，至少增加 1 名注册护士。至少有 1 名康复治疗人员。

（3）安宁疗护中心至少有 1 名具有副主任医师以上专业技术职务任职资格的医师。每 10 张床位至少配备 1 名执业医师。根据收治对象的疾病情况，可以聘请相关专科的兼职医师进行定期巡诊，处理各专科医疗问题。至少配备 1 名具有主管护师以上专业技术职务任职资格的注册护士。每 10 张床至少配备 4 名护士。根据实际需要配备适宜的药师、技师、临床营养师、心理咨询（治疗）师、康复治疗师等人员。

（4）养老机构应每 200 名老年人（不足 200 名的按 200 名计算）配备 1 名社会工作者。

（5）养老机构宜配备专职或兼职健康管理师。

养老机构工勤技能岗位人员的配备数量应根据机构规模、老年人能力状况、入住老年人人数、服务需求、功能定位等进行合理配备，达到满足技能操作和维护、后勤保障和服务工作开展的要求。其中，养老机构应按照实际入住老年人数量配备提供直接护理服务的专职养老护理员，配备比例应不低于表 3-1-1 中下限值的要求。

表 3-1-1 养老护理员配备比例表

自理老年人	部分不能自理老年人	完全不能自理老年人
1：15—1：20	1：8—1：12	1：3—1：5

人员配备数量不符合相关法律和标准要求与事故损失具有因果关系的，养老机构应承担相应法律责任。2012 年 11 月 18 日，原告及车某华与被告天津市某养老院签订入住协议。2013 年 3 月 18 日 20 时许，车某华在其房间内摔倒。原告于当日将车某华送医，其伤情经诊断为左侧急性硬膜下血肿、左侧顶枕叶脑出血、头皮血肿（左额）等症，于 2013 年 3 月 18 日至 3 月 27 日住院治疗 9 天。出院当日，车某华因脑出血死亡。法院经审理认为，根据天津市人民政府于 2007 年 1

月 16 日颁布的《天津市养老机构管理办法》第十六条之规定"养老机构应当根据收住老年人的自理能力和护理的等级标准，实施分级护理服务。养老机构的每名工作人员护理能够自理的老人不得超过 8 人；护理不能自理的老人不得超过 4 人"，车某华系被告提供"介护等级一级"护理服务的老人，而被告自认其一名护理人员护理包括车某华在内的 6—7 名"介护等级一级"的老人，显然违反了上述规定；且被告作为专业的护理机构，在事发当晚有其他住养人突发疾病的情况下，没有及时调整护理方案，仍由一名护理人员进行护理，其在履行服务行为过程中亦存在一定的瑕疵，故被告在本次事件中存在一定的过错。又因事发时车某华意识清醒，具有一定的活动、思考能力，应当清楚自己的身体状况，在活动前应与护理人员联系，在护理人员帮助下进行相关活动，但车某华在事发前并未与护理人员联系，本案的损害后果与其自身的疏忽密切相关，其自身应当承担一定的责任。综合本次事故起因、双方的过错程度，以及对养老护理行业本身具有的公益性等情况的考虑，酌情确定由被告对原告的合理损失承担 20% 的赔偿责任，车某华自负 80% 的责任。①

（二）人员质量符合相关法律和标准要求

根据安全保障义务基本理论，养老机构作为专业养老服务机构，作为住养人的善良管理人，应履行善良管理人义务，具有善良管理人的专业或职业水平，其专业或职业水平应不低于当地养老行业平均的服务与管理水平。

衡量养老机构工作人员是否具有善良管理人职业水平的标准，一是对于一些准入类的职业，看工作人员是否具备了相应职业资格、执业证书。根据《国家职业资格目录》（2021 年版），与养老机构相关的准入类的专业技术人员职业资格有医师、护士、执业药师等职业资格，准入类的技能人员职业资格有保安员、消防设施操作员、特种设备作业人员等职业资格。未取得准入类职业资格证书，不得上岗。取得保安员、消防设施操作员、特种设备作业人员职业资格，即可从业；但从事医师、护士、执业药师的，不仅要取得医师、护士、执业药师等职业资格，而且还要取得医师执业证书，护士执业证书、药师执业证书。

二是对于非准入类职业，看是否符合国家标准、行业标准的相关规定。如根

---

① 参见（2013）红民初字第 4031 号民事判决书。

据《养老机构服务安全基本规范》的规定，养老护理员应持有培训合格证书或证明，经培训合格后上岗；养老机构从业人员上岗、转岗前应接受安全教育；养老机构从业人员每半年应至少接受1次岗位安全、职业安全教育，考核合格率不低于80%。如按照《养老机构服务质量基本规范》要求，养老机构负责人应具有养老服务专业知识，定期参加相关培训；非准入类的技术技能人员需经培训后上岗；应组织工作人员每年进行1次健康体检，患传染性疾病的工作人员应停止为老年人提供服务。

1. 医生须持有医师执业证书

《中华人民共和国医师法》第十三、十四、十八条及2017年通过的《医师执业注册管理办法》(中华人民共和国国家卫生和计划生育委员会令2017年第13号)第十、十七条规定，取得医师资格的，可以向所在地县级以上地方人民政府卫生健康主管部门申请注册。准予注册的，发给医师执业证书。医师经注册后，可以在医疗卫生机构中按照注册的执业地点、执业类别、执业范围执业，从事相应的医疗卫生服务。未注册取得医师执业证书，不得从事医师执业活动。在同一执业地点多个机构执业的医师，应当确定一个机构作为其主要执业机构，并向批准该机构执业的卫生计生行政部门申请注册；对于拟执业的其他机构，应当向批准该机构执业的卫生计生行政部门分别申请备案，注明所在执业机构的名称。医师跨执业地点增加执业机构，应当向批准该机构执业的卫生计生行政部门申请增加注册。医师变更执业地点、执业类别、执业范围等注册事项的，应当到准予注册的卫生健康主管部门办理变更注册手续。医师从事下列活动的，可以不办理相关变更注册手续：

(1)参加规范化培训、进修、对口支援、会诊、突发事件医疗救援、慈善或者其他公益性医疗、义诊。

(2)承担国家任务或者参加政府组织的重要活动等。

(3)在医疗联合体内的医疗机构中执业。

另外，根据《处方管理办法》第八、九、十、十二、四十七、五十四条规定，经注册的执业医师在执业地点取得相应的处方权。经注册的执业助理医师在医疗机构开具的处方，应当经所在执业地点执业医师签名或加盖专用签章后方有效。经注册的执业助理医师在乡、民族乡、镇、村的医疗机构独立从事一般的执业活动，可以在注册的执业地点取得相应的处方权。试用期人员开具处方，应当经所在医疗机构有处方权的执业医师审核、并签名或加盖专用签章后方有效。未取得处方权的人员及被取消处方权的医师不得开具处方。未取得麻醉药品和第一类精神药品处方资格的医师不得开具麻醉药品和第一类精神药品处方。

《医师法》第五十七条规定：“违反本法规定，医师未按照注册的执业地点、执业类别、执业范围执业的，由县级以上人民政府卫生健康主管部门或者中医药主管部门责令改正，给予警告，没收违法所得，并处 1 万元以上 3 万元以下的罚款；情节严重的，责令暂停 6 个月以上 1 年以下执业活动直至吊销医师执业证书。”第五十九条规定：“违反本法规定，非医师行医的，由县级以上人民政府卫生健康主管部门责令停止非法执业活动，没收违法所得和药品、医疗器械，并处违法所得 2 倍以上 10 倍以下的罚款，违法所得不足 1 万元的，按 1 万元计算。”第六十三条规定：“违反本法规定，构成犯罪的，依法追究刑事责任；造成人身、财产损害的，依法承担民事责任。”医疗机构有下列情形之一的，由县级以上卫生行政部门按照《医疗机构管理条例》第四十七条的规定，由县级以上人民政府卫生行政部门责令其限期改正，并可以处以 1 万元以上 10 万元以下的罚款；情节严重的，吊销其《医疗机构执业许可证》或者责令其停止执业活动：①使用未取得处方权的人员、被取消处方权的医师开具处方的；②使用未取得麻醉药品和第一类精神药品处方资格的医师开具麻醉药品和第一类精神药品处方的。

案例

  某某市幸福托老院无医疗资质，其法人冷某静亦非医师，且非精神科相关专业人员。2019 年 4 月 24 日 14 时许，因在该托老院托老的唐某打人，被告人冷某静给唐某服用了 2 片氯氮平片，唐某于当日 22 时许死亡。经某某市公安司法鉴定中心鉴定：死者唐某系由于急性心肌梗死致心功能障碍而死亡，急性心肌梗死致心功能障碍为根本死亡原因，氯氮平中毒为辅助死亡原因。案发后，被告人冷某静经公安机关电话传唤到案，并如实供述自己的犯罪事实。2019 年 8 月 7 日，被告人冷某静与被害人唐某的家属达成赔偿和解协议，一次性赔偿被害人家属各项损失人民币 38 万元，取得被害人家属的谅解。法院认为，被告人冷某静构成过失致人死亡罪。被告人冷某静经公安机关电话传唤后，如实供述自己的犯罪事实，是自首，且其积极赔偿被害人经济损失并取得谅解，综上，对其可以从轻处罚。鉴于被告人冷某静悔罪，落实社区矫正考察、帮教措施，以后不致再危害社会，可对其适用缓刑判决：被告人冷某静犯过失致人死亡罪，判处有期徒刑 1 年，缓刑 1 年 6 个月。①

2. 护士须持有护士执业证书

《护士条例》(2020 年修订)第七、八、九、十、二十一、二十八条规定，通过国务院卫生主管部门组织的护士执业资格考试后，应当经执业注册取得护士执业证书，方可在注册的执业地点执业。执业地点变更的，需办理注册变更手续。护士执业注册有效期为 5 年，有效期届满需要继续执业的，需办理延续注册手续。未取得护士执业证书的人员、执业注册有效期届满未延续执业注册的护士，不得从事诊疗技术规范规定的护理活动，未办理执业地点变更手续的护士，不得在新的医疗机构从事诊疗技术规范规定的护理活动，否则，由县级以上地方人民政府卫生主管部门依据职责分工责令该医疗机构限期改正，给予警告；逾期不改正的，根据国务院卫生主管部门规定的护士配备标准和在医疗卫生机构合法执业的护士数量核减其诊疗科目，或者暂停其 6 个月以上 1 年以下执业活动；国家举办的医疗卫生机构有上述情形、情节严重的，还应当对负有责任的主管人员和其他直接责任人员依法给予处分。

在第二章第二节的"药品安全管理"部分，本书介绍了 2017 年 12 月份冯某霞、王某兰在某养老院的去世案。除前述案情外，该案还具有以下情形：2018 年 5 月 25 日，南宁市西乡塘区卫生和计划生育局(以下简称"西乡塘卫计局")经调查发现该养老院医务室使用未取得处方权的执业医师李某林、潘某徐开具处方并开展诊疗活动，使用未取得护士执业证书的护士韩某红、韦某莲、潘某萍从事诊疗技术规范规定的护理活动，向该养老院作出南西卫医罚[2018]6 号行政处罚决定书，对该养老院进行警告及罚款 4500 元。南宁市民政局 2018 年 10 月 22 日也答复冯某义，认为该养老院配备的医护人员不符合规定要求，医务室的李某新、潘某徐和李某林三人的医师执业证未注册变更至该养老院医务室，并使用未取得护士执业证和未变更护士执业地点从事护士执业活动并向负责监督检查的民政部门隐瞒该情况的行为，责令该养老院改正。经审理，法院认为，该养老院已

---

① 参见(2020)吉 0284 刑初 118 号刑事判决书。

尽到其护理和告知的义务，但鉴于该养老院医务室参与冯某霞养护工作的医护人员虽持有医师执业证或护士执业证但未注册变更至该养老院医务室或仅有护士执业资格考试成绩合格证，尚未取得护士执业证，该行为违反了《处方管理办法》和《护士条例》，故该养老院在安排使用养护服务人员中存在一定的违约事实，酌定该养老院对冯某霞的死亡导致的损失承担10%的赔偿责任。①

3. 药师须持有执业药师注册证

2019年国家药监局、人力资源社会保障部发布的《执业药师职业资格制度规定》第十二、十四、十五、十六条及《处方管理办法》第二十九、四十九条规定，取得执业药师职业资格证书者，应当通过全国执业药师注册管理信息系统向所在地注册管理机构申请注册。经批准注册者，由执业药师注册管理机构核发国家药监局统一样式的执业药师注册证。经注册后，方可从事相应的执业活动。未经注册者，不得以执业药师身份执业，不得从事处方调剂工作。执业药师变更执业单位、执业范围等应当及时办理变更注册手续。执业药师注册有效期为5年。需要延续的，应当在有效期届满30日前，向所在地注册管理机构提出延续注册申请。根据《医疗机构管理条例》第四十七条的规定，使用非卫生技术人员从事医疗卫生技术工作的，由县级以上人民政府卫生行政部门责令其限期改正，并可以处以1万元以上10万元以下的罚款；情节严重的，吊销其《医疗机构执业许可证》或者责令其停止执业活动。

需要说明的是，有些非准入类职业虽然也有相应的职业资格，并纳入了《国家职业资格目录》，但根据《中华人民共和国行政许可法》《人力资源社会保障部关于公布国家职业资格目录的通知》（人社部发〔2017〕68号）的规定，这些职业资格为水平评价类职业资格，不得与就业挂钩。如纳入2021年版《国家职业资格目录》、与养老机构相关的水平评价类的专业技术人员职业资格有会计、社会工作者等职业资格，水平评价类的技能人员职业资格有消防员（灭火救援员）。有些非准入类职业有相应的职业技能标准，如养老护理员国家职业技能标准（职业编码：4-10-01-05）、老年人能力评估师国家职业技能标准（职业编码：4-14-02-05）、健康照护师（长期照护师）国家职业技能标准（职业编码：4-14-01-03）、老年照护职业技能规范（北京中福长者文化科技有限公司发布的企业标准Q/ZF

---

① 参见（2019）桂01民终9127号民事判决书。

001-1—2019)，但这些职业技能标准并非职业资格。根据《行政许可法》及《人力资源社会保障部关于公布国家职业资格目录的通知》(人社部发〔2017〕68号)的规定，行业协会、学会等社会组织和企事业单位可依据职业技能标准和市场需要自行开展职业技能水平评价活动，但不得变相开展资格资质许可和认定，证书不得使用"中华人民共和国""中国""中华""国家""全国""职业资格"或"人员资格"等字样和国徽标志。对资格资质持有人因不具备应有职业水平导致重大过失的，负责许可认定的单位也要承担相应责任。

第二节　做到客户风险可承受

养老机构的客户不仅仅是住养人，还包括住养人的送养人。不同的住养人或送养人，是否具有风险及风险类型或程度也不同；不同的养老机构，由于软硬件条件不同，承受风险的能力也不同。一个养老机构，其服务的客户的风险应在其可承受的范围之内。

一、住养人的风险可承受

老年人常见风险，除《养老机构服务安全基本规范》所描述的噎食、食品药品误食、压疮、烫伤、坠床、跌倒、他伤和自伤、走失八个方面风险外(《养老机构服务安全基本规范》描述的风险还包括文娱活动意外风险，作者认为，文娱活动意外风险具有综合性，不是单独的一种风险类型)，还包括突发疾病、猝死等其他风险。老年人服务安全风险种类和程度不同，对养老机构的风险防控能力要求不同。比如，没有医疗服务资质的养老机构，如收住病情危重、不稳定、手术后、处于治疗期或需要医疗护理服务的老年人，若住养人或其送养人、监护人事先并没有放弃医疗护理服务，则超出了机构自身的风险承受范围。又如，对于具有徘徊游荡、妄想、幻觉、身体攻击、语言攻击、抗拒照护、不适当的社会行为或破坏性活动，或者昼夜颠倒/夜间行为等精神行为问题的认知症住养人的照护，按照《老年人照料设施建筑设计标准》及《养老机构认知症老人照顾指南DB44/T 2232—2020》《养老机构失智老年人照护服务规范》(DB3201/T 1044—2021)等有关行业、地方标准规定，需要特定的软硬件条件，如宜配备持有执业资格证的医生、护士、社会工作者、营养师、康复治疗师等专业服务人员，服务人员应经过岗前培训掌握认知症相应的照护知识和技能，应制定个案照护计划并根据个案照护计划为老年人提供照护服务，当非药物干预效果不佳时宜采用药物干预与非药物干预相结合方式，应单独设置照护单元，应具有线路组织便捷、连贯的交通空间。若养老机构不具备这些特定的软硬件条件，则不太可能保障老年人的安全，如收住这样的老年人，就超出了自身的风险承受范围，往往容易造成事故发生。

案例

作者曾接触一家老年公寓，服务人员主要为护理员，主要提供生活照料服务，且大多为农村务工人员，基本没有接受过专业培训，不具备上述认知症的照护知识。2018年7月21日，该老年公寓收住了一名为刘某龙的认知症长者。入住后的4天时间内，该长者经常自言自语"我要回家""我要回家"，与他人没有其他交流。服务人员只是感觉其"不太正常"，但并不知道此为认知障碍的表现。2018年7月25日傍晚，刘某龙女儿来院探望，女儿回去时，刘某龙非常激动，曾两次随女儿走进电梯，又被推出电梯。7月25日凌晨3时左右，老年公寓工作人员发现刘某龙从二楼所住房间落至楼下，后刘某龙被送往医院治疗，7月25日4时29分在医院死亡，死亡原因为急性开放性颅脑损伤(特重型)。法院认为：刘某龙入住时已满81周岁，年事已高，虽未经评估确定护理等级，但被告亦应对其加强陪护。被告已发现事发当晚刘某龙曾情绪比较激动，事发前刘某龙有摆弄锁头的异常行为，既然被告了解该情况，就应该加强对刘某龙的巡视，制止其异常行为，预防危险的发生。故被告存在工作管理中的疏漏，对事故发生存在过错，应承担相应责任。原告将刘某龙安置在被告处，在明知刘某龙身体、精神状况的情况下，入住时未向被告提供体检报告等材料或明确告知被告，影响被告对刘某龙的养护需求的判断，对事故发生亦存在过错。综合双方的过错程度，加之刘某龙高龄，患有脑梗死等疾病和病情发展的不可逆因素，以及对养老护理行业本身具有的公益性等情况的考虑，酌情确定由被告承担30%的民事赔偿责任。[1]

---

[1] 参见(2019)津0113民初2414号民事判决书。

养老机构应根据自己的软硬件条件，确定自身对老年人风险的承受范围，明确客户定位，并在签署入住合同前，做好对老年人自身的风险评估，对在自身风险承受范围内的老年人予以收住，对超出自身风险承受范围的老年人，则应拒绝入住。拒绝入住是机构的权利，是合同自愿原则的体现，并且不是不尽社会责任，而是对老年人安全的真正负责。但是，公办养老机构如有剩余床位，如当地政府并未根据风险承受能力对公办养老机构作出类型划分，除具有伤害自身、危害他人安全风险的老年精神障碍患者外，对需由其供养的"三无"老年人有强制缔约义务，不得以老年人风险程度超出自身风险承受范围为由予以拒绝。

二、送养人的风险可承受

送养人在养老机构服务合同中是既有权利，又有义务的。如根据民政部养老服务合同示范文本的约定，送养人承担着住养人的付款义务人或连带责任保证人、紧急联系人、代理人等角色。送养人的风险、风险程度来源于其是否能全面履行合同义务。如其能全面履行合同义务，则不存在风险；如其存在不能全面履行义务的可能，则存在风险；其不能全面履行义务的可能性大小，就是风险程度。

送养人是否具有不能全面履行义务的可能及可能性大小，需要养老机构在接待、家访、老年人能力评估等过程中，通过填写入住申请表或入住登记表、提供老年人信息等环节，通过了解其工作单位、职业、与老年人的关系、以往履行赡养或抚养义务的情况等相关信息，来判断其是否具有全面履行义务的意愿与能力，是否能够按照约定支付养老服务及相关费用，是否能够如实反映住养人的情况，是否能够劝导住养人遵守合同约定和养老机构的规章制度，是否能够经常与住养人沟通满足住养人的精神需求，是否能够及时协助养老机构处理住养人出现的紧急情况，是否能将变更后的通讯地址或联系方式及时通知养老机构，是否能在服务合同终止后及时办理退住手续，是否能够履行养老机构服务合同约定养老机构义务之外的自身的其他赡养（扶养）义务或监护职责。

送养人如不能按合同约定支付养老服务费用，又不及时办理退住手续，会给养老机构带来直接经济损失；送养人如不能及时履行除支付费用及办理退住手续外的其他义务，不仅会增加养老机构与送养人的沟通成本，而且不利于住养人伤害事故的防范，甚至还会增加住养人发生伤害事故的可能性；送养人如缺乏基本的法律意识和诚实品质，则会增加事故或纠纷协商解决的难度。作者曾接触一案例，一位 85 岁高龄的住养人在某养老机构跌倒致骨折，造成八级伤残。事故发生后，送养人并不按照法律规定的赔偿项目(医疗费、残疾赔偿金、精神抚慰金、护理费、伙食费、营养费等)、赔偿标准提出赔偿请求，而是要求养老机构将住养人的身体恢复原状，在恢复原状前，由养老机构承担所有的医疗、康复等费用，且免费提供养老服务。关键是，住养人的身体是否还能恢复原状？其实，协商前送养人已进行了专业咨询，明确知晓住养人的身体不可能恢复原状。因送养人的要求远远超出了法律规定的赔偿范围和标准，且拒不妥协，双方协商多次未果，最终诉至法院。因此，养老机构应将送养人的风险控制在自己能够承受的范围内，明确送养人条件，如规定送养人的年龄上限，保证其具有履行相应义务的身体条件；如按照与住养人关系近者优先的原则，保证其履行义务的意愿或情感基础；如按照经济条件强者优先的原则，保证其具有养老服务费用的支付能力。

另外，对于接收无送养人的住养人的养老机构，应承担住养人无连带责任保证人、紧急联系人、代理人等的相应风险，在无送养人配合或协助的情况下，主动做好住养人精神慰藉、紧急情况(如住养人疾病送医、自伤或伤人、外出走失等)处理等服务工作。合同终止后，无送养人的住养人的出院或去世善后更是个难题，如何处理，请阅读本书第三章第五节的有关内容。

第三节　实现服务行为的六性要求

服务行为要符合六性要求，即精准性、全面性、合意性、及时性、规范性、有形性。本书所讲服务行为是指养老机构为住养人提供的照护服务或对照护服务的管理。

一、服务的精准性

服务精准性，指养老机构为住养人提供的照护服务内容要与住养人的失能方面、失能程度及照护需求相匹配，做到有失能，就有服务，有什么样的失能，就有什么样的服务，有什么程度的失能，就有什么等级的服务；不能有失能，却无服务，也不能高失能，低服务。同时，要根据住养人服务安全风险状况，采取相应的服务安全防护措施。

现实中绝大多数住养人伤害事故都是因服务的不精准造成的。

案例

2016 年 10 月 13 日，姚某到江某老年公寓老人护理区休养，护理等级为普通护理。2017 年 2 月 25 日早上，姚某在江某老年公寓下楼时摔倒受伤，2017 年 2 月 28 日死亡。姚某在入江某老年公寓休养前，于 2016 年 9 月 13 日到合川区人民医院住院治疗，当月 26 日出院，其住院病历记载出院诊断：①急性中型颅脑损伤：双侧额颞顶部硬膜下血肿，双侧额颞叶脑挫伤，创伤性蛛网膜下腔出血，颅底骨折，枕骨骨折，头皮血肿；②肺挫伤；③右肺上叶不张；④贫血；⑤右侧肩胛骨骨折。病历还记载患者家属要求出院到当地医院继续治疗。医嘱建议继续住院正规治疗，患者有精神症状，建议加强看护，防止意外。对于姚某的摔伤及死亡，法院认为，根据《养老机构管理办法》第十三条的规定，养老机构应当建立入院评估制度，做好老年人健康状况评估，并根据服务协议和老年人的生活自理能力实施分级分类服务。本案中，江某老年公寓未对姚某进行入院健康评估，直接根据当事人选择的护理等级提供服务，导致养老机构提供的护理等级与姚某的生活自理能力不匹配，对姚某摔倒致伤存在一定原因力。同时，姚某家属明知姚某外伤尚未痊愈，医嘱建议继续住院正规治疗，加强看护，防止意外情况下将姚某送到江某老年公寓处休养，也未向江某老年公寓提供有关姚某的前述病历资料，且选择普通护理，存在过错。综合本案整体情况，酌定江某老年公寓承担 30%的赔偿责任。①

要做到服务的精准性，要注意做好以下五项工作。

其一，要客观、准确、全面评估老年人的身心状况。《老年人能力评估规范》要求，要准确采集老年人近 30 天内照护风险事件等基本信息、疾病诊断与用药情况以及压力性损伤、关节活动度、伤口、特殊护理、疼痛感、牙齿缺失、义齿佩戴、吞咽困难、营养不良、昏迷等健康信息，要对老年人的自理能力(进食、修饰、洗澡、穿/脱上衣、穿/脱裤子和鞋袜、小便控制、大便控制、如厕)、基础运动能力(床上体位转移、床椅转移、平地行走、上下楼梯)、精神状态(时间定向、空间定向、人物定向、记忆、理解能力、表达能力、攻击行为、抑郁症

———
① 参见(2018)渝 01 民终 3483 号民事判决书。

状、意识水平)、感知觉与社会参与能力(视力、听力、执行日常事务、使用交通工具外出、社会交往能力)作出客观、准确的判断。

除老年人能力评估外,还应按照《养老机构服务安全基本规范》的要求,做好老年人的服务安全风险评估。评估内容至少包括噎食、食品药品误食、压疮、烫伤、坠床、跌倒、他伤和自伤、走失、文娱活动意外等方面的风险。可以结合老年人能力评估进行服务安全风险评估,也可以使用专门的风险评估量表进行评估,还可以综合以上两种方法进行评估。无论采用哪种方法进行评估,总的要求是客观、准确。无论风险评估结果或等级是高于还是低于老年人客观的风险状况,都可能给服务带来不同程度的安全隐患。

根据目前的法律和标准规定,老年人能力评估和服务安全风险评估是最基本的评估。除此之外,养老机构根据自身评估条件、服务对象、服务功能的不同,还可以开展对老年人的营养评估、医学评估、康复评估以及家庭背景、人生经历、社交关系、行为模式、情感模式等的评估。评估内容越全面,服务内容才会越精准。

其二,评估人员应具有相应专业水平,且每次评估至少由 2 名评估人员同时在场评估。《老年人能力评估规范》(GB/T 42195—2022)要求,评估人员应具有全日制高中或中专以上学历,有 5 年以上从事医疗护理、健康管理、养老服务、老年社会工作等实务经历并具有相关专业背景,理解评估指标内容,掌握评估要求。每次评估的 2 名评估人员,至少一人具有医护专业背景。

其三,要根据老年人的照护需求确定服务内容。评估老年人的身心状况是基础,确定为老年人提供的服务内容是目的,连接二者的"红线"是照护需求。评估人员在评估住养人身心状况的同时,一定要分析其照护需求,然后根据其照护需求,确定为其提供的服务内容。如通过对住养人的"修饰"能力的评估,确定其该二级指标能力状况为"2 分:需要他人协助,但以自身完成为主",就应判断出该老年人洗脸、刷牙、梳头、刮脸、剪指(趾)甲等日常修饰活动需要他人协助,在确定服务内容时就应当有相应的协助服务。需要注意的是,确定老年人服务项目时有些情况下不能仅仅根据某一方面的失能状况,还要对其多方面的能力状况进行综合分析。如通过对老年人的进食能力的评估,确定其该二级指标能力状况为"3 分:在他人指导或提示下完成,或独立使用辅具,没有呛咳",其照护需求为"他人指导或提示"或"独立使用辅具"。那究竟是"他人指导或提示",还是"独立使用辅具"?还需要根据该老年人其他方面的能力状况进行判断。如根据其他二级指标能力的评估，该老人存在认知、视力或听力问题，则应为其提供指导或提示服务，如该老人不能独立进食是因上肢肢体障碍造成，并非认知、视力或听力问题，则为其提供适当的进食辅具以弥补其失去的进食能力。

另外，根据老年人身心状况分析照护需求、确定服务内容时，要将老年人风险状况作为重要考量因素。比如，在《老年人能力评估规范》中，"平地行走"指标的评分及说明中规定"3分：能平地步行50m左右，存在摔倒风险，需要他人监护或指导，或使用拐杖、助行器等辅助工具"。该规定充分彰显了分析照护需求、确定服务内容对老年人自身风险因素的考量。虽然《养老机构服务安全基本规范》并没有明确规定要将服务安全风险评估作为确定照护等级的依据，但《养老机构管理办法》第十五条规定："养老机构应当建立入院评估制度，对老年人的身心状况进行评估，并根据评估结果确定照料护理等级。"老年人自身风险状况应属于其身心状况的重要组成，分析照护需求、确定服务内容和照护等级应以老年人自身风险状况为依据。

其四，要正确对待能力等级和制式的照护等级服务内容。目前，关于老年人能力评估的国家标准或一些地方标准，皆要求通过评估确定老年人能力等级。如按照《老年人能力评估规范》要求，评估人员根据老年人4个一级指标的得分及是否处于昏迷、近30天内发生过2次及以上照护风险事件等情况，确定老年人的如下能力等级：能力完好（总分90）、能力轻度受损（轻度失能，总分66~89）、能力中度受损（中度失能，总分46~65）、能力重度受损（重度失能，总分30~45）、能力完全丧失（完全失能，总分0~29）。这些能力级别可以作为确定服务内容的参考，但除能力完好级别可对应自理照护等级外，其他能力级别不宜直接对应某一照护等级或直接作为一个照护等级，因为同属一个能力等级，但失能的方面不同，照护服务需求也不同，如因肢体功能障碍和认知功能障碍都有可能评为轻度失能，但二者的照护服务需求迥然不同。同时，虽同为轻度失能，但失能程度的跨度较大，得分区间为66分至89分。如此大的跨度，若为老年人匹配同一照护等级，提供同样的服务，则服务与需求不太可能是匹配的。

从逻辑上看，应当先有服务内容，后有照护等级，是根据服务内容的类型、消耗时间、难易程度等确定照护等级，而不是先确定某位住养人的照护等级，根据照护等级确定该住养人的服务项目。现实中，较多养老机构有制式的照护等级、照护等级分级标准及每个等级对应的套餐式服务内容。天津、杭州、河北、福建、云南、湖南、浙江等省(市)均制定了照护分级相关地方标准,供养老机构使用或参照使用。浙江省发布的《养老机构护理分级与服务规范》(DB33/T 2267—2020),将照护等级分为三级护理、二级护理、一级护理、特级护理1(特1)、特级护理2(特2)、特级护理3(特3)、专需护理等7个等级。每个等级的分级依据或标准见表3-3-1。该规范规定了每个等级包含的共有基本服务:住养人个人及居室清洁卫生、饮食、值班、文化娱乐、户外健身活动、巡视、评估、医疗护理和康复护理、建立住养人健康档案、突发事件预防和应急处理、外出管理等。在基本服务基础上,规定了每个等级包含的特有服务,如对特级护理3的住养人,除提供基本服务之外,还提供以下特有服务:①提供持续的床边护理;②住养人档案每班记录1次,特殊情况随时记录,根据护嘱记录24小时出入量;③做好晨间护理和晚间护理,早晚洗脸、清洁口腔,每晚洗脚、清洁会阴,洗澡、洗头每周1~2次(夏天每周2次),修剪指(趾)甲每2周1次;④清理大小便,保持住养人良好的个人卫生和环境整洁,无异味;⑤送餐到床前,提供喂水、喂食或鼻饲服务,保证住养人摄入足够的食物和水;⑥定时摇高床头,开展被动锻炼;⑦正确保管药物并按时给予服用;⑧建立翻身卡,正确采取预防压疮的措施。综合特级护理3的分级依据和特有服务看,特有服务是所有符合分级条件的住养人,即无法自行翻身、昏迷状态或植物人状态、大便失禁、高度压疮风险住养人的共有服务,但对于仅有大便失禁,而并非无法自行翻身的住养人,这些特有服务显然并非都是必需的。制式的照护等级、照护等级分级标准及每个等级套餐式服务内容,对确定住养人的照护等级及其服务内容,具有重要的参考价值,能够提高评估评级的工作效率,但不能简单套用,而应在评估身心状况、分析照护需求、确定服务项目基础上,选择最为接近的制式照护等级为该住养人的照护等级,但服务内容仍应以个案分析确定的服务内容为准。

表3-3-1　《养老机构护理分级与服务规范》(DB 33/T2267—2020)中的护理分级

照护级别	分级依据
三级护理	符合下列全部条件:①年龄80周岁以下;②住养人能力完好,包括日常生活完全自理,精神状态、感知觉和沟通、时间/空间定向、人物定向、社会参与等能力完好;③能参加力所能及的工作和劳动

照护级别	分级依据
二级护理	符合下列条件之一：①年龄 80~90 周岁；②患有慢性病；③日常生活基本自理；④听力明显下降，正常交流有些困难，需在安静环境下或大声说话才能听到；⑤无法自行乘坐公共交通
一级护理	符合下列条件之一：①年龄 90 周岁以上；②各类慢性病患者，器官功能失代偿；③日常生活自理能力轻度受损，BI 评分 65~95 分；④上下楼梯需要借助辅具或者他人帮助；⑤洗澡需要他人帮助准备和洗后清理；⑥视力明显下降，看不清报纸大标题；⑦需要送餐服务；⑧表达需要和理解他人有些困难，无法单独出行
特级护理 1(特 1)	符合下列条件之一：①日常生活自理能力中度受损，BI 评分 45~60 分；②需要他人管理服药、饮食和日常起居；③平地行走需借助于助行辅具或者他人的帮助；④无法自行洗澡，需要协助如厕；⑤视力明显下降，辨认物体有困难；⑥无法自行参与一般的社交活动、兴趣活动、休闲娱乐活动等；⑦记忆能力明显下降，时间、空间定位障碍，与人交流有些困难
特级护理 2(特 2)	符合下列条件之一：①日常生活自理能力严重受损，BI 评分≤40 分；②需要喂食、喂水；③不能平地行走，无法床椅转移；④尿失禁，穿戴纸尿裤需要协助；⑤无法自行如厕，需要帮助便后清洁；⑥视力障碍，眼睛不能随物体移动；⑦人物定向混乱，无法与人正常交流
特级护理 3(特 3)	符合下列条件之一：①无法自行翻身；②昏迷状态或植物人状态；③大便失禁，无法自行处理；④高度压疮风险
专需护理	符合下列条件之一：①不同程度认知功能障碍，医疗诊断为老年性痴呆，无身体攻击行为，无特殊麻烦行为；②有异常行为，影响他人日常生活和睡眠，需要专门照护者；③有鼻饲或者留置导尿或者膀胱造瘘或者胃肠道造瘘者；④Ⅲ度以上压疮；⑤经医生确认可以入住机构的气管切开者；⑥其他非住养人身心原因，经双方商定需要专门照护者(此项不作为长期照护保险的支付依据)

其五，要做好服务内容的及时调整工作，保持服务内容与老年人身心状况的持续匹配。评估后如发现服务内容不当，要及时调整。要做好对老年人的例行评估、即时评估以及日常观察与了解，及时把握老年人身心状况的变化，并据此及

时调整老年人的服务内容。根据《老年人能力评估规范》要求，老年人能力评估应为动态评估，在首次评估后，若无特殊变化，至少每 12 个月评估一次，程序与首次评估相同；出现特殊情况导致能力发生变化时，宜申请即时评估。《养老机构服务安全基本规范》规定，每年应至少进行 1 次阶段性的服务安全风险评估。《养老机构服务质量基本规范》也规定，应定期评估老年人身体状况和精神状态；老年人身体状况和精神状态发生变化时，应即时评估；应根据评估结果提供相应服务。

养老机构未随住养人身心状况变化及时调整服务内容引发伤害事故的，养老机构应承担相应法律责任。2012 年 2 月 7 日，原告程某珍入住被告处，被告某养老院评定原告照护等级为自理等级，直到 2019 年 3 月 29 日原告照护等级仍为自理等级。2019 年 3 月 29 日上午 8：30 分左右，原告如厕时不慎摔倒在地，随后被告通知原告家属。当日，原告被送至天津医院进行急诊治疗，诊断伤情为左股骨转子间粉碎性骨折。庭审过程中，被告以原告为自理等级，提出不同意赔偿的抗辩意见，法院对此未予采纳，判决被告对原告损失承担赔偿责任（一审判决被告的责任比例为 70%，二审改判为 40%）。① 又如，2018 年 8 月 13 日上午 11 时许，原告邓某在其入住的某老年公寓房间内从床上跌落至床与床头柜之间，造成其身体受伤。法院认为，随着时间的推移，原告的智力、视力以及生活自理能力会逐渐降低，而被告未对其制定的照护方案作出相应调整，2018 年 8 月仍旧在执行其 2 年前制定的照护方案，被告存在过错。此外，对于视力差、行动不便，年龄高达 81 岁的邓某独自一人居住在单人间内需要照护的实际情况，被告将其跌倒风险评估仅确定为关注，未引起足够重视，且在制定照护方案时，对原告上下床、上卫生间等室内活动，未制定出具体的防跌倒措施。结合本案的实际情况，法院确定该老年公寓对邓某的损失承担 70% 的赔偿责任。②

二、服务的全面性

本书所讲的服务的全面性，是指养老机构为住养人提供的服务应包括相关法律、国家或行业标准规定的照护服务及服务管理内容，无论养老服务合同对此是否作出约定。

---

① 参见（2020）津 01 民终 5198 号民事判决书。
② 参见（2019）川 06 民终 1104 号民事判决书。

(一)应包括法律规定的照护服务及服务管理内容

根据《养老机构管理办法》中对服务规范和运营管理的相关要求，如下内容应为养老机构的照护服务及服务管理内容。

1. 评估服务

养老机构应当建立入院评估制度，对老年人的身心状况进行评估，并根据评估结果确定照料护理等级。老年人身心状况发生变化，需要变更照料护理等级的，养老机构应当重新进行评估。养老机构确定或变更老年人照料护理等级，应当经老年人或者其代理人同意。

2. 生活照料服务

养老机构应当为老年人提供饮食、起居、清洁、卫生等生活照料服务。养老机构应当提供符合老年人住宿条件的居住用房，并配备适合老年人安全保护要求的设施、设备及用具，定期对老年人的活动场所和物品进行消毒和清洗(此方面义务的具体规定见本书第二章的介绍)。养老机构提供的饮食应当符合食品安全要求、适宜老年人食用、有利于老年人营养平衡、符合民族风俗习惯。

3. 健康管理或医疗护理服务

养老机构应当为老年人建立健康档案，开展日常保健知识宣传，做好疾病预防工作。养老机构在老年人突发危重疾病时，应当及时转送医疗机构救治并通知其紧急联系人。养老机构可以通过设立医疗机构或者采取与周边医疗机构合作的方式，为老年人提供医疗服务。

4. 传染病防治和精神卫生服务

养老机构发现老年人为传染病病人或疑似传染病病人的，应当及时向附近的疾病预防控制机构或医疗机构报告，配合实施卫生处理、隔离等预防控制措施。养老机构发现老年人为疑似精神障碍患者的，应当依照精神卫生相关法律法规的规定处理。

5. 精神慰藉服务

养老机构应当根据需要为老年人提供情绪疏导、心理咨询、危机干预等精神慰藉服务。

6. 文化娱乐服务

养老机构应当开展适合老年人的文化、教育、体育、娱乐活动，丰富老年人的精神文化生活。养老机构开展文化、教育、体育、娱乐活动时，应当为老年人提供必要的安全防护措施。

7. 协助探望服务

养老机构应当为老年人家庭成员看望或问候老年人提供便利，为老年人联系家庭成员提供帮助。

8. 建立健全相关规章制度

养老机构应当按照国家有关规定建立健全安全、消防、食品、卫生、档案管理等规章制度，制定服务标准和工作流程，并予以公开。

9. 工作人员配备

养老机构应当配备与服务和运营相适应的工作人员，并依法与其签订聘用合同或劳动合同，定期开展职业道德教育和业务培训。养老机构中从事医疗、康复、消防等服务的人员，应当具备相应的职业资格。养老机构应当加强对养老护理人员的职业技能培训，建立健全体现职业技能等级等因素的薪酬制度。

10. 安全值守

养老机构应当实行 24 小时值班，做好老年人安全保障工作。养老机构应当在各出入口、接待大厅、值班室、楼道、食堂等公共场所安装视频监控设施，并妥善保管视频监控记录。

11. 食品安全管理

养老机构内设食堂的，应当取得市场监督管理部门颁发的食品经营许可证，严格遵守相关法律、法规和食品安全标准，执行原料控制、餐具饮具清洗消毒、食品留样等制度，并依法开展食堂食品安全自查。养老机构从供餐单位订餐的，应当从取得食品生产经营许可的供餐单位订购，并按照要求对订购的食品进行查验。

12. 消防安全管理

养老机构应当依法履行消防安全职责，健全消防安全管理制度，实行消防工作责任制，配置消防设施、器材并定期检测、维修，开展日常防火巡查、检查，定期组织灭火和应急疏散等消防安全培训。

13. 突发事件处置

养老机构应当依法制定自然灾害、事故灾难、公共卫生事件、社会安全事件等突发事件应急预案，在场所内配备报警装置和必要的应急救援设备、设施，定期开展突发事件应急演练。突发事件发生后，养老机构应当立即启动应急预案，采取防止危害扩大的必要处置措施，同时根据突发事件应对管理职责分工向有关部门和民政部门报告。

14. 档案管理

养老机构应当建立老年人信息档案，收集和妥善保管服务协议等相关资料。档案的保管期限不少于服务协议期满后 5 年。养老机构及其工作人员应当保护老年人的个人信息和隐私。

15. 终止服务的善后处理

养老机构因变更或终止等原因暂停、终止服务的，应当在合理期限内提前书面通知老年人或其代理人，并书面告知民政部门。老年人需要安置的，养老机构应当根据服务协议约定与老年人或其代理人协商确定安置事宜。养老机构终止服务后，应当依法清算并办理注销登记。《养老机构管理办法》第三十五条规定，养老机构因变更等原因暂停服务、老年人需要安置的，养老机构应做好老年人的安置工作，不得因自身暂停、终止服务，而使老年人得不到照护。

养老机构提供照护服务，不仅要遵守《养老机构管理办法》专门法的规定，还要遵守其他基本法的规定，如根据《民法典》《中华人民共和国消费者权益保护法》《中华人民共和国消费者权益保护法实施条例》(2024 年 2 月 23 日国务院第 26 次常务会议通过)的规定，养老机构作为经营者应履行如下义务。

1. 依法定或约定履行义务

养老机构向住养人提供服务，应当依照有关法律、法规的规定履行义务。养老机构和住养人及其送养人有约定的，应当按照约定或住养人及其送养人的指示履行义务，但双方的约定不得违背法律、法规的规定。养老机构向住养人提供服务，应当恪守社会公德，诚信经营，保障住养人的合法权益；不得设定不公平、不合理的交易条件，不得强制交易。

2. 报告及听取意见、接受监督义务

养老机构应当按照住养人及其送养人的要求，报告照护服务及住养人住养情况，应当听取住养人及其送养人对养老机构提供的服务的意见，接受住养人及其送养人的监督。

3. 保障人身和财产安全的义务

养老机构应当保证其提供的服务符合保障人身、财产安全的要求。对可能危及人身、财产安全的服务，应当向住养人作出真实的说明和明确的警示，并说明和标明正确接受服务的方法及防止危害发生的方法，应当对住养人尽到安全保障义务。养老机构发现其提供的服务存在缺陷，有危及人身安全危险的，应当立即向有关行政部门报告和告知住养人，并采取警示、停止服务等措施。住养人在经营场所遇到危险或受到侵害时，养老机构应当给予及时、必要的救助。因第三人的行为造成住养人损害的，由第三人承担侵权责任；养老机构未尽到安全保障义务的，承担相应的补充责任。养老机构承担补充责任后，可以向第三人追偿。

4. 提供真实信息，不作虚假宣传义务

养老机构向住养人、送养人提供的经营地址、联系方式、服务的数量和质量、费用、履行期限和方式、安全注意事项和风险警示、民事责任等信息，应当真实、全面，不得作虚假或引人误解的宣传。养老机构对住养人及其送养人就其提供的服务的质量等问题提出的询问，应当作出真实、明确的答复。养老机构提供服务应当明码标价。养老机构不得在住养人、送养人不知情的情况下，对同一服务在同等交易条件下设置不同的收费标准。

5. 标明真实名称和标记的义务

养老机构应当标明其真实名称和标记。

6. 出具凭证和单据义务

养老机构提供服务，应当按照国家有关规定向住养人或送养人出具发票等服务单据；住养人或送养人索要发票等服务单据的，养老机构必须出具。

7. 保证质量的义务

养老机构应当保证在正常接受服务的情况下其提供的服务应当具有的质量，但住养人在接受该服务前已经知道其存在瑕疵，且存在该瑕疵不违反法律或标准强制性规定的除外。养老机构以广告、服务说明或其他方式表明服务的质量状况的，应当保证其提供的服务的实际质量与表明的质量状况相符。

8. 正确使用格式条款，不公平不合理交易禁止义务

养老机构在经营活动中使用格式条款的，应当以显著方式提请住养人及其送养人注意服务的质量、费用、履行期限和方式、安全注意事项和风险警示、民事责任等与住养人有重大利害关系的内容，并按照住养人及其送养人的要求予以说明。养老机构不得以格式条款、通知、声明、店堂告示等方式，作出排除或限制住养人或送养人权利、减轻或者免除养老机构责任、加重住养人或送养人责任等对住养人、送养人不公平、不合理的规定，不得利用格式条款并借助技术手段强制交易。格式条款、通知、声明、店堂告示等含有前款所列内容的，其内容

无效。

9. 尊重住养人人格尊严，不侵害住养人人格权义务

养老机构不得对住养人进行侮辱、诽谤，不得搜查住养人的身体及其携带的物品，不得侵犯住养人的人身自由。

养老机构收集、使用住养人、送养人个人信息，应当遵循合法、正当、必要的原则，明示收集、使用信息的目的、方式和范围，并经住养人、送养人同意。养老机构收集、使用住养人、送养人个人信息，应当公开其收集、使用规则，不得违反法律、法规的规定和双方的约定收集、使用信息，不得过度收集住养人、送养人个人信息，不得采用一次概括授权、默认授权等方式，强制或变相强制住养人、送养人同意收集、使用与经营活动无直接关系的个人信息。养老机构及其工作人员对收集的住养人、送养人个人信息必须严格保密，不得泄露、出售或非法向他人提供。养老机构应当采取技术措施和其他必要措施，确保信息安全，防止住养人、送养人个人信息泄露、丢失。在发生或可能发生信息泄露、丢失的情况时，应当立即采取补救措施。养老机构未经住养人、送养人同意或请求，或者住养人、送养人明确表示拒绝的，不得向其发送商业性信息。

(二) 应包括国家或行业标准规定的照护服务及服务管理内容

养老机构为住养人提供的服务还应包括相关国家标准或行业标准规定的照护服务及服务管理内容。《民法典》第五百一十一条规定："当事人就有关合同内容约定不明确、依据前条规定仍不能确定的，适用下列规定：质量要求不明确的，按照强制性国家标准履行；没有强制性国家标准的，按照推荐性国家标准履行；没有推荐性国家标准的，按照行业标准履行；没有国家标准、行业标准的，按照通常标准或者符合合同目的的特定标准履行。"根据《民法典》该条规定，国家标准、行业标准具有重要的法律意义。在双方当事人签订的养老服务合同未约定或约定不明的情况下，国家标准、行业标准规定的服务内容即为养老机构应履行的义务。

《养老机构服务质量基本规范》是首个关于养老机构服务质量管理的国家标准，明确了全国养老机构服务质量的基准线、起跑线，列出了养老机构 9 个方面的基本照护服务项目及相应的服务管理内容，具体见表 3-3-2。

表 3-3-2　《养老机构服务质量基本规范》列明的基本照护服务与服务管理内容

基本服务与服务管理项目	主　要　内　容
出入院服务	包括但不限于：入院评估、入院手续办理、出院手续办理
生活照料服务	包括但不限于：协助住养人个人饮食、起居、清洁卫生、排泄、体位转移
膳食服务	包括但不限于：为住养人提供集体用餐和个人用餐服务
清洁卫生服务	包括但不限于：公共区域及住养人居室内的清洁
洗涤服务	包括但不限于：住养人衣物、被褥等织物的收集、清洗和消毒
医疗护理服务	包括但不限于：常见病多发病诊疗、健康指导、预防保健(应组织住养人开展健康体检，每年不少于 1 次)、康复护理、院内感染控制
文化娱乐服务	包括但不限于：文化、体育、娱乐、节日及纪念日庆贺活动
心理/精神支持服务	包括但不限于：环境适应、情绪疏导、心理支持、危机干预
安宁服务	包括但不限于：临终关怀、哀伤辅导和后事指导
服务管理	应建立基本管理制度，应在机构内醒目位置公布服务管理信息，应定期评估住养人身体状况和精神状态，应建立住养人入住档案和健康档案、服务档案及其他档案，应保护住养人及相关第三方信息，应设立投诉受理部门(公开投诉电话和负责人电话)
人力资源管理	应明确养老机构工作人员岗位职责，养老护理员配置应满足服务需求，应配备专职或兼职安全管理人员，养老机构工作人员应掌握相应的知识和技能，应组织工作人员每年进行 1 次健康体检
环境及设施设备管理	涉及住养人居室内床位平均可使用面积、住养人居室各种设施设备的配置、垃圾专门存放区域、禁止吸烟、相关消防要求、公共信息的图形标志
安全管理	涉及安全管理体系、安全管理制度、应急管理部门及其责任、应急预案、意外或可能引发意外行为的上报、特种设备安全管理、设施设备安全管理、消防演练和应急预案演练、安全教育培训、防火检查与巡查

　　养老机构的服务内容不具有全面性的，对因此造成的事故损失或损失的扩大，养老机构应承担相应责任。2015 年 2 月 17 日，第三人(某街道办事处)、兰

某春与被告某养老院签订入住协议书，护理级别为自理级；被告应建立健康档案；被告应定期安排体检，如出现病情变化，应协助进行治疗；如兰某春在住养期间去世，由第三人负责善后事宜。协议签订后，兰某春即入住被告处，被告称收取的护理费用前三个月为每月 2300 元，后调整为每月 4000 元的全护，自 2016 年 1 月起调整为每月 4500 元的全护。2016 年 11 月 22 日上午，被告工作人员发现兰某春没有生命体征，未通知家属，未拨打"120"急救电话，亦未送往医院。被告经与第三人商议，将兰某春尸体送至天津市同润殡仪服务有限公司。2018 年 11 月 1 日，天津迪安司法鉴定中心出具《司法鉴定意见书》，鉴定意见为：被鉴定人兰某春符合高血压心脏病、冠状动脉粥样硬化性心脏病引起的心力衰竭致死。原告支出鉴定费 20000 元。法院认为，从被告的收费标准来看，对于兰某春的护理等级是逐渐提高的，自 2015 年 6 月开始更是提高为全护的标准，但被告并未为兰某春建立健康档案，亦未对其定期体检，行为上存在瑕疵。根据被告对事实经过的陈述，兰某春死亡时并无护理人员在场，被告为兰某春提供的全护级别护理，不应存在脱离看护的情况。此外，兰某春死亡时，被告未通知家属，未拨打"120"急救电话，仅依据被告工作人员的认定就确定了兰某春死亡，而该工作人员并无相关的医护人员资质，被告的行为显然存在过错。故依据被告履行合同的瑕疵情况及过错程度，结合兰某春入院前患有脑栓塞、高血压等疾病和病情发展的不可逆因素，以及对养老护理行业本身具有的公益性等情况考虑，酌情确定由被告承担 30% 的赔偿责任。①

（三）养老机构服务内容的学理归纳

养老机构服务内容即服务义务。根据合同义务体系或合同义务群的法学理论，合同义务可分为先合同义务、主给付义务、从给付义务、附随义务、不真正义务、后合同义务。根据相关法理和法律规定，本书认为，先合同义务是指合同生效前合同当事人所负的如实告知、保密等附随义务；主给付义务是指合同关系所固有、必备并且用以决定合同关系类型的基本义务；从给付义务是指从属于主给付义务，其本身不具有独立的意义，但可以确保债权人的利益能够获得最大限度满足的辅助性给付义务；附随义务是指基于诚实信用原则，在履行合同的过程

---

① 参见(2019)津 01 民终 980 号民事判决书。

中，由合同的性质、目的及交易习惯而附带产生，债务人为辅助实现债权人之给付利益或周全保护债权人之人身或其财产利益，对债权人的告知、照顾、保护、说明、保密、忠实等义务；不真正义务是指一方违约后，对方采取适当措施防止损失扩大的义务；后合同义务是指合同终止后当事人所负的通知、协助、保密等附随义务。按照合同义务的上述分类，养老机构的服务内容可以归纳为表 3-3-3 的内容。

表 3-3-3　养老机构的服务内容(义务)

义务种类	义务主要内容
先合同义务	入院服务(入住评估、签署合同、正确使用格式条款，不公平不合理交易禁止等)；提供真实信息，不作虚假宣传；标明真实名称和标记
主给付义务	提供居住用房及相关设施、设备、用具；提供生活照料(膳食、清洁卫生、洗涤等)、健康管理或医疗护理、传染病防治和精神卫生、精神慰藉、文化娱乐、协助探望、安宁(住养人需要时)服务；保证服务质量
从给付义务	例行和即时评估；出具凭证和单据；工作人员配备；档案管理；规章制度建设
附随义务	报告及听取意见、接受监督；尊重住养人人格尊严、保障住养人人身和财产安全(安全值守、食品安全管理、消防安全管理、突发事件处置)
不真正义务	住养人或送养人违约给养老机构造成损失后，养老机构采取适当措施防止损失扩大
后合同义务	出院服务或终止服务的善后处理

需要说明的是，养老机构在履行不同种类合同义务过程中的安全注意义务不同。养老机构履行主给付义务时，应尽的是一般安全注意义务，对养老机构的注意程度或要求相对较高，如因此发生伤害事故，养老机构承担的责任一般相对较重。养老机构履行从给付或附随义务过程中，应尽的是《民法典》第一千一百九十八条、《消费者权益保护法》第十八条规定的安全保障义务，对养老机构的注意程度或要求相对低一些，如因此发生伤害事故，养老机构承担的责任一般相对低一些。对此，本书将在第四章第二节详细阐述。

本书赞同先合同义务、后合同义务仍属于合同附随义务的观点，之所以将这两种义务与合同履行中的附随义务并列，是为了便于读者从合同订立、履行、终止等合同周期的角度更清晰地把握养老机构的合同义务。另外，将某项义务归属于哪一个义务种类，还有进一步探讨的空间，如双方当事人已把老年人能力评估作为机构提供的服务项目纳入了合同约定，此时老年人能力评估是否还是从给付义务，对此可能有不同认识。另外，附随义务所包含的食品安全管理、消防安全管理是指人的管理，而不是设施、食品本身的安全要求。设施、食品自身的安全要求属于主给付义务履行中一般安全注意义务，但作为人的管理的食品安全管理、消防安全管理如不符合规范要求，并不一定责任就轻，因食品安全管理、消防安全管理相关法律、标准要求绝大部分属于强制性的规范要求。

三、服务的合意性

(一)服务的合意性的含义

所谓服务的合意性，是指在服务内容的确定、变更上，养老机构与住养人、送养人双方的意思表示最终要达成一致，并且在达成一致的过程中，双方的意思表示，尤其是住养人、送养人的意思表示宜充分体现。

(二)合意的必要性

合同主体意思表示一致，即形成合意，是合同成立的必要要件，否则合同并未成立，更谈不上有效。养老机构服务合同双方主体不仅需要在收费标准和费用支付方式、服务期限和场所、协议变更与解除及终止条件、暂停或者终止服务时老年人安置方式、违约责任和争议解决方式等方面达成一致，更需要在服务内容上形成合意，因服务内容是住养人、送养人一方支付费用的主要对价，体现着合同的性质和种类，关系住养人的晚年生活质量和生命健康安全。如未在服务内容上达成合意，则视为双方对服务内容并未约定，养老机构应根据相关法律和标准的规定为老年人提供服务，养老机构一方所主张的服务如不符合相关法律和标准的规定，诉讼时则不会为司法机关所采纳，不会将其作为判断养老机构是否存在违约或过错的依据。

(三)合意的表达方式

根据《民法典》第一百四十条的规定,行为人可以明示或者默示作出意思表示。所谓明示,就是行为人采用口头、书面等方式直接向相对人作出的意思表示。所谓默示,又称为行为默示,是指行为人虽没有以语言或文字等明示方式作出意思表示,但通过表意人的行为可以推定其作出了一定的意思表示。

养老机构服务合同双方当事人合意的表达方式一般为书面明示的方式。根据《中华人民共和国老年人权益保障法》第四十八条的规定,养老机构服务合同应为书面合同。因此,双方当事人对服务内容形成合意的一般方式应是双方当事人对《照护等级与服务项目》等类似材料的书面签署。

特定情形下,养老机构服务合同双方当事人合意的表达方式也可以是一方或双方默示的方式。《民法典》第四百九十条规定:"当事人采用合同书形式订立合同的,自当事人均签名、盖章或者按指印时合同成立。在签名、盖章或者按指印之前,当事人一方已经履行主要义务,对方接受时,该合同成立。法律、行政法规规定或当事人约定合同应当采用书面形式订立,当事人未采用书面形式但是一方已经履行主要义务,对方接受时,该合同成立。"根据该条规定,双方当事人虽未签署《照护等级与服务项目》等类似材料,但一方已经履行主要义务、对方已经接受的,亦视为双方合意的形成。这里的"接受"有两种情况,一是养老机构已为住养人提供照护服务,具有相应民事行为能力的住养人已实际接受的,二是住养人或送养人交纳照护服务费用,养老机构已实际接受的。

合意可以表现为一方或双方默示的形式,在民政部养老服务合同示范文本也有体现。民政部养老服务合同示范文本9.1.1款约定:"根据住养人健康状况的变化,养老机构可以提出变更服务方案,并以书面形式通知住养人、送养人;住养人、送养人收到书面通知后【 】日内既不确认又不提出异议,但住养人实际接受养老机构提供的相应服务的,视为双方就合同约定的服务项目的变更达成了一致,住养人有义务按照新的服务项目支付相应的服务费用。"从9.1.1款看,住养人是可以以"实际接受养老机构提供的相应服务"的默示方式作出同意的意思表示的,当然,这里的住养人需具有相应的民事行为能力。

特定情形下,默示的方式虽不影响合意的形成,但此种合意下的服务内容,往往出现内容不明确、范围不清晰或服务内容确定不当的责任仅由提出方或要约方承担等问题。养老机构应尽可能让住养人、送养人以书面明示的方式表达合意，尽可能避免默示方式。

(四)合意过程宜体现双方的意思表示

现实中较多养老机构与住养人、送养人签署格式或制式服务内容协议，养老机构提供格式或制式服务内容协议，即为要约；住养人、送养人的签署，即为承诺。这样的服务内容协议虽经过要约、承诺，形成合意，但形成合意的过程中，未能充分体现住养人、送养人的意思。因此，若因服务内容不当造成住养人的伤害，则养老机构具有较住养人、送养人更大的过错，进而承担较住养人、送养人更大的责任。

在形成合意的过程中，宜体现住养人、送养人的意思表示。例如，在提供格式或制式服务内容协议的基础上或同时，养老机构就服务内容与住养人、送养人进行口头或书面沟通，征求住养人或送养人的意见，且沟通留有痕迹。又如，在住养人、送养人最终签署服务内容协议时，以书面方式让住养人、送养人填写对制式服务内容协议的意见：是同意还是不同意；如不同意，不同意的理由及具体建议等。再如，提供给住养人、送养人服务菜单(见表3-3-4)，由住养人、送养人根据住养人身心状况、照护需求等选择服务内容，在住养人、送养人自行选择的基础上，养老机构结合对住养人身心状况的评估，与住养人、送养人共同确定服务内容。因服务内容过错造成住养人伤害的责任承担中，一般而言，在形成合意的过程中，体现住养人、送养人的意思表示越充分，养老机构的责任就越小。

表3-3-4　护理等级与服务项目确认书

住养人姓名		入住房间、床号		护理等级	
服务项目		服务内容及频次			护理费用 (元/月)
1. 供餐 服务	□1.1 一日三餐				
	□1.2 普通餐				
	□1.3 软质餐				
	□1.4 细碎质餐				
	□1.5 流质餐				
	□1.6 治疗饮食				

续表

服务项目	服务内容及频次	护理费用（元/月）
2. 送餐服务	□2.1 不需要，住养人自行到食堂用餐	0
	□2.2 饮用水供应到房间，每日上下午各 1 次	
	□2.3 饭菜供应到楼层或便于取餐处	
	□2.4 饭菜、饮用水供应到床旁	
3. 进食服务	□3.1 不需要，住养人完全能够自理进食	
	□3.2 住养人独立使用辅具_____进食	
	□3.3 指导或提示住养人进食，无需接触式协助	
	□3.4 协助住养人把持餐具	
	□3.5 喂饭、定时喂水	
	□3.6 餐具和水杯清洁消毒	
4. 洗澡服务	□4.1 不需要，住养人能够完全自理	0
	□4.2 在护理人员指导或提示下，由住养人独立完成	
	□4.3 为住养人准备好洗澡水，住养人能够自己独立完成洗澡，无需全程陪伴	
	□4.4 协助住养人洗澡擦背，每周一次，夏季每周两次	
	□4.5 每周为住养人在浴室洗澡一次。夏季根据气候变化增加洗澡次数	
	□4.6 每周为住养人在床上擦浴一次。夏季根据气候变化增加擦浴次数	
5. 修饰及穿(脱)衣服务	□5.1 不需要，住养人能够完全自理	0
	□5.2 在护理人员指导或提示下，由住养人独立完成	
	□5.3 能够洗脚，但需护理人员每日定时端倒洗脚水	
	□5.4 能够穿脱衣，但需护理人员帮助整理衣物、系扣/鞋带、拉拉链	
	□5.5 晨护为住养人起床穿衣、漱口、洗脸、洗手、梳头。晚护为住养人洗脸、洗手、洗脚、清洁会阴部、睡前脱衣	
	□5.6 每日清洁口腔	

续表

服务项目	服务内容及频次	护理费用（元/月）
6. 如厕及排泄服务	□6.1 不需要，住养人能够完全自理	0
	□6.2 仅夜间为住养人倾倒便器	
	□6.3 定时为住养人倾倒便器	
	□6.4 仅提醒住养人如厕	
	□6.5 在护理人员指导或提示下，由住养人独立完成	
	□6.6 协助住养人如厕，呼叫护理人员看护至卫生间及如厕后看护返回房间，但无需为住养人解开裤子、穿上裤子、冲水、擦洗，如厕过程无看护陪伴义务	
	□6.7 帮助住养人如厕，为住养人解开裤子、穿上裤子、冲水，需全程看护	
	□6.8 帮助住养人在房间使用便盆、尿壶或坐便椅大小便	
	□6.9 便后擦净、清洗	
	□6.10 清理二便、更换尿垫（尿布或尿裤）、更换衣服被褥	
	□6.11 帮助人工排便	
7. 床椅转移及床上体位转移服务	□7.1 不需要，住养人能够完全自理	0
	□7.2 依赖拐杖等辅助用具，不需要护理人员帮助	
	□7.3 在护理人员指导或提示下，由住养人独立完成	
	□7.4 仅需要护理人员搀扶	
	□7.5 需全程提供床椅转移服务	
	□7.6 需协助床上翻身、坐起躺下	
8. 平地行走服务	□8.1 不需要，住养人能够完全自理	0
	□8.2 依赖拐杖、助行器、轮椅等辅助用具，不需要护理人员帮助	
	□8.3 在护理人员指导或提示下，由住养人独立完成	
	□8.4 护理人员全程提供搀扶、轮椅转移或陪伴服务	

续表

服务项目	服务内容及频次	护理费用（元/月）
9. 上下楼梯服务	□9.1 不需要，住养人能够完全自理	
	□9.2 依赖拐杖等辅助用具，不需要护理人员帮助	
	□9.3 在护理人员指导或提示下，由住养人独立完成	
	□9.4 护理人员全程提供搀扶、轮椅转移或陪伴服务	
10. 清洁卫生服务（包括住养人个人、居室及公共区域清洁卫生）	□10.1 仅督促住养人做好个人卫生，住养人能够完全自理	
	□10.2 协助住养人剪指（趾）甲、剃须	
	□10.3 护理人员每周为住养人剪指（趾）甲 1 次，为男性住养人每天剃须一次	
	□10.4 每月理发 1 次	
	□10.5 仅督促住养人做好居室卫生，住养人能够完全自理	
	□10.6 协助住养人每日清洁房间卫生一次	
	□10.7 护理人员每日为住养人清洁房间卫生一次	
	□10.8 每日协助住养人整理床铺和物品、定期翻晒被褥	
	□10.9 每日为住养人整理床铺和物品、定期翻晒被褥	
	□10.10 毛巾、面盆经常清洗，便器每周消毒一次	
	□10.11 定期对公共区域及设施设备进行清洁和消毒	
11. 洗涤服务	□11.1 仅督促住养人定期更换衣服，住养人能够完全自理	
	□11.2 每周为住养人换洗内外衣一次，夏季每周二次	
	□11.3 每____为住养人换洗窗帘一次	
	□11.4 每月换洗床上用品（床单、被套）一次	
	□11.5 每周换洗床上用品（枕套、枕巾）一次	
	□11.6 床品、衣服随脏随换随洗	
12. 查房巡诊	□12.1 不需要	0
	□12.2 医护人员每____查房巡诊 1 次	

续表

服务项目	服务内容及频次	护理费用（元/月）
13. 压疮护理	□13.1 不需要	
	□13.2 每2小时翻身一次	
	□13.3 每半小时变换坐轮椅姿势1次	
14. 管路护理	□14.1 不需要	0
	□14.2 提供鼻饲护理服务	
	□14.3 提供尿管护理服务	
15. 体征观察	□15.1 不需要	0
	□15.2 每周为住养人测量血压一次	
16. 用药服务	□16.1 不需要	0
	□16.2 保管药品	
	□16.3 发放药品	
	□16.4 督促服药	
	□16.5 喂药	
17. 体检服务	□17.1 每年组织体检一次（费用另交）	
18. 保护约束	□18.1 不需要	0
	□18.2 需要（需另签署使用约束用品知情同意书）	
19. 康复保健	□19.1 不需要	0
	□19.2 视住养人身体状况，每周组织住养人参加3次群体或个体康复活动	
	□19.3 每月组织1次健康教育或自我保健知识的学习，常见病、多发病的自我防治或老年营养学的学习	
	□19.4 视天气情况和住养人身体状况，每天带住养人户外活动1小时	
20. 文化娱乐服务	□20.1 视住养人身体状况，每日组织2次适合老年人生理、心理特点的文化体育、娱乐活动	

续表

服务项目	服务内容及频次	护理费用（元/月）
21. 心理/精神支持服务	□21.1 为新入住住养人制定和实施符合住养人身心特点的"入住适应计划"	
	□21.2 视住养人身体状况，每天与住养人谈心谈话	
	□21.3 视住养人身体状况，每季度组织一次公益活动	
	□21.4 视住养人身体状况，定期组织协调社会爱心人士为住养人提供志愿者服务	
22. 安全服务	□22.1 提供 24 小时护理人员值班服务	
	□22.2 夜间每 2 小时巡视一次 （说明：甲方服务非一对一服务，非专人 24 小时陪护服务，在住养人休息时间仅提供护理人员值班和巡视服务。在两次服务或巡视间隔期间，住养人如需要帮助或遇到意外情况，按呼叫设备或呼喊护理人员后，甲方提供临时服务。）	
	□22.3 为患病或心理、精神异常住养人通知家属，并按协议相关约定和相关规定提供相应服务	
23. 安宁服务	□23.1 不需要	
	□23.2 需要（需另签署临终关怀知情同意书）	
费用合计		

乙方或乙方监护人、丙方自选服务项目为　（如1.1、2.3等）_____

_____

乙方或乙方监护人签名：　　　　　　　丙方签名：

日期_____年___月___日

在对住养人身心状况评估基础上，甲方建议为住养人提供的服务项目为（如1.1、2.3等）

_____，照护等级为_____

评估员签名：_____、_____　评估负责人签名：_____

续表

甲方(盖章)
日期_____年____月____日
乙方或乙方监护人、丙方对甲方的建议：□同意
□不同意，理由_____
乙方或乙方监护人签名：_____　　丙方签名：_____
日期_____年____月____日
合同履行过程中服务项目的变更
根据对住养人身心状况例行或即时评估情况，甲方建议将原服务项目变更为＿（如1.1、2.3
等）_____照护等级变更为_____
服务(护理)费用由_____　变更为_____
评估员签名：_____、_____　评估负责人签名：_____
甲方(盖章)
日期_____年____月____日
乙方或乙方监护人、丙方对甲方的建议：□同意
□不同意，理由_____
乙方或乙方监护人签名：_____　丙方签名：_____
日期_____年____月____日

(五)对意思分歧的适当处理

养老机构和住养人、送养人在协商服务内容的过程中，意思表示未必总是一致。在初入院时，双方之间的意思表示分歧主要表现为住养人、送养人不同意养老机构评定的照护等级及相应服务项目，希望获得低费用、低照护等级的服务项目。对于此种分歧，养老机构的处理方法主要有两种。第一种是以双方在合同核心内容上未达成合意为由，拒绝接收该老年人入住。该种处理方法符合《养老机构管理办法》第十五条的规定，即为老年人确定的照料护理等级和服务内容应与其身心状况相匹配。唯有如此，才能保障老年人的生命健康权益和人身安全。但该种方法不利于养老机构入住率在一定时间内的快速提升。

第二种是养老机构迁就住养人、送养人意愿，对住养人、送养人的要约给予承诺，就低收费、低照护等级及服务项目与住养人、送养人形成合意，双方签署合同。该种处理方法下，住养人的照护等级、服务内容与其身心状况不匹配，住养人存在较大的伤害事故风险。作者不建议此种处理方法，但现实中不少养老机构出于入住率或运营压力等的考量，采用此种处理方法。此种处理方法下，如因服务内容确立不当造成住养人人身伤害，养老机构是否承担责任？《北京市养老服务合同（2021 养老机构版）》（以下简称《北京市养老服务合同》）4.1.7.2 款约定："乙方、丙方不同意变更照料护理等级的，则甲方仍然按原照料护理等级提供服务并收取费用。因乙方不同意变更照料护理等级所产生的风险与后果，由乙方和丙方承担。"该约定虽然是针对变更照料护理等级作出的，但从该约定出发不难推理出，因住养人不同意养老机构确立的照料护理等级及服务内容所产生的风险与后果，由住养人和送养人承担，即养老机构是不承担责任的。作者不赞同该约定，因为此种情况下，虽然住养人、送养人对照料护理等级及服务内容的确定存在较大过错，应承担主要责任，但养老机构对住养人、送养人的迁就或妥协仍然是有过错的，应承担一定责任。因为按照《中华人民共和国消费者权益保护法》第九、十六、十八、十九条的规定，虽然住养人、送养人有自主选择服务的权利，但其选择及双方的约定不得违背法律、法规的规定，养老机构作为经营者或专业服务组织，应当保证其提供的服务符合保障人身安全的要求。此外，养老机构的此种处理，也不符合《养老机构管理办法》第十五条的规定，养老机构应为住养人提供与住养人身心状况相匹配的照料护理等级及服务内容。虽然《养老机构管理办法》是民政部发布的文件，违反该办法规定并不导致合同无效，但不妨碍其作为裁判说理或认定过错的依据。另外，建议采用第二种处理方法的养老机构及时采集、固定住养人、送养人不同意养老机构所评级别及服务内容的证据材料。

住养人住养期间，当住养人健康状况发生变化，就是否需要变更服务内容，养老机构与住养人、送养人也会发生意见分歧。根据《民法典》有关规定，参照民政部养老服务合同示范文本 9.1.1 款、《北京市养老服务合同》4.1.7.2 款的约定，对住养人既不同意变更，也不接受实际服务的，养老机构可作如下相应处理：

（1）不调整服务项目将导致住养人的健康安全无法保障的，养老机构有权解除合同。

（2）仍然按原照料护理等级提供服务并收取费用，相应风险、后果及责任主要由住养人、送养人承担。

需要讨论的是，不调整服务项目将导致住养人的健康安全无法保障的，解除合同是养老机构的权利，是否亦是其义务？作者认为，保障住养人的安全，是住养人、送养人及养老机构的共同义务，如不调整服务项目将导致住养人的健康安全无法保障，养老机构不能置住养人的健康安全于不顾，亦有义务解除合同。另外，无论采取哪种处理方式，都建议养老机构及时采集、固定住养人、送养人不同意变更的证据材料。

四、服务的及时性

服务的及时性，是指养老机构能够按照照护计划、照护流程、服务规范或操作规程等规定的服务时间，按时给住养人提供服务；住养人有特殊需要或出现突发事件时，能够根据应急预案及时提供服务，不存在服务迟延、遗漏或缺失等情况。

现行法律、标准有很多服务及时性的要求，如在日常照护服务及履行日常照护服务安全注意义务的要求上，《养老机构服务质量基本规范》6.1.3 款规定，老年人身体状况和精神状态发生变化时，应及时评估。《养老机构预防压疮服务规范》（MZ/T 132—2019）4.1 款规定，帮助无自主翻身能力的服务对象翻身，应至少每 2 小时 1 次，帮助使用轮椅的服务对象变换姿势应 0.5 小时 1 次；4.3 款规定，在服务过程中，便溺秽物、大小便失禁、呕吐及出汗等，应即时轻拭清洁，尿布、被服随湿随换。《养老机构膳食服务基本规范》（MZ/T 186—2021）7.5.6 款规定，食品从烹饪到分发食用时限不超过 2 小时。在烹饪后至食用前需要较长时间（超过 2 小时）存放的食品，应当在高于 60℃或低于 8℃的条件下存放。《养老机构服务安全基本规范》6.5 款规定，对有坠床风险的老年人，应帮助其上下床，睡眠时应拉好床护栏。另外，对住养人的服务呼叫，应及时作出相应处理。

日常照护服务不及时，不仅影响住养人的服务体验，而且在很多情况下，会造成意外事故的发生或事故损失的扩大。

案例

2015年8月12日中午11时44分，沈某松在某福利中心303-3房自己床位处吃过午饭，12时12分27秒，沈某松拉呼叫器，12时13分4秒工作人员来按掉呼叫器，并为其摇高床头后离开；12时15分55秒，沈某松呕吐；12时18分，沈某松试图拉呼叫器未成功；12时20分1秒，沈某松拉呼叫器(灯亮)，12时20分15秒呼叫器灯灭；12时20分44秒工作人员到床拉沈某松起来吐；12时21分40秒工作人员离开，12时22分24秒工作人员进来；12时23分5秒，沈某松躺下，工作人员离开，沈某松肚子抽紧几次；12时25分20秒沈某松试图拉呼叫器，12时25分43秒沈某松将呼叫器拉响，12时26分1秒呼叫器灯灭，无人到床；12时29分52秒沈某松又一次试图拉呼叫器，未拉响；12时30分24秒沈某松拉呼叫器成功，12时30分35秒呼叫器灯灭，无人到床；12时31分20秒沈某松拉响呼叫器，12时31分38秒，呼叫器灯灭，无人到床；12时31分50秒，沈某松拉呼叫器未响，12时32分50秒，室友拎水瓶至沈某松处，沈某松手指门外，12时33分25秒工作人员到床；12时33分49秒，工作人员给沈某松倒水后，将杯子放其床头，并于12时34分30秒离开；12时36分43秒工作人员到床，与沈某松对话；12时37分10秒工作人员离开；12时38分沈某松呕吐，喝水；12时40分工作人员来，沈某松手指外面，工作人员走出；12时40分至41分，工作人员在门口闪现；12时41分26秒，工作人员将沈某松的床头摇高，并将沈某松挡板拿开，有训斥行为，沈某松又用纸板挡住脸；12时42分32秒，工作人员离开，沈某松将挡板拿开，自言自语；12时46分，沈某松侧身，拿纸擦脸，呕吐；12时47分25秒，沈某松试图拉呼叫器，够不到，通过踩凳子向上移动身体；12时48分30秒，试图坐起、喝水；12时50分45秒，沈某松横躺在床上，肚子收缩起伏较大，喘气；12时52分55秒，沈某松试图拉呼叫器未够到；12时58分26秒沈某松口吐白沫；12时59分48秒工作人员进来又迅速离开；13时5秒，工作人员进来欲让沈某松侧躺；13时至13时3分36秒，工作人员多次进出并打电话、试鼻息；13时5分5秒，另一工作人员进出，13时6分12秒，3人进出；13时13分52秒，3位工作人员将沈某松抬至床上躺好；13时19分51秒医院急救车到。2015年8月12日13时20分，桐乡市中医院门诊记录沈某松心率、呼吸均为零。另事发当天中午沈某松的午饭为梅菜肉。法院认为，根据福利中心提供的《休养员手册》可知，特三级护理的服务内容包括：将食物或水果加工成流质或者半流质喂食，呼叫器呼叫2分钟到床等。事发当天中午12时25分43秒、12时30分24秒、12时31分20秒沈某松三次拉呼叫器成功后，福利中心工作人员均未能按约定实现两分钟到床。12时41分26秒，福利中心工作人员将沈某松的床头摇高，并将其遮脸的挡板拿开，对其有指责的行为。该呼叫器是福利中心入住老人呼叫求助的工具，福利中心工作人员对于入住老人的求助应及时给予回应及帮助，特别是在沈某松已经出现呕吐的情况下，福利中心本应对其身体健康情况给予特别关注，而非对其拉呼叫器行为加以指责。自12时42分32秒，福利中心工作人员指责沈某松不要总拉呼叫器并离开之后，直到12时59分45秒工作人员才出现。福利中心在沈某松出现呕吐等不适症状时，并未给予足够重视，特别是12时42分32秒至12时59分45秒的时间段内，沈某松身体状况急剧恶化，而福利中心明显人员配备不足，并未按约履行护理义务。事发当天沈某松的午餐是梅菜肉。既然双方约定了特三级护理，福利中心就应该尽量按约为休养员提供服务，包括将食物加工成流质或半流质形态，福利中心明显未能按约履行。如果福利中心在事发当天，对沈某松的照护过程中能依约履行合同义务，将食物做成流质或半流质形态，并及时喂饭、喂水，在沈某松拉呼叫器时能够按约及时到床给予帮助，并在沈某松身体不适时给予合理照顾，在其呕吐时帮其及时处理呕吐物、拍拍背等，也许沈某松的危急状况会得到一定缓解，故原告提出福利中心上述违约行为与沈某松死亡之间存在一定因果关系有一定的合理性。综合考虑沈某松自身的身体状况和福利中心的上述行为，鉴于沈某松死因已经无法通过尸检明确，福利中心的违约行为对沈某松死亡应有一定的影响，酌定福利中心对沈某松死亡所致损失应承担15%的违约赔偿责任。①

服务的及时性不仅是对日常照护服务及履行日常照护服务安全注意义务的要求，也是对养老机构履行安全保障义务的要求。《养老机构服务质量基本规范》5.2.2.3款规定："养老护理员应定时巡查老年人居室，观察老年人身心状况，

---

① 参见（2016）浙0483民初6022号民事判决书。

发现特殊情况及时报告并协助处理。"

案例

2023年6月25日晚上吃过晚饭后,艾某芳两次按响养老院的门铃,被告值夜班的工作人员误以为是探视家属要出去,就打开了大门。艾某芳于当天20点25分左右从养老院离开。6月26日早上5点左右,被告的护工发现艾某芳不在房间内,其他房间也没有找到,就打电话向院长报告,同时电话通知了艾某芳的家属;在养老院找寻无果后,7点20分左右通过调取养老院监控,才发现艾某芳已于前一晚上离开养老院,于7点30分左右向派出所报警。2023年7月9日派出所接报警称在一石板田里发现一具女性尸体,并于同月14日出具非正常死亡证明,死亡原因为意外、排除刑事案件。艾某芳遗体于2023年7月26日火化。法院认为,被告工作人员未按规定巡视,未经核查就将艾某芳误认为探视人员放出了大门,导致被告未能及时发现艾某芳走丢的情况,因此被告存在重大过错,被告应对艾某芳的死亡后果承担20%的赔偿责任。①

《养老机构社会工作服务规范》(MZ/T 169—2021)5.5.2款规定:"社会工作者对处在危机情境中的老年人,应首先保障其安全;对自杀、伤人等可能危及生命安全的行为问题,应立即进行限制,根据情况进行身体约束。"《消费者权益保护法实施条例》第七条规定:"消费者在经营场所遇到危险或者受到侵害时,经营者应当给予及时、必要的救助。"《养老机构管理办法》第十九条规定:"养老机构在老年人突发危重疾病时,应当及时转送医疗机构救治并通知其紧急联系人。"

案例

2016年2月6日6时左右,入住某养老中心的张某花称肚子疼;8时,张某花出现呕吐;11时左右,家属胡某强到某养老中心处,护工告知其老人昨晚出现腹泻,家属胡某茂与其妻也在11时到达养老中心处,后外购药给张某花服用;12时,家属胡某强从养老中心处离开,13时30分左右,胡

---

① 参见(2023)渝0109民初9618号民事判决书。

某茂与其妻也从养老中心处离开；14 时，家属胡某斌到养老中心处，约 15 时离开；17 时，张某花的子女陆续到达养老中心处，看到张某花呕吐不厉害，但仍然腹泻；20 时左右，胡某茂、胡某强、胡某斌、胡某萍决定将张某花送往医院。2016 年 2 月 6 日 21 时，张某花被"120"救护车送至广安门医院急诊就诊，后入住该院住院治疗至 2016 年 2 月 17 日张某花死亡。法院认为，根据合同约定，遇有入住人病重或突发急症情况，养老中心应根据自身的医疗条件采取必要的医疗措施，并及时通知入住人家属将老人送往医院，但在 2016 年 2 月 6 日早晨，张某花出现呕吐、腹泻等症状后，养老中心未引起足够重视，未及时履行通知家属的义务，对延误张某花的治疗时间存在一定责任。张某花的子女在 2 月 6 日上午 11 时陆续达到养老中心处，其得知张某花的情况后，亦未及时将张某花送医院就诊，直至晚上 8 时才作出送医院救治的决定，因此家属对延误张某花的治疗时机亦应承担一定的责任。根据病历记载及庭审中查明的事实，张某花被送往医院时已病情危重，故延误治疗时机与张某花的死亡后果之间存在一定的因果关系。根据双方对于延误张某花治疗时机的责任程度，结合张某花作为年满 86 岁老人的身体状况，确定养老中心对张某花的死亡后果承担轻微责任(一审判决承担 15% 的责任，二审改判为 5%)。①

养老机构应将法律、标准的相关要求纳入养老机构的照护计划、照护流程(见表 3-3-5)、服务规范、操作规程、应急预案等内部规范性文件中，保证照内部规范性文件规定的服务时间符合相关法律、标准的要求，符合住养人的照护需求及生活节律。

五、服务的规范性

规范性一般是指事物或行为符合特定的规范、标准、规则、准则或规定。服务的规范性，涉及服务主体、服务对象、服务内容、服务时间、服务场所、服务方式方法等多个方面的特定要求，因本书前文已对服务主体、服务对象、服务内容、服务时间、服务场所有详细阐述，此处所讲服务的规范性，仅指服务方式方

---

① 参见(2017)京 02 民终 983 号民事判决书。

法的规范性，即养老机构某项服务所采取的具体措施、步骤、流程、用具用物等应符合相关法律、标准等的要求。

表 3-3-5　照护流程(示例)

项目	时间	照 护 内 容
白班	07：40—08：00	护理员到岗换装，到餐厅帮助护理老人早餐后回房间
	08：00—08：15	晨会，主要内容：听取夜班护理员交班，护士长布置工作
	08：15—10：00	整理房间，床铺、地面、桌面、床头柜、衣橱保持整洁干净，用消毒液擦拭卫生间
	10：00—11：00	按照护理等级帮助老人进行生活护理，洗衣，洗澡，洗头
	11：00—11：30	午餐前准备：值中班的护理员进行午餐，其他护理员协助老人午餐
	12：00—13：00	协助老人午睡，对餐厅进行餐后清洁
	13：00—14：30	安全巡视
	14：30—15：00	安排老人进行娱乐活动，康复活动
	15：00—16：00	按计划为护理级老人泡脚、洗脚，洗脚前协助老人大小便；打开水
	16：00—16：30	晚餐前准备：协助护理级老人进餐厅晚餐
	16：30—17：00	整理工作台账，按规定与夜班进行交接班
	说明：护理员白班负责安排老人洗澡，夏季每周至少两次，冬季每周一次	
夜班	16：40—17：00	按规定与白班进行交接班
	17：00—18：00	对餐厅进行餐后清洁、送垃圾
	18：00—21：00	安全巡视(每两小时巡房一次)
	21：00—22：00	关闭电视，督促并协助老人就寝
	22：00—次日06：00	按规定时间安全巡视(每两小时巡房一次)
	06：00—07：00	督促老人起床洗漱，整理床铺，房间通风，清理垃圾，打开水
	07：00—08：00	按护理等级协助老人早餐，对餐厅进行餐后清洁
	08：00—08：20	晨会，按规定与白班进行交接班

特别说明：1. 此照护流程仅涉生活照料，不涉及其他服务项目，且不同照护等级会有差异。2. 双方约定服务非一对一服务，非专人24小时陪护服务，在住养人休息时间仅提供护理人员值班和巡视服务。在两次服务或巡视间隔期间，住养人如需要帮助或遇到意外情况，按呼叫设备或呼喊服务人员后，甲方提供临时服务。

根据《养老机构服务质量基本规范》《养老机构服务安全基本规范》《养老机构预防压疮服务规范》《养老机构生活照料服务规范》（MZ/T 171—2021）、《养老机构社会工作服务规范》等有关国家、行业标准的规定，养老机构服务的规范性至少包括以下 4 个方面的特定要求。

（一）措施科学

根据前文所述，养老机构对住养人的照护服务应涉及生活照料、膳食、清洁卫生、健康管理、文化娱乐、精神慰藉等服务项目，但为落实这些服务项目所采取的具体服务措施，应因人而异。例如，根据住养人身心状况的不同，应采取不同的生活照料措施，采取轮椅坐位进食体位或半卧位进食体位，坐位洗头（洗脸、梳头）或卧位洗头（洗脸、梳头），坐位洗澡、平车洗澡或床上擦浴，协助如厕、床旁使用坐便椅、床上排便（尿）或人工取便。又如，根据住养人咀嚼、吞咽及消化功能的不同，为住养人提供普通膳食、软食、半流质膳食或流质膳食等不同食物种类。复如，根据住养人身心状况的不同，为住养人提供不同的用药服务，选择、确定督促服药、帮助服药或喂药。再如，社会工作者开展适合住养人生理、心理特点的文艺、棋牌、手工、健身、参观游览、节日和特殊纪念等活动，为失能、失智住养人提供有助于改善、恢复感知觉的文化娱乐活动，为卧床住养人提供书报、广播、电视、电子设备等文化娱乐项目。现实中，一些住养人伤害事故是由于采取的服务措施不科学造成的。

案例

一住养人患有严重骨质疏松，长期卧床，在未有跌倒、坠床等事故情况下，发生骨折。起初，其所在护理院不认为其对住养人的骨折存在护理过错。但家属质疑：一位完全不能自理、体位不能自行移动的住养人，怎么会自己骨折呢？面对事实和家属的质疑，护理院最终认可，骨折是在搬移住养人去公共浴室洗澡过程中发生的，是护理员没有严格落实院方为住养人制定的床上擦浴措施造成的。

（二）用具用物齐全、安全

养老机构为住养人提供的有些服务项目涉及必要的用具用物。在提供服务时，要将用具用物准备齐全，并保证其不具有可能带来安全风险的瑕疵或缺陷，不危及住养人的人身安全和生命健康。如给住养人提供喂水服务时，要准备齐全水杯、温开水、吸管、汤匙及毛巾等物品，其中温开水的温度在38℃~40℃。如给住养人提供鼻饲服务时，要准备齐全灌注器、温开水、水杯、鼻饲饮食、毛巾等物品，其中鼻饲饮食不得变质或疑似变质。如给住养人准备洗澡服务时，要准备防滑垫、梳子、洁发洁身用品、润肤膏、浴巾、毛巾、干净衣裤、洗澡椅(坐位洗澡)或洗澡平车(平车洗澡)、防滑拖鞋等物品，必要时准备轮椅、吹风机。如给住养人提供床与轮椅转移服务时，应准备轮椅、软枕等物品，并检查轮椅是否完好，轮胎气压是否充足，脚踏板是否完好，刹车制动是否良好。如给具有压疮风险的住养人提供预防压疮服务时，宜使用防压疮床垫、翻身辅助垫、软垫(枕)、坐垫、护架等辅具，且应保证辅具自身的安全。现实中，一些住养人伤害事故是由于用具用物准备不齐全或用具用物不安全造成的。例如，某养老院护理员将轮椅推到住养人王某床边，固定了刹车，准备扶抱转移王某去单元餐厅就餐，但此时，其他住养人着急如厕，护理员便临时离开。护理员离开后，王某从床边手扶轮椅拟自行下床，不料，因轮椅滑向一旁导致王某坠床。固定了刹车，轮椅怎么还会滑向一旁？后经检查确认，是轮椅刹车失灵所致。

(三)步骤完整、流程合理、操作专业

相关标准对一些照护服务项目作出了明确的步骤、流程规定的，养老机构服务人员在提供服务时，应做到步骤完整、流程合规，操作符合相关专业要求。如《养老机构生活照料服务规范》(MZ/T 171—2021)规定，鼻饲操作应遵循如下步骤、流程及专业性要求：①协助住养人呈半卧位，在住养人颌下垫毛巾，检查胃管插入长度、胃管固定周围的皮肤情况和胃管在口腔中无盘旋；打开胃管前端盖帽，用灌注器回抽至见胃液，确定胃管在胃内；②固定好胃管，用灌注器抽取20ml温开水缓慢注入；③将少量鼻饲饮食滴在掌侧腕部，以感觉温热、不烫为宜；鼻饲时缓慢匀速，注入速度为10ml~13ml/min；④鼻饲后，用50ml温开水冲洗管腔。关闭胃管末端盖帽，固定胃管；⑤取下胸前毛巾擦净面颊部，保持进食体位20min~30min；⑥清理用物，整理床位；灌注器洗净放入碗内，纱布覆盖备用；⑦记录老年人进食时间、鼻饲量及进食反应。

例如，协助如厕应遵循如下步骤和流程：①协助老年人进入卫生间，关闭卫生间门；②提醒老年人扶稳安全扶手，协助老年人脱裤子，从腋下环抱老年人坐稳坐便器；③便后协助老年人身体前倾，擦净肛门，搀扶起身穿好裤子，冲净坐便器。现实中有一些老年人在如厕过程中跌倒，不少是由于护理员协助如厕操作不完整造成的。

根据《养老机构服务安全基本规范》6.4.2款规定，洗漱、沐浴前应调节好水温，盆浴时先放冷水再放热水。根据《养老机构服务质量基本规范》5.8.2.2款、《养老机构服务安全基本规范》6.7款、《养老机构社会工作服务规范》5.5款的规定，应及时了解掌握老年人的心理精神异常状况；当发现老年人有他伤和自伤风险时，应首先保障其安全，即对自杀、伤人等可能危及生命安全的行为问题，应立即进行限制，根据情况进行身体约束；应进行沟通或疏导，并告知相关第三方，必要时请医护人员、社会工作者等专业人员协助处理或转至医疗机构；已造成伤害后果的，根据伤害后果的轻重情况，视情况呼叫医疗急救、报警。根据《养老机构服务质量基本规范》5.6.2.3款规定，对老年人使用约束用具前应有医嘱并符合医嘱要求，并与相关第三方签署知情同意书，使用约束用具过程中应符合相关操作规范要求。现实中，一些住养人伤害事故是由于服务步骤不完整、流程不合理或操作不专业造成的。例如，2019年4月7日晚，江西南昌某康养中心未经家属知情同意对一百岁老人进行保护性约束处理，老人在当天晚间离世。5月16日，当地民政局责令该康养中心立即停业整顿，停业整顿期间不得接收新入住老人，对已入住老人进行妥善安置。

（四）尽到其他必要安全注意义务

除措施科学、用具用物齐全安全、步骤完整、流程合理、操作专业外，相关法律、标准对照护服务项目操作的安全注意事项有其他要求的，养老机构在提供服务时亦应认真落实。如《养老机构生活照料服务规范》在基本要求中规定，服务过程中，养老护理员应与老年人保持有效沟通，了解老年人身体及精神状况，动作应规范，不应有拖、拉、拽等现象。接触被老年人血液、体液、分泌物、排泄物等污染的物品前，应戴手套。服务完成后清洁双手，对服务用具进行清洗或消毒。在喂水服务项目中，在规定喂水前的准备、服务步骤后，在服务要求中还规定：给老人喂水后，应让老人保持原体位20~30分钟，以免发生呛咳、误吸。在协助排便服务项目中，除了规定协助排便前的准备、服务步骤之外，还在服务要求中规定：协助排便动作应轻柔；取放便盆时，不应擦伤皮肤；注意老年人的保暖和隐私；排泄后，观察大小便的颜色、形态、量等，发现异常及时通知医护人员。还有一些标准不涉及照护服务项目的用具用物齐全安全、步骤完整、流程合理等整体性要求，仅就服务过程中的安全注意义务作出了专门规定，如《养老机构服务安全基本规范》《养老机构预防压疮服务规范》《养老机构预防老年人跌倒基本规范》等。养老机构应认真掌握并严格落实这些标准规定，尤其是《养老机构服务安全基本规范》关于噎食、食品药品误食、压疮、烫伤、坠床、跌倒、他伤和自伤、走失、文娱活动意外事故的预防和处置措施，即"九防措施"，具体内容见表3-3-6。

表3-3-6　九 防 措 施

措施类型	措 施 内 容
防噎食	1. 应为有噎食风险的老年人提供适合其身体状况的食物。示例：流质、软食。 2. 有噎食风险的老年人进食时应在工作人员视线范围内，或由工作人员帮助其进食
防食品药品误食	1. 应定期检查，防止老年人误食过期或变质的食品。 2. 发现老年人或相关第三方带入不适合老年人食用的食品，应与老年人或相关第三方沟通后处理。 3. 提供服药管理服务的机构，应与老年人或相关第三方签订服药管理协议，准确核对发放药品。 4. 发生误食情况时应及时通知专业人员
防压疮	1. 应对有压疮风险的老年人进行检查：皮肤是否干燥、颜色有无改变、有无破损，尿布、衣被等是否干燥平整。 2. 预防压疮措施应包括：变换体位、清洁皮肤、器具保护、整理床铺并清除碎屑。 3. 应对检查情况予以记录
防烫伤	1. 倾倒热水时应避开老年人。 2. 洗漱、沐浴前应调节好水温，盆浴时先放冷水再放热水。 3. 应避免老年人饮用、进食高温饮食。 4. 应避免老年人接触高温设施设备与物品。示例：开水炉、高温消毒餐具、加热后的器皿。 5. 使用取暖物时，应观察老年人的皮肤。 6. 应有安全警示标识

措施类型	措施内容
防坠床	1. 应对有坠床风险的老年人重点观察与巡视。 2. 应帮助有坠床风险的老年人上下床。 3. 睡眠时应拉好床护栏。 4. 应检查床单元安全
防跌倒	1. 老年人居室、厕所、走廊、楼梯、电梯、室内活动场所应保持地面干燥，无障碍物。 2. 应观察老年人服用药物后的反应。 3. 有跌倒风险的老年人起床、行走、如厕等应配备助行器具或由工作人员协助。 4. 地面保洁等清洁服务实施前及过程中应放置安全标志
防他伤和自伤	1. 发现老年人有他伤和自伤风险时应进行干预疏导，并告知相关第三方。 2. 应专人管理易燃易爆、有毒有害、尖锐物品以及吸烟火种。 3. 发生他伤和自伤情况时，应及时制止并视情况报警、呼叫医疗急救，同时及时告知相关第三方
防走失	1. 有走失风险的老年人应重点观察、巡查，交接班核查。 2. 有走失风险的老年人外出应办理手续
防文娱活动意外	1. 应观察文娱活动中老年人的身体和精神状态。 2. 应对活动场所进行地面防滑、墙壁边角和家具防护处理

如因服务不规范造成住养人伤害，养老机构应承担相应法律责任。

案例

2018 年 7 月 3 日，某养老院护工在打扫卫生的过程中让原告远离床边的污处，原告在床尾处站立，并用右手扶住床尾，护工拉住原告右手后，原告便用左手扶住床尾；护工为让原告离开床尾便稍微用力向原告右侧拉原告右手，原告便用左手拉住床尾，因拉不动原告，护工便加大力气向原告右侧拉拽原告，因原告年事已高，重心不稳，摔倒在地造成肱骨骨折。法院认为，护工明知原告系老年人，行动缓慢，在引导老人行动时更应该耐心细致，给原告反应及行动的时间，而不应该采取拉拽等方式，避免老人受伤，故护工的拉拽行为系导致原告本次事故受伤的原因。被告应对原告的损失承担全部责任。①

柏某于 2019 年 6 月 23 日入住被告某养老院并签署合同注明：老人吃流食。2019 年 6 月 30 日中午吃饭期间，养老院护理员徐某将饮食（小米粥和茼蒿汤）送至柏某 305 号房间，该房间还有另一住养人员姓马。后护理员徐某在向同室姓马的住养人喂饭过程中，柏某老人请求其从姓马的饭中分一部分给他吃，护理员徐某随即拨了一些米饭放入柏某汤碗里，一两分钟后护理员徐某到隔壁屋给其他住养人员拿水，（不到一分钟的时间）又回到 305 号房间时，发现柏某老人"上气不接下气地喘"，护理员徐某立即下楼通知养老院工作人员，工作人员随即向柏某家属打电话告知相关情况并拨打"120"，"120"救护车到达养老院后确认柏某已去世。中国医大法医司鉴中心（2019）病鉴字第 FA4277 号《司法鉴定意见书》鉴定意见为：柏某系在食管狭窄的基础上，因胃内容物异物吸入、堵塞气管，引起窒息而死亡。法院认为，本案所涉合同已注明"吃流食"等，而事发当日，养老院护理人员给柏某老人递送了一些米饭。作为日常照顾柏某老人的养老院护工，其对于柏某老人只能"吃流食"的情形是明知的，但其仍从同室住养人员的餐盘中拨了一些米饭给柏某老人，最终导致老人死亡结果的发生。柏某在养老院期间属于半自理级别，即饮食自理，其虽不能下床，但作为意识正常的成年人，对自身身体因食道狭窄而仅能"吃流食"是应有清醒认知的，其请求护工拨米饭并吃下后，造成其短时间食物堵塞气管，引起窒息而最终死亡，对该结果的发生柏某自身应承担同等过错责任（50%），相应地，养老院亦应承担同等过错责任（50%）。②

邱某深、李某甲皆患有老年性痴呆症，被某长寿园安排在 210 房间一起居住，工作人员平时从外面锁住该二人所居住的房间。2015 年 3 月 12 日中午 11 时 30 分许，李某甲在房间内，因琐事对邱某深产生不满，抽出床头柜的抽屉击打邱某深的头面部多次，造成邱某深头面部受伤，蛛网膜下腔出血、脑组织挫碎导致颅脑严重损伤而死亡。案发时，210 房间的门已被人从

---

① 参见（2020）鲁 02 民终 1708 号民事判决书。
② 参见（2020）辽 04 民终 1213 号民事判决书。

外面上锁,从屋里无法打开,李某甲将邱某深殴打致伤后试着敲打房门,但无人回应。李某甲犯故意杀人罪,被判处无期徒刑,剥夺政治权利终身。法院判决长寿园对邱某深的死亡承担20%的赔偿责任。①

六、服务的有形性

服务的有形性,亦称可追溯性、可证明性,是指养老机构为住养人、送养人提供的服务应留有必要的痕迹材料,事后可被追溯、被证明。

为什么要实现服务的有形性?这是由于养老机构服务自身具有无形性。养老机构服务作为一种人对人的服务,服务时如不有意留有必要痕迹,服务过后将难以被追溯、被证明,故而需要将这种无形的服务有形化。服务的有形性也是相关法律、标准所要求的。《养老机构管理办法》第三十二条规定:"养老机构应当建立老年人信息档案,收集和妥善保管服务协议等相关资料。档案的保管期限不少于服务协议期满后5年。"第二十八条规定:"养老机构应当在各出入口、接待大厅、值班室、楼道、食堂等公共场所安装视频监控设施,并妥善保管视频监控记录。"《养老机构服务质量基本规范》6.1.4条款规定:"老年人健康档案保管期限应不少于老年人出院后5年。"6.1.6条款规定:"服务过程记录保管期限应不少于3年。"按照《医疗机构病历管理规定》(2013年版)第八、九、二十九条的规定,养老机构内设医疗机构的医务人员应当按照《病历书写基本规范》《中医病历书写基本规范》《电子病历基本规范(试行)》和《中医电子病历基本规范(试行)》要求书写病历(体温单、医嘱单、入院记录、病程记录、术前讨论记录、手术同意书、麻醉同意书、麻醉术前访视记录、手术安全核查记录、手术清点记录、麻醉记录、手术记录、麻醉术后访视记录、术后病程记录、病重(病危)患者护理记录、出院记录、死亡记录、输血治疗知情同意书、特殊检查(特殊治疗)同意书、会诊记录、病危(重)通知书、病理资料、辅助检查报告单、医学影像检查资料)。门(急)诊病历由医疗机构保管的,保存时间自患者最后一次就诊之日起不少于15年;住院病历保存时间自患者最后一次住院出院之日起不少于30年。

因住养人伤害事故引发诉讼,养老机构如果主张自身已依法和依约提供服

① 参见(2016)吉2401民初7297号民事判决书。

务，全面履行了合同义务，不应承担赔偿责任或不应承担全部责任，根据《中华人民共和国民事诉讼法》（2023 年修正）第六十七条及《最高人民法院关于适用〈中华人民共和国民事诉讼法〉的解释》（2022 年修正）第九十、九十一条的规定，其对自己的主张或反驳对方诉讼请求所依据的事实，有举证责任；在作出判决前，如未能提供证据或证据不足以证明其事实主张的，将承担不利的后果。另根据《最高人民法院关于适用〈中华人民共和国民事诉讼法〉的解释》（2022 年修正）第一百一十二、一百一十三条及《最高人民法院关于民事诉讼证据的若干规定》（2019 年修正）第四十五至四十八条的规定，在养老机构住养人伤害诉讼案件中，住养人、送养人或已故住养人的近亲属有权在举证期限届满前书面申请人民法院责令养老机构提交老年人的有关信息档案；人民法院责令养老机构提交的，养老机构应当提交；养老机构无正当理由拒不提交书证的，人民法院可以认定对方当事人所主张的书证内容为真实；养老机构以妨碍对方当事人使用为目的，毁灭有关书证或者实施其他致使书证不能使用行为的，人民法院可以对其处以罚款、拘留。

现实中有不少养老机构因无法证明已按规定或约定提供服务而承担不利后果，甚至严重不利后果的诉讼案例。例如，2018 年 11 月 16 日，滕某平的亲属到养老院看望滕某平时，发现其两眼和额头部位乌青，随即拨打"120"救护车将滕某平送到医院进行诊治。滕某平患有癫痫、脑病等基础性疾病。滕某平住院治疗32 天。出院诊断为癫痫发作、脑病、高血压病 3 级、双侧多发肋骨骨折、右额部软组织损伤。法院经审理认为，温某园养老院在接收滕某平时已经知道其生活不能自理，养老院有义务根据滕某平的健康状况及自理能力，为其提供相应的养老服务及安全保障措施。在入住温某园养老院期间，滕某平两侧肋骨多发骨折，养老院未举证证明滕某平所受伤害与其提供的养老服务无关，其对滕某平的损失应当承担全部赔偿责任。①

服务的有形性的载体是服务过程中形成的痕迹材料。痕迹材料的表现形式多样，如相关书面文件、电子数据（录音资料、视频监控记录、微信聊天记录、手机短信、电子邮件、电子合同等）、实物等。根据相关法律、标准和单位规章制度规定，予以归档保存的痕迹材料即为档案，但并非所有的痕迹材料都是档案。

养老机构在固定或形成、保管、使用痕迹材料时，应注意以下问题。

---

① 参见（2019）吉 0605 民初 128 号民事判决书。

(1)相关书面文件的记录或书写应规范。如《养老机构老年人健康档案管理规范》(MZ/T 168—2021)4.3、6.6—6.8 款规定，健康档案中需要医务人员、老年人或担保人签名时，应由本人亲笔签署；记录应真实、准确、及时、完整、规范，字迹工整、清晰；书写时应使用蓝黑墨水、碳素墨水；书写过程中出现错字时，应用双线划在错字上，保留原记录清楚、可辨，并注明修改时间，修改人签名；日期和时间应使用阿拉伯数字，时间应采用 24 小时制。又如，《最高人民法院关于民事诉讼证据的若干规定》第九十二条规定："私文书证由制作者或者其代理人签名、盖章或捺印的，推定为真实。"

(2)相关书面文件应保留原件，发生诉讼时应向法院提交原件。中华人民共和国民事诉讼法》第七十三条、《最高人民法院关于民事诉讼证据的若干规定》第九十条规定，书证应当提交原件。无法与原件核对的复制件不能单独作为认定案件事实的根据。

(3)应保证和体现电子数据的真实性。为了保证和体现电子数据的真实性，根据《中华人民共和国电子签名法》(2019 年修正)第十三条、《最高人民法院关于民事诉讼证据的若干规定》第九十三条的规定，电子数据的生成、存储、保存、传输、提取等应注意以下问题：电子签名制作数据属于电子签名人专有，并仅由电子签名人控制；签署后对电子签名、数据电文内容和形式的任何改动能够被发现；电子数据是在正常的往来活动中形成和存储的；生成、存储、传输所依赖的计算机系统的硬件、软件环境应完整、可靠、处于正常运行状态、具备有效的防止出错的监测、核查手段；保存、传输、提取内容完整，方法可靠、主体适当。《最高人民法院关于民事诉讼证据的若干规定》第九十四条规定："电子数据存在下列情形的，人民法院可以确认其真实性，但有足以反驳的相反证据的除外：①由当事人提交或者保管的于己不利的电子数据；②由记录和保存电子数据的中立第三方平台提供或者确认的；③在正常业务活动中形成的；④以档案管理方式保管的；⑤以当事人约定的方式保存、传输、提取的。电子数据的内容经公证机关公证的，人民法院应当确认其真实性，但有相反证据足以推翻的除外。"

第四节　加强服务合同的订立管理

住养人伤害事故法律风险不仅蕴含在养老机构服务合同的订立中，而且蕴含在合同的履行、变更、转让、续签、解除或终止过程中，需要加强对合同的订立、履行、变更、转让、续签、解除或终止等的全链条、全周期的管理。

养老机构服务合同的订立涉及示范文本的选择或合同(附件)的起草、合同(附件)材料的准备、合同内容的沟通与协商、合同空格处的填写、合同的签署等多方面的工作。在订立工作中，养老机构尤其要注意以下问题。

一、遵循格式条款的拟定和使用规则

出于工作效率等方面的考虑，现实中养老机构要么选用政府部门制定的养老机构服务合同示范文本，要么使用本单位自行制定的格式合同。无论是政府部门制定的示范文本，还是本单位自行制定的格式合同，合同的绝大部分条款为格式条款，即当事人为了重复使用而预先拟定，并在订立合同时未与对方协商的条款。拟定和使用格式条款时，应循如下规则。

(一)遵循公平原则确定当事人之间的权利和义务

根据《民法典》第四百九十六、四百九十七条的规定，提供格式条款的一方应当遵循公平原则确定当事人之间的权利和义务。遵循公平原则，合理确定当事人之间的权利和义务，其中包括在确定当事人之间的权利和义务时不得作出如下安排：排除或不合理限制对方主要权利、不合理加重对方责任、不合理地免除或者减轻己方责任，免除己方应依法承担的造成对方人身损害的民事责任。如作出上述安排，则其不具有法律效力。

(二)对重大利害关系条款履行提示或者说明义务

根据《民法典》第四百九十六条的规定，提供格式条款的一方应采取合理的方式提示对方注意免除或者减轻其责任等与对方有重大利害关系的条款。如民政部养老服务合同示范文本第十条采用如下文字的方式提示住养人、送养人注意："以上特别约定内容，在甲方提示下，乙方、乙方监护人或丙方均已认真阅读，充分知晓与了解。特此签名确认：乙方：　　　　乙方监护人或丙方：　　　。"使用格式条款时，当然也可以采用将字体加粗、字号放大等其他足以引起对方注意的方式提示对方。

根据《民法典》第四百九十六条的规定，提供格式条款的一方还应按照对方的要求，对该条款予以说明。这就要求负责签署合同的工作人员应熟悉、理解合同内容，对住养人或送养人的询问能够作出及时、准确的说明。

尤其需要注意的是，根据《民法典》第四百九十六条的规定，提供格式条款的一方未履行提示或者说明义务，致使对方没有注意或者理解与其有重大利害关系的条款的，对方可以主张该条款不成为合同的内容。

二、全面把握和详尽约定各方权利义务

权利义务是合同的核心内容。养老机构服务合同应全面把握和详尽约定各方权利义务，使纷繁复杂、相互交织的各方行为有所遵循，避免分歧或纷争。

（一）要全面把握和详尽约定养老机构的权利义务

本书第二章及第三章的前几节对养老机构的义务已有详细阐述。根据《民法典》《养老机构管理办法》等有关法律法规及《北京市养老服务合同（2021 养老机构版）》《上海市养老服务合同示范文本（2022 机构版）》（以下简称《上海市养老服务合同示范文本》）、《广州市养老机构服务合同示范文本（2023 年版）》（以下简称《广州市养老机构服务合同示范文本》）、民政部养老服务合同示范文本等约定，养老机构享有的权利主要有以下内容：

（1）收取费用权。按照合同约定收取相关费用，但应当依照其登记类型、经营性质、运营方式、设施设备条件、管理水平、服务质量、照料护理等级等因素合理确定服务项目的收费标准，并应当在醒目位置公示各类服务项目收费标准和收费依据，接受社会监督。可设床位费、护理费、膳食费、押金等基本收费项目，也可根据实际及合同约定收取一次性设施设备费、个性化服务费、代办服务费等。

根据民政部、国家发展改革委、公安部、财政部、中国人民银行、市场监管总局、金融监管总局《关于加强养老机构预收费监管的指导意见》（民发〔2024〕19号），实行预收费的，养老服务费预收的周期最长不得超过 12 个月，对单个老年人收取的押金最多不得超过该老年人月床位费的 12 倍；对养老机构为弥补设施建设资金不足，收取会员费的，数额不得超过省级民政部门确定的最高额度。尚未建成或者已建成但尚不具备收住老年人条件的养老机构，不得收取会员费。公办养老机构、公建民营、政府与社会力量合作建设的养老机构，不得收取会员费。养老机构或者其法定代表人（主要负责人）、实际控制人为失信被执行人，

或者因非法集资、诈骗受过行政处罚或者刑事处罚，被纳入养老服务、企业、社会组织严重失信主体名单，尚未移出的，不得收取会员费。养老机构不得超过床位供给能力承诺服务，确保交费的老年人总数不得超出其备案床位总数，预收费用总额不得超出其固定资产净额(已经设定担保物权的资产价值不计入固定资产净额)。

(2)客户定位及签约自愿权。除公办养老机构接收"三无"老年人外，社会办养老机构有权对自身服务对象作出定位，有权不予接收不符合自身服务对象定位的老年人。

(3)制度管理权。制订、修改养老机构的管理制度并按照公示的管理制度对住养人进行管理。

(4)安全注意义务的提示权。有权提醒或提示住养人履行自身的人身、财产安全注意义务；为维护住养人的人身、财产安全，有权提醒或提示住养人的监护人或送养人履行相关的安全注意义务。

(5)不当物品的拒收权。有权拒收不适合住养人身体状况的食品、非医嘱药品及具有危险性的物品。

(6)紧急处置权。为了住养人的健康和安全，在住养人出现紧急情况时，有权在通知住养人的监护人或送养人的同时，采取必要的处置措施，包括但不限于：转送医疗机构；针对住养人出现机能进行性衰退、认知能力下降、精神异常导致行为不能自主，危及自身或他人安全的，采取必要的安全保护措施(仅限于紧急情况，若非紧急情况，采取安全保护措施，须有医嘱且经送养人同意)。

(7)个人信息的合理使用权。经住养人、送养人同意或维护住养人合法权益，可以合理使用住养人、送养人的有关信息资料，但不得泄露或者篡改，未经住养人、送养人同意，不得向他人非法提供。

(8)变更请求权。根据住养人健康状况的变化，养老机构可以提出变更服务方案，但需以书面形式通知住养人和送养人，并与住养人、送养人达成一致。

当与养老机构日常管理、服务直接相关的物价指数变动幅度超过10%(此为民政部养老服务合同示范文本的约定，《北京市养老服务合同》约定的是"单项价格涨幅达到10%")时，养老机构有权提出适当调整收费标准，但需将价格调整的通知在调价前30日内以书面形式通知住养人或住养人监护人或送养人，并与住养人或住养人的监护人、送养人达成一致。《广州市养老机构服务合同示范文本》约定的是"当食品材料市场价格发生重大变化，致使甲方服务成本急剧上升

(单项价格变动幅度超过6%)，甲方可适当调整伙食费收费标准，将价格调整的通知在调价前30日以书面形式通知乙方及丙方，并签订补充合同。

(9)合同解除权。有权依照合同约定及法律规定解除合同。

(二)要全面把握和详尽约定住养人的权利义务

根据《民法典》《消费者权益保护法》《消费者权益保护法实施条例》《养老机构管理办法》《养老机构服务安全基本规范》等相关法律、标准规定及《北京市养老服务合同》《上海市养老服务合同示范文本》《广州市养老机构服务合同示范文本》、民政部养老服务合同示范文本约定，住养人的权利主要包括以下内容：

(1)获得服务权。有权按照法律、标准规定及合同约定获得养老机构提供的养老服务。

(2)安全权。有权要求养老机构提供的服务，符合保障人身、财产安全的要求，在接受服务时享有人身、财产安全不受损害的权利，在突发急病的情况下有权获得及时、必要的医疗帮助。

(3)知情权。有权要求养老机构提供服务的内容、规格、费用等有关情况，有权查阅、复印养老机构为其建立的个人档案，有权了解提供服务的人员是否经过专业培训，是否具备相应资质，对自身的健康状况、入院记录及接受的服务的真实情况等有知情权。

(4)自主选择权。享有自主选择服务的权利，包括自主选择提供服务的经营者、服务方式、服务内容，对服务进行比较、鉴别和挑选以及对合同变更的同意或异议权，合同续签的申请权、特定情形下合同的解除权、

(5)公平交易权。享有公平交易的权利，有权获得质量保障、价格合理等公平交易条件，有权对合同约定之外其他服务项目的收费提出异议，有权拒绝养老机构的强制交易行为。如《北京市养老服务合同》约定，食品、材料、劳动力等市场价格发生重大变化，养老机构服务成本显著下降(单项价格跌幅达到10%)的，住养人有权要求按照价格跌幅减少费用。价格涨跌幅度可参考政府统计部门公布的数据。

(6)求偿权。因接受服务受到人身、财产损害的，享有依法获得赔偿的权利。

(7)结社权。享有依法成立维护自身合法权益的社会组织的权利，有权向消费者协会和其他消费者组织投诉养老机构违法或违约行为。

(8)获知权。享有获得有关接受服务和权益保护方面的知识的权利。

（9）人格权。在接受服务时，享有生命权、身体权、健康权、姓名权、肖像权、名誉权、荣誉权、隐私权、个人信息保护以及基于人身自由、人格尊严产生的其他人格权益，享有民族风俗习惯得到尊重的权利。

（10）监督权。享有对养老机构的服务以及自身权益保护工作进行监督的权利，认为养老机构提供的服务可能存在缺陷，有危及人身、财产安全危险的，可以向养老机构或者有关行政部门反映情况或者提出批评、建议，有权要求甲方更换未经专业培训或不具备相应资质或提供服务不合格的人员，有权检举、控告侵害自身权益的行为和国家机关及其工作人员在保护自身权益工作中的违法失职行为。

根据《民法典》《消费者权益保护法》《养老机构管理办法》等相关法律、规定以及《北京市养老服务合同》《上海市养老服务合同示范文本》《广州市养老机构服务合同示范文本》、民政部养老服务合同示范文本等约定，根据合同义务的分类理论，住养人的义务主要内容见表3-4-1。

表 3-4-1　住养人的义务

义务种类	义务主要内容
先合同义务	1. 告知义务：应当如实提供养老机构所需的必要信息（包括但不限于住养人的脾气秉性、家庭成员、既往病史、健康状况、药品使用情况等信息），并确保真实、有效、无虚假与隐瞒，如实填写《入住登记表》《健康状况陈述书》等相关材料。 2. 配合义务：配合养老机构进行入住评估和签署服务合同
给付义务	3. 支付费用义务：按照约定自行或与送养人共同支付养老服务费及相关费用
附随义务	4. 告知或通知义务：（1）入住期间，如遇下列情形，应及时告知养老机构，以获得养老机构相应安全保护：偶发身心不适；会见可能有纠纷的客人或亲友；自身安全受到他人威胁；自带药品、食品有疑问；对于某种器材、设备或物品的使用方法不明；院外就医病情及医嘱；与自身安全相关的、养老机构未知的个人、家庭或社会关系的异常情况等其他情形。（2）如外出就医需在医院观察治疗的，应当及时通知养老机构。 5. 配合或协助义务：（1）应当按照合同约定，向养老机构及时提供个人所需药品、生活用品。（2）配合养老机构做好持续评估，确实需要变更服务方案的，同意变更。（3）定期参加养老机构组织安排的体检活动。

续表

义务种类	义务主要内容
	(4)遵守养老机构规定的作息时间及外出请假或登记制度。外出时，应在出行前告知值班人员去向、外出目的、联系方式、及预计回院时间，并携带住院证或其他证件，不能按预计时间回院时应及时告知养老机构。对于事先约定不能单独外出者，必须按约定执行，确有特殊情况外出的，应与养老机构、送养人协商，取得同意。(5)遵守养老机构的规章制度，配合养老机构的管理与服务，维护甲方正常服务秩序。 6. 安全注意义务：(1)在身心状况允许的范围内和程度上，努力掌握接受服务所需知识和技能，正确接受养老机构提供的服务。(2)应对自身及他人安全尽到必要注意义务，珍视自身生命安全和身体健康，日常活动或娱乐健身应量力而行，自行进食宜细嚼慢咽，自觉遵守养老机构安全管理规定，如不带入、存放危险物品，不私搭乱接电器电线，不在老年人生活和活动区域等禁烟区域抽烟，不使用明火，不燃放烟花爆竹，不使用电饭锅、电磁炉等大功率电器，不酗酒，不擅自使用刀具等利器、物品，不擅自动用使用方法不明的设施设备，在房间内洗浴时不使用门锁，介助和介护老人不自行上下楼梯，不私自留宿他人。(3)与其他入住老年人和谐相处，不影响其他老年人生活或休息，不实施骚扰、诋毁、侮辱、谩骂、伤害、寻衅滋事等侵害他人权利的行为，与其他住养人和谐相处。(4)爱护养老机构的设施设备，不擅自改变或破坏入住房间及其设施设备。如损坏设施设备的，按照《设施设备清单》上标明的价格赔偿损失。未经养老机构书面同意，不得在房间内添置设施设备
不真正或减损义务	7. 身心不适或患病，应及时就医。在治疗期间应当遵守医嘱，配合治疗
后合同义务	8. 服务合同终止后，应及时办理退住手续

(三)要全面把握和详尽约定送养人的权利义务

1. 现有示范文本对送养人权利义务的安排

送养人可以是老年人的子女、其他亲属、朋友、居(村)民委员会或原单位等，但绝大多数是老年人的子女。送养人在现实服务合同中的合同角色称谓及权利义务不尽相同。在 2004 年发布的《天津市入住养老机构协议书》中称谓为"托养人"，在 2017 年发布的《浙江省养老服务合同(示范文本)》中称谓为"委托人或监护人"，在《北京市养老服务合同》中称谓为"代理人"，在《上海市养老服务合同示范文本》中称谓皆为"担保人"，在民政部养老服务合同示范文本中称谓为"监护人"或付款义务人、连带责任保证人、联系人、代理人、其他等，在 2023 年发布的《广州市养老机构服务合同示范文本》中的称谓为监护人[家属(付款义务人)]、负有连带责任的担保人、委托代理人(紧急联系人)或其他。

天津市、上海市、浙江省、北京市的示范文本没有对送养人的合同角色作进一步的区分，对其权利义务作了形式上的总括式安排。广州市的示范文本虽然对送养人的合同角色作了进一步的区分，但对其权利义务也是进行了形式上的总括式安排。梳理、归纳这些总括式安排或约定，这 5 个地方的合同示范文本赋予了送养人 6 个方面的合同权利：①依据法律规定或者乙方的指定对服务合同的订立、履行、变更、解除、终止、续约等全部事项的代理权，或住养人出现紧急情况下的代理权；②对住养人健康状况、享受服务情况、费用支出、入院记录、紧急情况及服务人员培训、资质状况等的知情权；③对养老机构服务的监督、批评建议(要求改正)、投诉权；④对住养人的探望或探视权；⑤合同变更同意或异议权；⑥对住养人安全保护约束的同意权。

同时，这 5 个地方的示范文本为送养人设置了 6 个方面的合同义务：①按合同约定支付服务及相关费用或承担连带责任保证义务；②如实告知义务，包括如实告知住养人健康状况及其他必要情况，及时向机构告知住址、电话、联系方式等变更信息；③配合、协助机构义务，包括与住养人沟通及探望住养人；协助处理住养人思想、生活问题；劝导住养人遵守机构规章制度；劝导住养人爱护养老机构服务设施；劝导住养人与其他老年人和谐相处；住养人生病后及时将其送医治疗(住养人突发危重疾病，应当在接到养老机构电话通知后及时赶达医院，负责处理住养人的治疗事宜)，劝导住养人遵守医嘱，配合治疗，如实告知住养人的就医情况；配合养老机构根据传染病防控有关规定对住养人实施的院内或院外隔离；协助处理住养人的其他紧急情况；④遵守养老机构规章制度，维护养老机构正常服务秩序的义务，对住养人的探视不得影响养老机构的正常管理与服务；⑤合同解除或终止后接回住养人或做好住养人去世善后的义务；⑥如住养人属于限制民事行为能力人或者无民事行为能力人的，应当依法履行监护人的职责。

民政部养老服务合同示范文本区分送养人的合同角色，并根据送养人合同角色的不同，对送养人的权利义务做了区分式安排。如送养人为住养人的监护人，则其享有如下权利：①代理权；②对养老机构服务的批评建议权，其中包括有权要求养老机构更换未经专业培训或不具备相应资质或提供不合格服务的人员；③对住养人健康状况、费用支出、入院记录等的知情权，其中包括有权查阅、复印住养人个人档案，有权了解服务人员是否经过专业培训、是否具备相应资质，遇紧急情况有权及时从机构得到相关信息；④对住养人的探视权；⑤合同变更同意或异议权，合同解除权，合同续签申请权，合同约定之外其他服务项目的选择权、收费异议权。

同时，根据民政部养老服务合同示范文本，作为住养人监护人的送养人应履行4个方面的合同义务：①按照约定支付养老服务及相关费用，对住养人造成机构或第三方人身和财产损失承担赔偿责任；②如实告知义务，包括入住前要如实向机构反映住养人的情况，如脾气秉性、家庭成员、既往病史、健康状况和药品使用情况等，协助住养人如实填写《健康状况自我陈述书》；家庭及单位地址、联系方式变更时，应及时通知机构；③配合、协助机构服务义务，包括劝导住养人自觉遵守养老机构的规章制度、接受管理、爱护服务设施、与其他住养人和谐相处、遵守医嘱、配合治疗；经常与住养人沟通，保持联络，满足住养人精神需求；及时协助处理住养人出现的紧急情况；④合同解除或终止后接回住养人或做好住养人去世善后的义务。

根据民政部养老服务合同示范文本，如住养人具有完全民事行为能力，送养人的合同角色则由住养人、养老机构、送养人协商、选择确定。民政部的示范文本为当事人提供了可供选择的合同角色，包括付款义务人、连带责任保证人、联系人、代理人等，并提供了适用于各个合同角色的专用条款。根据该示范文本通用条款的约定，各个合同角色皆享有的权利包括：①对老年人身体健康状况、享受服务情况等的知情权，包括有权查阅、复制住养人的档案资料；遇紧急情况有权及时得到相关信息；②对住养人的探视权；③紧急情况下的代理权；④合同变更同意或异议权，合同续签申请权，合同约定之外其他服务项目的选择权、收费异议权。

根据民政部养老服务合同示范文本，各个合同角色皆应履行的义务为：①如实告知义务，包括入住前要如实向机构反映乙方的情况，如脾气秉性、家庭成员、既往病史、健康状况和药品使用情况等，协助住养人如实填写《健康状况自我陈述书》；家庭及单位地址、联系方式变更时，应及时通知机构；②配合、协助机构服务义务，包括经常与住养人沟通，保持联络，满足住养人的精神需求；及时协助机构处理老年人出现的紧急情况；③合同解除或终止后接回住养人或做好住养人去世善后义务。

根据民政部养老服务合同示范文本专用条款的约定，如送养人为付款义务人，则其除享有各个合同角色皆享有的权利外，还享有依法依约解除合同的权利；除负有各个合同角色皆应履行的义务外，还具有支付养老服务及相关费用的义务。如送养人为连带责任保证人，则其除享有各个合同角色皆享有的权利以及应履行的义务外，还具有养老服务及相关费用支付的连带保证责任及相应权利，具有服务合同解除时要求机构履行通知义务的权利。如送养人为联系人，则其除享有各个合同角色皆享有的权利以及应履行的义务外，还享有服务合同解除时要求机构通知的权利。

2. 设定送养人权利义务的法律根据

尽管总括式安排与区分式安排方式存在一定差异，但二者皆认为送养人在养老机构服务合同中居于合同主体而非第三人或履行辅助人的法律地位，拥有着相应的权利与义务。问题是，送养人的权利义务来源何处，或合同示范文本为其设定权利义务的内在法律根据是什么？

（1）设定送养人义务的法律根据

目前，我国相关养老服务的法律和国家、行业标准，如《养老机构管理办法》《养老机构服务安全基本规范》等，较少有关于送养人法定义务的直接规定。斟酌送养人的合同义务，不得不考量与其合同角色相关的如下法定义务。

1）未纳入养老服务范围的法定赡养、扶养义务或监护、救助职责

如送养人为老年人的子女或符合法定情形的孙子女、外孙子女，根据《民法典》第一千零六十七、一千零七十四条，《老年人权益保障法》第十四条等有关规定，其对老年人具有经济供养、生活照料、精神慰藉、照顾老年人的特殊需要等赡养义务。如送养人为老年人的配偶或符合法定情形的弟妹，根据《民法典》第一千零五十九、一千零七十五条，《老年人权益保障法》第二十三条等的规定，其对老年人具有法定的扶养义务。如老年人为无民事行为能力或者限制民事行为能力，根据《民法典》第一编第二章第二节的有关规定，其配偶、父母、子女、其他近亲属以及其他个人或者组织、居（村）民委员会或者民政部门皆有可能成

为其监护人，其监护人应履行代理其实施民事法律行为，保护其人身权利、财产权利以及其他合法权益的监护职责。

根据《社会救助暂行办法（2019年修订）》的规定，国家对无劳动能力、无生活来源且无法定赡养、扶养义务人，或者其法定赡养、扶养义务人无赡养、扶养能力的老年人，给予特困人员供养。政府有关部门代表国家具有对特困人员提供基本生活条件、给予照料、疾病治疗、办理丧葬事宜的救助或供养职责。

基于赡养（扶养或监护）人、被赡养（扶养或监护）人现实客观情况的不确定性或千差万别，送养人赡养、扶养义务或监护职责的履行是没有严格或明确法律边界的，国家对特困人员的供养职责也是多方面的，但在养老机构服务合同中，养老机构的服务义务一般来讲是有边界或有限的。养老机构服务义务之外的事务，是老年人、其监护人或政府救助部门未委托给机构、仍需要其法定赡养（扶养或监护）人或政府救助部门履行的法定义务。视养老机构服务合同约定情况，这些义务可能包括使老年人患病后得到及时治疗的义务、定期探望老年人和精神慰藉的义务、陪伴老年人外出的义务、老年人去世善后的义务等。送养人不履行该义务，可减轻机构过错责任；如给机构造成损失，送养人应承担侵权责任。这些法定义务，虽严格地讲，并非一定属于送养人的合同义务，但体现在养老机构服务合同订立、履行和终止过程之中，并与其诚实信用基础之上的法定义务相衔接。

2）诚实信用原则对送养人法定义务的要求

诚实信用原则为民法的基本原则和"帝王条款"，具有君临法域之效力。我国《民法典》不仅把诚实信用作为民事活动的基本原则，而且通过第五百、五百零一、五百零九、五百五十八、五百九十一条等条款的规定，沿着从合同订立到终止的进程，对合同主体的诚信义务作出了一般或通常规定，即在合同订立过程中，合同主体具有不得欺诈、保密等先合同义务；在合同履行中，负有通知、协助、保密等合同附随义务；在合同终止后，仍负担通知、协助、保密等后合同义务；在一方违约后，非违约方的减损义务，即不真正义务。这些法定义务适用于所有民事合同，当然对养老机构服务合同包括送养人在内的合同主体具有法律效力。

诚实信用原则对合同主体法定义务的一般或通常规定，内在和必然要求在养老机构服务合同活动中得以展开或具体化。养老机构服务合同作为服务合同的一种具体类型，具有服务提供人与受领人不可分割和服务互动性的特点，又由于养老服务高风险性和持续性特征，又强化了对当事人互动的要求。在机构住养人大多为不同程度失能老年人情况下，没有送养人的互动或法定义务的履行，养老机构较多服务或管理义务将难以落实。

例如，根据《养老机构管理办法》第十五条的规定，养老机构应当建立入院评估制度，做好老年人健康状况评估，实施分级分类服务。又，按照《老年人能力评估规范》等技术规范要求，老年人健康状况评估和护理等级评定，较多指标客观上要求通过询问主要照顾者（送养人）方式进行评定，送养人若不如实告知住养人的相关情况，养老机构的评估、实施分级分类服务的义务就无法落实，为住养人提供精准服务的合同目的也就难以实现。

又如，《养老机构管理办法》第十九条规定："养老机构在老年人突发危重疾病时，应当及时转送医疗机构救治并通知其紧急联系人。"若家属不告知机构有效通讯地址和联系方式，养老机构就无法通知家属。再如，根据《老年人权益保障法》第四十八条，《养老机构管理办法》第十六、四十六条的规定，养老机构应当与接受服务的老年人、家属签订服务协议，否则，民政部门应依法责令机构改正；情节严重的，处以3万元以下的罚款；构成犯罪的，依法追究刑事责任。同理，如果不把签署协议作为送养人的法定义务，那养老机构的义务就无法落实。因此，养老机构义务的履行具有对送养人法定义务的内在要求，送养人法定义务也应在养老机构履行义务的内在要求下展开或具体化。

（2）设定送养人权利的法律根据

学术界和实务界一致认为，养老机构服务合同与有名或典型合同——委托合同最相类似。根据《合同法》对委托合同的规制，委托人享有如下权利：要求受托人依委托人指示处理委托事务的权利，要求受托人亲自处理委托事务的权利，要求受托人报告委托事务处理情况的权利，要求受托人赔偿损失的权利以及随时解除合同的权利等。

随着社会化养老的推进，"养老服务关系是一种消费关系"的观点已获司法界普遍认可。根据《消费者权益保护法》的规定，养老服务的消费者享有安全保障权、知悉真情权、自主选择权、公平交易权、获得赔偿权、依法结社权、知识获取权、维护尊严权、监督批评权。

上述权利是否为送养人享有？是全部享有，还是部分享有？回答这些问题，离不开对养老机构服务合同当事人的认识和判断。如前文所述，在总括式实践安排中，有的示范文本虽然将送养人称为"托养人"，但并未赋予送养人以合同解除权，认为合同解除权仍然属于老年人。例如，2007 年的《天津市入住养老机构协议书》第六条第十项规定："乙方有权提出终止协议的要求。"但在第七条丙方的权利与义务中，却没有此权利的规定。以此来看，总括式实践安排似乎并不认可送养人的当事人地位，或者说，并没有把送养人真正当作"托养人"。在区分式实践安排中，民政部养老服务合同示范文本认为，当送养人为住养人的监护人或付费义务人时，送养人享有依法依约解除合同的权利。该种安排，在送养人为住养人的付费义务人时，似乎认可了送养人的当事人地位。因监护人本身为住养人的代理人，赋予监护人以合同解除权，并不能说明对其当事人地位的认可。

作者认为，养老机构服务合同为一方主体为多人的合同。合同一方不仅有住养人，而且还有送养人。住养人与养老机构是合同当事人，二者之间养老服务提供者与养老服务受领者的权利义务关系彰显着养老机构服务合同的性质和类型，并且构成送养人权利义务的基础，换句话说，送养人的权利义务是在住养人与养老机构行使权利履行义务的过程中展开的，或者说，是对住养人与养老机构行使权利履行义务的配合或协助。送养人是养老机构服务合同的主体，是合同的关系人，并非合同当事人，送养人权利的行使和义务的履行对维护住养人和机构的合法权益，实现合同目的具有无比重要的作用，但其与养老机构及住养人的权利义务关系并不能独立彰显合同的性质和类型。

如上文所述，基于送养人对住养人的赡养、扶养、监护、救助等法定义务，基于诚实信用原则的要求，送养人在养老机构服务合同中的大部分义务独立于住养人的合同义务，只有少部分义务是对住养人合同义务的分担，如付费义务。但在送养人的权利问题上，由于送养人并非合同当事人，其大部分权利来源于住养人合同权利的让与，只有少部分权利是出于对其与住养人身份关系的尊重及对方便其自身履行义务的考量，具有独立或专属性，如对住养人的探望或探视权。接下来的问题是，住养人为何要让与给送养人权利？让与给送养人多少、哪些权利？住养人之所以要让与给送养人权利，无非是住养人由于当前或未来身心机能的衰退，客观上无法行使和维护自身权利，需要他人协助或代理。至于让与多少或哪些权利，区分式实践安排方式认为应根据住养人是否具有民事行为能力及送养人承担义务情况来确定，总括式实践安排方式则不区分住养人的民事行为能力及送养人承担义务情况。

3. 送养人法律地位的特定化

自 2000 年我国进入老龄化社会以来，随着养老机构服务合同订立、履行、变更、解除和终止实践经验的日益丰富，随着养老机构服务合同纠纷及司法判例的日益增多，为养老机构服务合同的有名化或典型化提供了实践积累，也提出了迫切需要。在未来立法中，本书建议将送养人在养老机构服务合同中的法律地位予以特定化。

一是因为目前关于送养人合同角色的界定存在逻辑错误或不周延之处。2017年发布的国家标准《养老机构服务质量基本规范》第 3.4、5.1.2.4 等条款将送养人称为"相关第三方"，并规定老年人确认入住后，养老机构应与老年人和相关第三方签署服务合同。老年人入院评估结果应经老年人或相关第三方认可，并作为提供相应服务的依据。从法律视角看，这样的规定显然是不正确的。因为送养人既然已是合同签署方，就已经不是第三人或"相关第三方"。

2004 年的《天津市入住养老机构协议书》有三方合同主体，甲方（养老机构）、乙方（住养人）、丙方（托养人）。但从该示范文本三方主体权利义务的配置来看，作为送养人的丙方，就连合同当事人——委托人的合同解除权都付之阙如，看来丙方并非合同的托养人或委托人。托养人的称谓名不副实，并且如前文所述，也与养老机构服务合同当事人要彰显该合同性质和类型的要求相悖。2017 年的《浙江省养老服务合同（示范文本）》的合同主体为甲方（养老机构）、乙方（入院老年人）、丙方（委托人或监护人）。该合同第四条又约定："丙方作为乙方委托人（监护人），愿意成为乙方履行本协议项目、付款义务的担保人和连带责任保证人。"从该条文义和合同整体内容看，该条的表述存在明显错误，丙方是乙方的受托人，而非委托人。该示范文本对送养人角色的界定与 2004 年天津市示范文本的界定实质上是相同的，问题也是一样的。

民政部养老服务合同示范文本将送养人的角色区分为付款义务人、连带责任保证人、代理人、联系人或其他。《北京市养老服务合同》《老年人权益保障法》第四十八条、《养老机构管理办法》第十六条将送养人角色界定为住养人的代理人。不论这些是单个的角色，还是角色的联合，他们的法定义务皆无法涵盖送养人的法律义务。一是代理人的角色，仅指向与从事合同签订、变更、解除等民事法律行为相关的法律义务，而无法囊括与事实行为相关的义务。二是付款义务人角色，仅指向服务对价的主给付义务，而与送养人的其他义务无涉。三是连带责任保证人的法定义务仅是对住养人财产性义务的担保。四是联系人角色，实质上仅关涉程序性义务，无法明确合同实体事宜处理的义务问题。与这些角色联合相应的法定义务，也无法涵盖送养人的合同义务。把相关履行事实行为的义务，如给住养人送药送物、陪伴住养人外出、带住养人就医、协力寻找外出走失住养人等，归置于上述任何一种角色，都实为不妥。另外，如送养人为住养人的近亲属，在住养人由于机构过错而不幸身故时，其享有独立的损害赔偿请求权以及作为原告的起诉权，而这种权利并非代理人、付款义务人、连带责任保证人、联系人等角色的固有应然权利。因此，代理人、付款义务人、连带责任保证人、联系人等合同角色的设定，能够解释或说明送养人部分法律义务及义务的内容，但无法全部涵盖送养人的法律义务。

二是在养老机构服务合同中，送养人具有相对独立于住养人的法律义务。住养人的法律义务来源于其在养老机构服务合同中的合同角色及法律对该合同角色义务的规定。养老机构服务合同性质为一种混合合同，与委托合同最相类似，又兼具租赁合同、保管合同、甚至承揽合同（养老机构对服务目标或工作成果做出明确承诺并且服务目标具有可测性情况）的成分。在有送养人作为合同主体情况下，谁为委托人、承租人、寄存人、定作人？是送养人，抑或住养人？虽然作者从养老机构服务合同本质属性和所属类型出发，认为住养人是委托人、承租人、寄存人、定作人，是合同当事人，而送养人是合同关系人，但也不能否认学术界或实务界对此持有或可能持有的不同认识。但无论认识如何相异，住养人为实际的服务对象或服务受领人，而送养人不是，在这一点上，应该是没有分歧的。正由于二者地位在此方面的明显差异，决定了他们的义务不可能完全相同。如住养人有遵守机构日常管理制度、不得影响其他住养人生活或休息的义务，但不可能为送养人设定同样义务。又如，上文提及作为监护人的送养人有劝导住养人接受服务的义务，但对住养人规定此义务则有违逻辑和常理。其实本书前文所分析送养人法定义务，大部分为送养人所独有，而不能为住养人所负担。

总之，关于送养人在养老机构服务合同中的角色及权利义务安排已有多年的实践探索和丰富的实践经验，并有特定的法律和事实根据。基于诸多已有角色的安排皆不能涵盖或说明送养人的法律地位，基于送养人法律义务的相对独立性，未来在养老机构服务立法中，将送养人的法律地位特定化应属必然。送养人的法律地位的特定化也将彰显养老机构服务合同三方主体的特殊性和作为一种新类型服务合同的鲜明特征。

4. 送养人权利义务的梳理与归纳

(1)送养人权利的梳理与归纳

综合相关法律及民政部与各地养老服务合同示范文本的规定，可将送养人的权利概括为以下几项：

1)代理权。住养人出现紧急情况下的代理权，如送养人为住养人的监护人或受住养人授权委托，为住养人的代理人，则对服务合同的订立、履行、变更、解除、终止、续约等全部事项享有代理权。

2)知情权。对住养人健康状况、享受服务情况、费用支出、照护记录、档案资料、紧急情况与服务人员培训、资质状况以及合同解除等的知情权。

3)监督权。对养老机构服务的监督、批评建议(要求改正)、投诉权，如有权要求养老机构更换未经专业培训或不具备相应资质或提供不合格服务的人员，享有对住养人安全保护约束的同意权。

4)探望权。对住养人的探望或探视权。

5)自主选择权。合同变更同意或异议权，合同续签申请权，合同约定之外其他服务项目的选择权、收费异议权。

6)合同解除权。如送养人为住养人的监护人或付款义务人，则其享有合同解除权。

(2)送养人义务的梳理与归纳

送养人应履行的义务可作如下分类：

1)先合同义务。送养人的先合同义务，即在养老机构服务合同订立过程中、合同生效前，为维护住养人和机构权益，送养人基于诚实信用应承担的法律义务，至少包括：①如实告知或协助住养人如实告知义务，即应向机构如实告知住养人的情况，如脾气秉性、生活能力、生活习惯、既往病史、健康状况、药品使用、家庭成员、经济状况等，如实告知住养人和送养人身份和户口信息、有效通讯地址和联系方式，如实、全面填写或协助住养人填写《入住登记表》《健康状况自我陈述书》等有关文书，及时提供住养人和送养人本人身份证和户口本复印件，客观回答或协助住养人客观回答评估人员询问；②配合义务，如配合或协助住养人配合机构做好评估、入住合同的签署等入住事宜；③保密义务，即保守在订立合同过程中所知悉的机构的商业秘密。如送养人未履行先合同义务给养老机构造成损失的，应当承担损害赔偿责任。

2)给付义务。如送养人为住养人的监护人或付款义务人，则其具有支付养老服务费及相关费用的义务。如送养人为住养人或其监护人的连带责任保证人，则其在住养人或其监护人未按照合同及时支付款项时，具有代住养人或其监护人支付的义务。

3)合同附随义务。合同附随义务，即在养老机构服务合同履行过程中，为辅助机构服务和管理，维护住养人权益，送养人基于诚实信用应承担的法律义务，至少包括：①通知或告知义务，如通讯地址和联系方式有变化，及时通知机构；及时告知为机构所不知的住养人身心异常及院外就医情况；②配合或协助义务，如配合养老机构对住养人的例行、及时评估，住养人确需变更服务方案的，同意变更；为住养人送药和提供生活用品的义务；定期探望或精神慰藉住养人的义务；劝导住养人遵守养老机构规章制度、接受服务和管理、爱护服务设施、与其他住养人和谐相处、遵守医嘱；协助做好自杀、自伤或暴力倾向住养人的心理安抚和安全保障；协助寻找外出走失住养人；在住养人非突发危重疾病或伤害事故时带住养人就医的义务；③注意义务，如遵守机构探视规定，尊重和保护住养人相关权益；④保密义务，即保守在合同履行过程中所知悉的机构的商业秘密。送养人不履行附随义务，原则上养老机构不得解除合同，但可就所受损害请求损害赔偿或减轻机构过错责任。

4)减损义务。减损义务，又称不真正义务，是指即使养老机构违约，送养人也不能无动于衷，放任损失的扩大，应秉持诚实原则，采取适当措施防止损失扩大。例如，由于机构过错导致住养人摔倒受伤，如因送养人拒绝或延误治疗致使损失扩大的，不得就扩大的损失要求赔偿。负责或安排住养人住院或非住院治疗应是送养人的一项独立义务，并非对养老机构的配合或协助。因养老机构违约或过错造成的住养人伤害事故，养老机构有赔偿住养人医疗、交通等治疗费用的义务，但不等于住养人治疗事宜应由养老机构负责或安排，且根据有关医患关系的相关法律规定，由送养人或住养人的其他近亲属负责住养人的治疗事宜更为便利，更有利于住养人疾病的治疗。如根据《民法典》第一千二百一十九条的规定，医务人员不能或者不宜向患者说明病情和医疗措施的，应当向患者的近亲属说明，并取得其明确同意。养老机构未经特别授权，没有对手术、特殊检查、特殊治疗及相应医疗风险等的知情同意权。

5)后合同义务。后合同义务，就是养老服务合同因到期、解除、住养人去世等原因而终止后，送养人有义务及时办理出院手续，并将住养人接走或办理去世善后事宜。如家属拒不把住养人接走，或拖延接走住养人，就可能对养老机构造成损害，这不仅违反诚信原则，也有违法律的公平，甚至公序良俗。送养人未履行后合同义务，应当承担相应违约或侵权责任；住养人在此期间发生伤害事故、养老机构有过错的，也可主张减轻自身的赔偿责任。

三、选用或制定齐全的合同附件

浙江、北京、上海、广州等地方及民政部的养老机构服务合同示范文本皆在正文之后附加了若干合同附件，归纳起来，主要包括的附件种类见表3-4-2。北京、广州、上海的示范文本不仅列明了合同附件，而且制定了附件的具体文本，养老机构可根据自身实际情况适用或选用这些文本。

表 3-4-2　部分示范文本列明的合同附件种类

序号	附 件 名 称
01	加盖甲方公章的甲方合法注册登记文件复印件，乙方、丙方的身份证件复印件及户口本复印件，丙方(单位)加盖公章的丙方合法注册登记文件复印件及联系人信息，乙方、丙方的授权委托书
02	《入住登记表》(浙江省示范文本还要求《入住申请书》)
03	经签署的《养老机构入住须知》
04	二级甲等以上医院出具的《体检报告》(体检时间在一个月以内)
05	乙方、乙方监护人及丙方签章的乙方《健康状况自我陈述书》或《首次入住健康状况说明》
06	甲方出具的、经乙方、乙方监护人、丙方签章认可的《老年人能力评估报告》或老年人能力综合评估结果(浙江省文本还要求有《试住期评估表》)
07	《设施设备清单》或《房间、设备物品表》《公共设施、设备表》
08	乙方、乙方监护人、丙方选择的《护理等级与服务项目》或《首次服务项目确认表》
09	甲方服务范围表
10	甲方提供养老服务的各种服务项目及收费标准
11	《国家、行业和××市地方标准清单》(仅北京市示范文本列出)

续表

序号	附 件 名 称
12	《安全风险告知书》
13	甲方制定并公示的规章制度(如住养人作息、进出登记制度)
14	其他联系人表
15	经双方协商一致的其他附件，如《事项委托协议》《药品保管服务须知》《限制外出告知书》《拒绝转院治疗风险告知书》《物品保管协议》
16	《变更事项确认表》

养老机构服务合同主文附加合同附件是由于住养人情况各有差异。服务合同将适用于所有住养人的一般性的权利义务纳入合同主文，将特定住养人的个性化内容，如其特定的身份、基本情况及身心状况、特定的送养人，尤其是个性化的服务内容和服务细节以合同附件的形式体现，既能够保证合同主文普遍的适用性，又能够满足针对特定住养人的具体权利义务安排，整体实现合同篇幅或文字的简约呈现。另外，民政部和地方示范文本将养老机构规章制度和入住须知纳入合同附件，是出于对各个养老机构相关情况不尽相同的考量。为了尽可能减少合同附件种类，特定机构在选用示范文本时，可将自身规章制度和入住须知的相关内容纳入主文的适当空格处(但不宜改变示范文本既有条款)，如特定机构不选用示范文本，自行制定合同，可以不将规章制度和入住须知列为附件，因为规章制度和入住须知是适用于本机构所有住养人的，属于共性内容。再者，关于照护等级、服务内容等的变更事项确认表，虽亦是合同附件，但是在合同变更时才使用的附件，在入住合同上可暂不纳入。

合同附件对住养人身心状况、服务内容、服务细节、安全风险等个性化情况的陈述或安排，有利于为住养人提供精准服务，不发生护理差错或机构责任事故，保障对住养人的服务质量；有利于避免因约定不明而发生纠纷或养老机构因此承担责任；有利于及时固定和掌握来源于住养人或送养人的事故原因。

四、合同订立管理的其他要求

(一)合同其他条款要完备且内容周详

养老机构服务合同属于继续性合同，且服务内容繁杂多样，不仅要有齐全的合同附件以及合同主文中阐明各方主体权利义务的条款，其他合同条款也要完备，且内容宜周详。根据《养老机构管理办法》第十六条的规定，参照民政部及北京市、上海、广州市养老机构服务合同示范文本的条款安排，其他合同条款主要包括合同期限及续签、服务地点和服务设施、收费标准和费用支付方式、合同变更、合同解除与终止、违约责任和争议解决方式、通知与送达等。

（二）合同空格处填写要全面准确合理

养老机构服务合同，无论主文中的首部、正文、尾部，还是合同附件，在签署前都有不少空格需要填写或对可选内容进行选择。填写或选择时，要注意以下几个方面。

一要注意全面。如应填写而未填写，应选择而未选择，视为合同对相关内容没有约定，会给养老机构带来风险。如根据民政部示范文本的安排，在合同签署时要对送养人的合同角色在"□"处以划"√"方式选择，确定送养人是否为住养人的付款义务人或连带责任保证人。如未进行选择，则无法确定送养人为住养人的付款义务人或连带责任保证人，一旦住养人未及时足额支付费用，养老机构就无权要求送养人支付，如诉讼则面临败诉风险。

二要注意填写准确。如填写不准确或不客观，就可能给合同执行带来麻烦或留下风险。如由于机构管理人员粗心大意或未严格要求，送养人在填写通讯地址时，仅填写了某某城市某某道（路）某某社区，并未填写楼栋号单元号居室号，后送养人失联，因欠费事宜，机构需向送养人送达服务费催缴通知，但由于地址不详，导致无法送达。再如，不要把送养人都填写在"乙方监护人"处或都作为"乙方监护人"，只有无民事行为能力或限制民事行为能力的老年人才有监护人。一位老年人是否属于无民事行为能力或限制民事行为能力人，根据《民法典》第二十四条的规定，只有法院才有权认定，任何个人和其他单位都没有认定的权利。民事行为能力与老年人的生活自理能力不是一个概念。民事行为能力是自然人对自己行为的辨认能力，是以自己的行为取得民事权利、承担民事义务的能力，是智力、精神层面的能力。生活自理能力是自然人在生活中照料自己的行为能力，不仅包括智力、精神层面的能力，也包括肢体方面的能力。一位老年人丧失或部分丧失了肢体能力，但不一定没有民事行为能力。老年人的民事行为能力不同，养老机构、老年人、家属的权利义务就会相应地不同；出现事故后，责任归属和当事人一方承担的责任比例也不同。一律把送养人或家属作为住养人的监护人，会给他人以错觉，即住养人事实上不具有完全的民事行为能力，进而会给机构带来风险。

三要填写合理。填写合理，就是所填内容符合实际情况，具有可操作性，不违反法律强制性规定，不排除对方主要权利、不免除己方应依法承担的造成对方人身损害的民事责任，且有利于控制风险。比如，在填写合同期限时，宜在双方协商基础上，确定固定期限，不宜只填合同始期，不写终止日期。否则，随着住养人的增龄或身心机能的衰退，一旦住养人的照护需要超出了机构服务范围或服务能力，养老机构则丧失了因合同到期而不予续签的权利。

（三）合同签署要完整

在协商一致基础上，按合同要求，各方主体在合同主文、合同附件的所有需要签署处盖章、签字或按手印是一个基本的法律常识。需要提醒的是，在送养人并非住养人的监护人或代理人，或没有确切证据证明送养人是住养人的监护人或代理人情况下，合同签署时不能少了住养人的签字或按手印，包括作为养老机构服务合同的补充协议，如住养人伤害事故处理协议，否则，存在合同无效的风险。

（四）合同签署要及时

养老机构应在老年人办理入住时就与老年人及其送养人签署正式的服务合同，不宜不签书面合同就收住老年人。虽然不签合同不等于机构与老人之间没有养老服务合同关系，按《老年人权益保障法》第四十八条、《养老机构管理办法》第十六条的规定，养老机构服务合同必须是书面合同；根据《民法典》第四百九十条的规定，一旦机构让老人入住，即使没有书面合同，也形成了事实合同关系。但是因为没有书面合同，住养人、送养人的义务并不明确，但养老机构的义务是明确的，因为相关法律、国家或行业标准等外部规则规定的主要是养老机构的义务，对住养人、送养人的义务涉及较少。因此，在未签合同期间，如发生纠纷或事故，对养老机构是不利的。

双方之间也不宜仅签简单的试住合同。一是因为签署了试住合同后，机构不仅能够随意解除合同或让住养人退院，还缺少了对各方当事人权利义务及责任划分的明确约定。二是试住合同也是合同，也是养老服务合同，无论是否约定，机构仍要承担相关法律、标准规定的义务，仍有可能承担相应违约或侵权责任。三是在试住合同签署前并不能免除机构对住养人健康评估和照护等级划分的法定义务，而应与正式合同一样，可以先做初评，试住期间再做复评或深度评估。四是签署正式合同，明确约定试住期间以及期满后合同变更与解除条件，完全可以解决相应合同解除、变更问题，同时能够详尽规范试住期间各方的权利义务与责任。

(五)要将合同原件给予住养人或其送养人

合同当事人可以根据实际情况决定合同原件的份数，并在签订合同时认真核对，以确保各份合同内容一致。在任何情况下，养老机构与住养人(送养人)都有权持有至少一份合同(包括合同附件)原件。这是保障合同执行的基本条件和程序。养老机构应将签署完毕的合同原件交予住养人或其送养人。现实中有个别养老机构不将合同原件全部或部分交予住养人或其送养人。这有违法律常识和公平正义的基本法律精神，一般情况下不仅不能防范风险，而且这种行为本身就是法律风险，会给养老机构带来一些消极利益。根据一般生活经验，住养人或其送养人若没有合同原件，不可能掌握或准确掌握合同约定的某些己方义务，在此情况下，即使住养人或其送养人未履行这些义务或履行迟延(瑕疵)，法律也将不会支持对住养人或其送养人违约责任的追究。

第五节　加强服务合同的履行管理

现实中，绝大多数养老机构都比较重视合同的订立，但对合同的履行重视不够。订立合同的目的不是订立本身，而是履行。订立合同只是"万里长征走完了第一步"，履行才是合同的重头戏。根据《民法典》第五百零九条的规定，当事人应当按照约定全面履行自己的义务。

一、养老机构对自身义务的履行管理

养老机构的服务合同义务在"服务的全面性"部分已作详细阐述，并将其梳理归纳为先合同义务、主给付义务、从给付义务、附随义务、不真正义务、后合同义务等六大种类；第二章、第三章的前几节内容对养老机构履行义务过程中的安全注意义务、安全保障义务也作了详细分析，即"硬件要硬""硬中有软""服务主体适格""客户风险可承受"，服务行为的"精准性""合意性""及时性""规范性""有形性"要求等。

借鉴 PDCA 循环管理理论，养老机构要全面落实上述义务，需做好如下管理工作。首先要做好义务落实的策划（Plan）工作。策划工作解决的核心问题可以概括为 5w2h：明确每项义务的具体内容（what），落实的目的、价值或意义（why），落实的部门、岗位（who），落实的时间（when），落实的地点或场所（where），落实的方法、手段、流程及所需资源等（how），落实的质量要求、成本投入等（how much）。策划工作的载体主要包括建立健全相应部门职责和岗位职责、相应规章制度（如岗位设置与人员配置办法、分级护理制度、护理员交接班制度、安全巡视制度、差错事故登记报告制度、住养人外出管理制度、生活区管理制度、居室管理制度、质量标准或考核评价体系、薪酬福利和奖惩制度等）、相应的服务规范和操作规程等业务标准以及住养人照护计划、照护流程、照护记录等业务表单。

其次，要做好义务的实施管理（Do）工作。根据策划要求，做好人员配备、分工（责任或包干制、小组制、功能制、专人服务或混合制）和培训（上岗培训、转岗培训和继续教育等），采用合理排班模式（如 24 小时三班倒的排班模式），按时填写照护记录，通过 5S ［整理（Seiri）、整顿（Seiton）、清扫（Seiso）、清洁（Seikeetsu）和素养（Shitsuke）］等管理方法加强实施现场管理，保证每项义务都有人来落实，保证每项义务都能落实，保证落实的人有相应专业水平和充沛的时间、体力、精力。

其次，要做好义务落实的检查（Check）工作。必要的检查是为了督促义务的全面落实，并通过肯定成绩、发现问题、奖优罚劣，实现激励或约束。根据检查主体的不同，对养老机构落实义务的检查可分为内部检查（机构管理人员、管理部门的检查及住养人或送养人的检查）、外部检查（政府相关部门、行业协会、社会、第三方的检查）；根据检查的内容，可分为整体与专项检查；根据检查的规模，可分为全面检查与部分抽查；根据检查的时间，可分为日常检查、定期检查、不定期检查。检查的方式方法多种多样，大致有行政查房、业务查房、安全巡视、消防检查、住养人满意度调查、住养人或送养人投诉、设置住养人或送养人意见箱、实行院长接待日、员工考核、实施民主管理委员会或膳食管理委员会制度等。

最后，要做好改进（Action）工作。通过这一环节的工作，总结、固化成功经验，并针对发现的问题，分析原因，找到解决措施，纳入下一个 PDCA 循环中予以解决。这样周而复始，阶梯式上升，实现服务合同义务的全面落实，并不断提升落实质量。

合同双方当事人的权利义务是相互依存的，一方的义务就是对方的权利或对方权利实现的保障。在养老机构服务合同法律关系中，养老机构的义务就是住养人、送养人的权利；养老机构全面履行义务，就是对住养人、送养人权利的保障。

二、养老机构对住养人及其送养人义务的履行管理

养老机构对住养人、送养人履行义务享有一定的管理权，源于两个方面的权利。一是债权人的请求权。合同债权债务具有相对性，一方的债务对于相对方而言，即为债权。债权是一种请求权，债权人享有请求债务人履行债务的权利。养老机构作为住养人、送养人履行债务的债权人，享有请求住养人、送养人履行债务的权利，以及在住养人、送养人不履行债务的情况下，要求其承担违约责任的权利。二是维护机构正常服务和管理秩序的权利。正常的服务和管理秩序是所有住养人日常生活所必需，属于住养人的共同利益。为维护住养人的共同利益，养老机构有权要求住养人、送养人遵守养老机构经公示、且具有合法性合理性的相关管理规定。

养老机构全面履行自身义务对防控住养人伤害事故法律风险固然十分重要，但还是不够的。有不少住养人伤害事故是由于住养人或送养人未全面履行义务造成的，或住养人或送养人未全面履行义务是造成事故的部分原因，还有的养老机构因没有固定住养人或送养人未全面履行义务的证据而承担了不应承担的责任。因此，知己知彼，重视和加强对住养人、送养人履行义务的管理具有十分重要的法律意义。

对住养人、送养人履行义务的管理包括但不限于对住养人、送养人履行义务的提醒或提示、督促，以及对未全面履行义务违约责任或减轻机构赔偿责任的主张等。具体管理措施要视义务的类型及未全面履行义务的具体表现等具体情况而定。

(一)未全面履行先合同义务的常见表现及管理措施

住养人、送养人未全面履行先合同义务的表现是多样的，现实中常见的表现是隐瞒住养人的健康状况。对此种行为，建议养老机构采取如下管理措施。

1. 养老机构应借助相关表单让住养人或送养人告知住养人的健康状况。如在老年人能力评估中，借助《老年人能力评估规范》中《疾病诊断和用药情况表》（见表 3-5-1），让住养人或送养人选择所患具体疾病，填写具体用药情况；借助《表 A.5 健康相关问题》，让住养人或送养人选择具体健康情况，涉及压力性损伤、关节活动度、伤口情况、特殊护理情况、疼痛感、牙齿缺失情况、义齿佩戴情况、吞咽困难的情形和症状、营养不良、清理呼吸道无效、昏迷等多个方面。如不借助相关表单让住养人或送养人告知住养人的健康状况，则难以认定住养人或送养人存在隐瞒健康状况或提供虚假情况的故意。

表 3-5-1 疾病诊断和用药情况表

1. 疾病诊断(可多选)
□高血压病 I10~I15　　□冠心病 I25　　□糖尿病 E10~E14　　□肺炎 J12~J18　　□慢性阻塞性肺疾病 J44
□脑出血 160~162　　□脑梗塞 I63　　□尿路感染(30 天内)　　□帕金森综合征 G20~G22
□慢性肾衰竭 N18~N19　　□肝硬化 K74　　□消化性溃疡 K20~K31　　□肿瘤 C00~D48　　□截肢(6 个月内)
□骨折(3 个月内) M84　　□癫痫 G40　　□甲状腺功能减退症 E01~E03　　□白内障 H25~H26　　□青光眼 H40~H42
□骨质疏松症 M80~82　　□痴呆 F00~F03　　□其他精神和行为障碍 F04~F99
□其他(请补充)：
注：疾病诊断后面编码根据 ICD-10(国际疾病分类第 10 次修订本)的诊断编码号

2. 用药情况(目前长期服药情况)			
序号	药物名称	服药方法	用药剂量	用药频率
1				
2				
3				
4				

2. 养老机构应及时固定住养人或送养人所隐瞒的健康信息，即养老机构事后所获知的、住养人在告知前即存在且住养人或送养人不可能不知的健康状况。

3. 养老机构可依法依约行使撤销或解除合同等权利。例如，根据《民法典》第一百四十八条、第一百五十二条的规定，当住养人或送养人隐瞒重要健康状况，导致机构在违背真实意思的情况下实施的民事法律行为，如同意入住、签署合同行为，机构有权请求人民法院或者仲裁机构予以撤销。机构应当自知道或者应当知道撤销事由之日起 1 年内行使撤销权。超过 1 年或自民事法律行为发生之日起 5 年内没有行使撤销权的，撤销权消灭。再如，根据民政部养老服务合同示范文本 9.2.2 款第三项规定，乙方或乙方监护人隐瞒乙方重要健康状况、患有须隔离治疗的传染性疾病或者患有精神疾病等其他不适宜在机构内集中生活的，养老机构可以单方解除合同，并无需承担违约责任。

4. 养老机构可主张减轻自身责任或不承担责任。《民法典》第五百九十二条规定："当事人一方违约造成对方损失，对方对损失的发生有过错的，可以减少相应的损失赔偿额。"第一千一百七十三条规定："被侵权人对同一损害的发生或者扩大有过错的，可以减轻侵权人的责任。"根据上述规定，住养人如出现伤害事故，养老机构自身即使存在过错，也可以住养人或送养人隐瞒病情，且隐瞒病情与住养人伤害事故的发生存在因果关系为由，主张减轻自己的责任。养老机构自身不存在过错的，可根据《民法典》第一千一百六十五条第一款关于过错责任归责原则的规定，主张不承担责任。

（二）未全面履行给付义务的常见表现及管理措施

住养人或送养人未全面履行给付义务常见表现为未按服务合同约定及时足额支付养老服务费用。住养人或送养人及时足额支付养老服务费用是养老机构正常运营和服务的重要保障，进而也是住养人健康和安全的重要保障。对住养人或送养人的此种义务，养老机构可采取如下管理措施：

1. 提醒或提示支付。可在支付期限届满前提醒或提示住养人或送养人履行义务，尤其是有违约可能或曾有违约行为的住养人或送养人，避免出现或再次出现违约行为。

2. 督促支付。对已违约的住养人或送养人，养老机构根据《民法典》五百七十七、五百七十九条的规定或双方合同约定，有权催告住养人或送养人继续支付。此种情况下，建议养老机构以《养老服务费支付催告函》等类似书面形式进行催告，以留存证据，为行使合同解除权利奠定基础。

3. 要求赔偿损失。根据《民法典》第五百七十七、五百八十三、五百八十五条等有关法律规定，对已违约的住养人或送养人，养老机构可要求其赔偿损失。双方对损失赔偿约定违约金的，可根据合同约定要求住养人或送养人支付违约金。如《北京市养老服务合同》约定，违约金比例不得超过逾期支付费用金额的0.03%，违约金总额不超过逾期支付费用金额的30%。《广州市养老机构服务合同示范文本》约定，乙方或丙方逾期支付入住费用或保证金的，每逾期一日应按逾期未付金额的0.05%向甲方支付违约金。

如双方合同对违约金或违约金标准没有约定，根据1999年1月29日《最高人民法院关于逾期付款违约金应当按照何种标准计算问题的批复》(法释〔1999〕8号)、2000年11月21日最高人民法院《关于修改〈最高人民法院关于逾期付款违约金应当按照何种标准计算问题的批复〉的批复》的规定，人民法院可以参照中国人民银行规定的金融机构计收逾期贷款利息的标准计算逾期付款违约金。根据《中国人民银行关于人民币贷款利率有关问题的通知》(银发〔2003〕251号)规定，逾期贷款(借款人未按合同约定日期还款的借款)罚息利率为在借款合同载明的贷款利率水平上加收30%～50%。对逾期贷款，从逾期之日起，按罚息利率计收利息，直至清偿本息为止。对不能按时支付的利息，按罚息利率计收复利。2019年8月20日起，中国人民银行贷款基准利率这一标准取消，中国人民银行授权全国银行间同业拆借中心每月20日发布1年期和5年期以上贷款市场报价利率(LPR)(中国人民银行公告〔2019〕第15号)。自此，人民法院裁判贷款利息的基本标准改为全国银行间同业拆借中心公布的贷款市场报价利率。又根据《最高人民法院关于审理民间借贷案件适用法律若干问题的规定》(2020年修正)，民间借贷利率或逾期利率不得超过合同成立时一年期贷款市场报价利率的4倍。《北京市养老服务合同》关于违约金标准的约定大致为一年期贷款市场报价利率的3倍。《广州市养老机构服务合同示范文本》约定的违约金标准是在一年期贷款市场报价利率4倍基础上大致加收了30%。如果养老机构所使用的示范文本并未对违约金标准作出明确的限制性约定，即可参照上述规则在与住养人、送养人协商一致基础上自行确定违约金的标准。

4. 单方解除合同。双方当事人可以在合同中约定，住养人、送养人不按时足额支付费用为养老机构解除合同的事由，一旦解除合同的事由发生，养老机构即可解除合同，无需经过催告程序。

民政部和北京、上海、广州的养老机构服务合同示范文本皆约定需要经过催告程序，如民政部养老服务合同示范文本 9.2.2 款第一项约定："付款人无故拖欠各项费用超过＿日，经甲方催告后＿日内仍不交纳的，甲方有权解除合同，书面通知乙方搬出养老机构。"民政部和北京、上海、广州示范文本的要求与《民法典》第五百六十三条第一款第三项的规定是一致的，只有在当事人一方迟延履行主要债务，经催告后在合理期限内仍未履行，相对方才能解除合同。要求经过催告程序的目的是再给债务人一次履行债务的机会，尽可能维持该项交易，尽可能避免因消灭该交易而带来的损失。

根据《民法典》第五百六十五条的规定，养老机构主张解除合同的，应当通知对方。合同自通知到达对方时解除；通知载明债务人在一定期限内不履行债务则合同自动解除，债务人在该期限内未履行债务的，合同自通知载明的期限届满时解除。对方对解除合同有异议的，任何一方当事人均可以请求人民法院或者仲裁机构确认解除行为的效力。养老机构未通知对方，直接以提起诉讼或者申请仲裁的方式主张解除合同，人民法院或者仲裁机构确认该主张的，合同自起诉状副本或者仲裁申请书副本送达对方时解除。

5. 主张减轻责任。在住养人或送养人欠费期间，住养人发生伤害事故的，如养老机构对事故的发生也存在过错，养老机构可根据《民法典》第五百九十二条、一千一百七十三条的规定，主张减轻自己的赔偿责任。

另外，住养人如确实符合特困人员供养条件，即无劳动能力、无生活来源且无法定赡养、抚养、扶养义务人，或者其法定赡养、抚养、扶养义务人无赡养、抚养、扶养能力，养老机构可根据《社会救助暂行办法》(2019 年修订)等相关法律规定，指导或协助其或其送养人向其户籍所在地的乡镇人民政府、街道办事处提出特困供养申请，以解决其养老服务费用的支付问题。

(三) 住养人未全面履行附随义务的常见表现及管理措施

住养人的告知、配合、协助、安全注意等附随义务内容繁杂，住养人未全面履行附随义务的现实表现多种多样，如未事先将与自身安全相关的、养老机构未知的个人、家庭或社会关系的异常情况告知养老机构，不同意变更照护等级或服务方案，不遵守养老机构外出管理规定，对自身及他人安全未尽必要注意义务等。对住养人履行附随义务，基本的管理措施包括以下内容。

1. 安全宣传教育。《养老机构服务安全基本规范》7.3.5 款规定，养老机构应对住养人开展安全宣传教育。这既是养老机构的一项强制性义务，也是其对住养人履行附随义务的一项管理措施。住养人即使具有完全或相应的民事行为能力，但由于其身心机能的不同程度的衰退，其认知能力与成年人也往往不可同日而语，其对自身应履行的附随义务未必能全面、准确掌握、理解，因此，加强对住养人履行附随义务的安全宣传教育十分必要。安全宣传教育的方式或措施不一，可以通过在走廊两侧张贴宣传画的方式进行，也可面向住养人定期开展有关安全的健康讲座，还可以纳入住养人手册或服务合同进行告知，也可根据实际多措并举。例如，《北京市养老服务合同》就通过附件 3《养老机构入住须知》和附件 11《安全风险告知书》的形式告知住养人自身应履行的安全注意义务，在《安全风险告知书》中叮嘱住养人要注意自我防范，有效避免意外风险事件发生，并列举了履行安全注意义务的具体措施，见表 3-5-2。

表 3-5-2　住养人履行安全注意义务的具体措施

目的	住养人履行安全注意义务具体措施
预防跌倒	1. 穿戴要合身、合脚，鞋底要防滑，外出或活动时不穿拖鞋。 2. 起床要慢，坐立要稳、弯腰穿鞋要缓。 3. 居室物品放置位置固定、安全的地方，注意观察身边的环境和障碍物，行动要慢，尤其在转身和拐弯时要特别注意。 4. 在光线暗、光滑或不平的地面行走，以及上下台阶时，要小心谨慎。遇到雨、雪、大风等恶劣天气，尽量避免外出。 5. 使用特殊药物或高危药品(如退烧药、降压药、降糖药、睡眠诱导剂、抗心律失常、抗惊厥、抗焦虑、利尿剂等)时，请听从护理人员的建议，切勿私自服用。 6. 请遵守我院的作息时间，配合照料护理计划的执行。如有需求(包括二便)请及时呼叫护理人员协助
预防坠床	根据院内管理要求放置床挡，不私自拆卸床挡；白天活动时，一侧加床挡；夜间或睡觉时，二侧均要加床挡保护

续表

目的	住养人履行安全注意义务具体措施
预防走失	1. 请听从代理人和服务人员的嘱咐，不要独自外出；如需外出时，请通知家人陪同，并随身携带手机便于联系。 2. 请做好请假、销假登记，如不能按时回院，请电话告知我院
预防呛咳、噎食	1. 请根据身体状况适量饮水，保持口腔湿润；吃饭/喝水时，要坐起来，或者半卧位(上身与床的角度≥30°)。 2. 进餐时注意力要集中，不要说笑吵闹，不要看电视；吃饭、喝水要慢，每口食物不宜过多，一般以汤匙的1/3食物为宜，稀稠交替，细嚼慢咽。 3. 要吃较软、易消化的食物，避免吃干的或粘性的食物。 4. 坚持做吞咽保健操
预防压疮	1. 如果您长期卧床或者坐轮椅，请经常查看皮肤情况，如皮肤发红或者破损，请及时告知护理人员；轮椅座位上需增加4~5厘米厚的海绵垫，且每15分钟抬起身体一次，变换身体着力点；卧床时，至少每2小时翻身一次，更换体位，避免骶尾部长时间受压，可使用充气床垫。 2. 内衣穿着要柔软、棉质、宽松，且勤更换内衣。 3. 床铺要保持清洁、干燥、平整；尽量多活动，不能下地活动的，可在床上进行适当的活动或在护理人员的协助下被动运动，促进血液循环。 4. 适当加强营养，以保持良好身体状况

　　2. 及时发现与劝阻。及时发现与劝阻是指及时发现与劝阻住养人不履行附随义务的行为。唯有及时发现才能及时劝阻。养老机构服务人员或管理人员要勤于沟通，善于观察，随时了解住养人的精神心理状态和言行举止，及时发现住养人不履行附随义务的行为，如丢开拐杖行走，擅自使用明火或大功率电器，违规在生活、活动区域吸烟，携带危险、有毒、易燃、易爆物品入院，擅自使用刀具等利器，侮辱或谩骂其他住养人等。及时发现后，机构服务人员或管理人员应第一时间予以劝阻，避免伤害事故的发生。劝阻有口头、书面、行为等形式。对住养人危险性较高的不履行附随义务行为或口头劝阻无效的，宜采用《安全提示》《安全告知》或《劝告函》等书面形式劝阻，以引起住养人的重视，并有利于固定证据，一旦出现事故，便于分清是非和责任。

需要注意的是，劝阻时应有耐心，态度应温和，不得以侮辱、谩骂、讽刺等粗暴态度进行劝阻，在住养人未正在对他人实施伤害行为时，也不得以强制性的行为方式进行劝阻，避免触及"虐待被看护人"的法律红线。

另外，需要住养人遵守的规章制度或配合的服务措施也应合法合理。例如，不得要求认知症住养人不能离开居室，绝不能在休息时段将其"一锁了之"。再如，对有多年吸烟经历且经劝解没有戒烟意愿的住养人，不宜强制要求其戒烟，不能"一禁了之"，而应与其沟通，确定好香烟、火种的保管人、供给人以及吸烟时间、吸烟地点等。

3. 致使不能实现合同目的时可解除合同。一方当事人不履行附随义务，对方当事人原则上不得解除合同，但一方当事人不履行附随义务致使不能实现合同目的(即根本违约)时，根据《民法典》第五百六十三条第一款第四项的规定，对方当事人仍然有权解除合同。那么，什么样的情况属于"致使不能实现合同目的"？

民政部养老服务合同示范文本9.2.2款第二项也规定，乙方严重违反甲方的规章制度，造成甲方难以履行对乙方的养老服务，或造成其他入住老人伤害或现实性伤害危险的，甲方可以单方解除，并无需承担违约责任。

《北京市养老服务合同》9.3.2、9.3.3款约定，乙方拒不配合，导致甲方的运营秩序无法正常维持的；乙方具有暴力倾向等人身危险的；乙方无法适应集体生活或者出现不适宜继续入住的其他情况的；乙方对评估结果有异议，自行向有资质的第三方机构申请复评，根据复评结果，仍需要调整乙方相应的照料护理等级、服务内容和服务费用，但乙方拒绝签署《变更事项确认表》，或者乙方对评估结果有异议，但又不自行向有资质的第三方机构申请复评的；如果根据乙方健康状况的变化，不调整服务项目将导致乙方的健康安全无法保障的，在甲方提出变更的服务方案后，乙方拒绝变更服务方案的；针对上述情形，甲方有权解除本合同。

上海市的示范文本第九条第一款、第六条第七款、第八条第二款约定，乙方不配合甲方的正常服务和管理，不遵守甲方制定的规章制度；乙方对评估结果有异议的，自行向第三方评估机构申请复评，根据复评结果仍需要调整乙方相应的照护等级、服务内容和服务费用而乙方不同意变更合同有关内容的；针对上述情形，甲方有权解除合同。

广州市的示范文本第八条 1.1、2.2 款约定，如果根据乙方健康状况的变化以及护理等级的评估结果，不调整服务项目将导致乙方的健康安全无法保障的，甲方提出变更的服务方案后，乙方既不同意，也不接受实际服务；乙方严重违反甲方的规章制度，造成甲方难以履行对乙方的养老服务，或造成其他入住老人伤害或存在可能造成他人伤害危险；针对上述情形，甲方有权解除合同。

根据上述法律和示范文本的规定，当住养人不履行附随义务的行为，已确实表明其"无法适应集体生活"或导致养老机构难以履行对其服务或无法正常维持运营秩序，或造成了其他入住老人伤害或现实性伤害危险，或不同意变更照护等级或服务项目导致住养人健康安全无法保障，应理解为达到了"致使不能实现合同目的"的程度，养老机构是可以单方解除合同的。

4. 主张减轻责任或不承担责任。因住养人未全面履行附随义务发生伤害事故的，如养老机构对事故的发生也存在过错，养老机构可以住养人存在违约或过错主张减轻自己的赔偿责任。如养老机构不存在过错，可主张不承担责任。

住养人的附随义务涉及其衣、食、住、行、医、康、养、护、用、乐等生活的方方面面，内容繁杂，形式多样。对其的管理，更需要针对某项义务的具体内容、特点及住养人具体身心状况等采取针对性、个性化的管理措施。如住养人拒绝参加机构组织的体检活动，机构对此只要固定已通知住养人参加、但住养人拒绝参加的事实即可。从法律上而言，养老机构没有权利也无义务要求住养人必须参加。如机构与住养人、送养人事先约定自行外出、身心条件具备自行外出能力的住养人，在外出时拒不履行登记等外出手续，机构只要固定事先约定及住养人拒绝办理外出手续的事实即可，养老机构没有权利也无义务禁止住养人外出，但前提是住养人确有自行外出能力且事先已有自行外出约定。如住养人为无民事行为能力人，不具有履行附随义务的能力，则不应再请求其履行附随义务，养老机构则应承担更重的安全注意和安全保障义务。

(四)送养人未全面履行附随义务的常见表现及管理措施

送养人未全面履行附随义务的常见表现有：通讯地址和联系方式变化时未及时通知机构；住养人确需变更照护等级或服务方案，但不同意变更；未及时为住养人送药和提供生活用品；任由老年人不遵守养老机构规章制度、不接受服务和管理、不爱护服务设施、不与其他老年人和谐相处、不遵守医嘱等，对住养人不尽劝导义务；不遵守机构探视规定，携带香烟、火种给住养人，或语言和行为给住养人心理造成不良影响但在离开时未告知机构；经机构通知，在住养人非突发危重疾病或伤害事故时，拒绝或迟延带住养人就医；对有自杀、自伤或暴力倾向的住养人，无客观理由未协助机构对住养人进行心理安抚；对外出走失的住养人，能协助寻找而不协助。针对送养人不履行附随义务的常见表现，养老机构可采取如下管理措施。

1. 告知义务。养老机构宜通过签署合同、合同解释、日常沟通、召开家属参加的民主管理委员会或召开家属会等多种方式告知送养人应负的附随义务。养老机构或机构养老在我国由来已久，在南北朝时期即有"独孤院"，唐代有"悲田院""济病坊"北宋有"福田院""居养院"，南宋有"养济院"。人口老龄化社会之前，即 2000 年之前的养老机构，收养的主要是孤苦无依的老人，按目前说法是"三无"老年人。① 当时的机构养老所体现的主要是政府供养关系，并非严格意义上的社会化养老。2000 年以来，机构养老作为社会化养老的重要内容进入人们的日常生活，但截至目前，才短短 20 余年的时间，人们对这种养老模式下法律关系的认识还并未成熟。现实中有很多家属或送养人就认为，一旦将老年人送入养老机构，养老机构就应提供老年人需要的服务；送养人除了支付费用外，就没有其他责任了。殊不知，送养人除了按合同约定支付费用外，还有其他义务。这是现实中一些送养人未全面履行附随义务的原因之一。因此，通过各种方式告知送养人所负的先合同义务、附随义务、减损义务、后合同义务以及未纳入服务合同的赡养、扶养义务或监护职责，具有重要的法律意义。唯有熟知义务，才谈得上履行义务。

2. 通知或催告履行。住养人在机构住养期间，送养人对住养人的某些情况并不能随时掌握。住养人出现的不遵守养老机构规章制度、不接受服务和管理、不爱护服务设施或不与其他住养人和谐相处等一些异常情况，以及出现的慢性病加重、自杀(伤)或杀(伤)人倾向、外出未归等紧急情况，如养老机构未通知送养人，送养人可能并不知情，就谈不到履行相应的附随义务。因此，养老机构发现上述或类似上述情况应及时通知送养人，以便送养人及时履行义务。虽然一些情况并非异常或紧急情况，送养人也并非不应知情，如住养人日常所需药品即将

---

① 潘春华. 略说古代养老院. 中国人力资源社会保障，2021(10)：60-61.

用完，此时，养老机构也宜提前通知送养人(住养人、送养人委托机构代购药品或机构提供医疗服务的除外)，以避免因送养人延误送药给住养人的病情带来不利影响。当送养人存在未履行附随义务且意外事故还未发生时，养老机构宜及时催告送养人继续履行。通知或催告送养人可采用打电话、发短信、微信语音留言、寄送通知等多种方式。无论采用哪种方式，只要能够保留必要痕迹即可。养老机构通知或催告送养人履行附随义务，首要目的是为了保障为住养人提供的服务质量，维护住养人的生命和健康权益；同时，也能及时固定送养人履行附随义务情况的证据，一旦住养人因此出现伤害事故，便于分清是非和责任。

3. 致使不能实现合同目的时解除合同。如前文所述，当送养人的不履行附随义务的行为达到了"致使合同目的不能实现"的程度，养老机构可以解除合同。

《北京市养老服务合同》9.3.2、9.3.3款约定，丙方拒不配合，导致甲方的运营秩序无法正常维持的；丙方对评估结果有异议，自行向有资质的第三方机构申请复评，根据复评结果，仍需要调整乙方相应的照料护理等级、服务内容和服务费用，但丙方拒绝签署《变更事项确认表》，或者丙方对评估结果有异议，但又不自行向有资质的第三方机构申请复评的；如果根据乙方健康状况的变化，不调整服务项目将导致乙方的健康安全无法保障的，在甲方提出变更的服务方案后，丙方拒绝变更服务方案的；甲方有权解除本合同。

上海市的示范文本第九条第一款、第五条第一款约定，乙方出现机能进行性衰退、认知能力下降、精神异常导致行为不能自主，危及自身或他人安全的，丙方不同意甲方采取必要的安全保护措施的，甲方有权解除合同。

广州市的示范文本第八条1.1款约定，如果根据乙方健康状况的变化以及护理等级的评估结果，不调整服务项目将导致乙方的健康安全无法保障的，甲方提出变更的服务方案后，丙方不同意变更，乙方也不接受实际服务的，甲方有权解除合同。

根据《民法典》第五百六十三条第一款第四项和示范文本的规定，当送养人不履行附随义务的行为，导致养老机构无法正常维持运营秩序，或不同意采取必要安全保护措施危及住养人自身或他人安全的，或不同意变更照护等级或服务项目导致住养人健康安全无法保障的，应理解为达到了"致使不能实现合同目的"的程度，养老机构是可以单方解除合同的。民政部养老服务合同示范文本没有约定达到这种程度的送养人不履行附随义务的情形。

4. 主张减轻责任或不承担责任。因住养人未全面履行附随义务发生伤害事故的，如养老机构对事故的发生也存在过错，养老机构可以住养人存在违约或过错主张减轻自己的赔偿责任。如养老机构不存在过错，可主张不承担责任。

（五）未履行减损义务的常见表现及管理措施

住养人身心不适或患病或出现事故后，住养人本人不及时就医、在治疗期间不遵守医嘱、不配合治疗的现象较少，未履行减损义务常常表现为送养人对住养人的治疗存在懈怠（延误或拒绝等），最终导致住养人的损失扩大。针对此种表现或情况，养老机构可采取如下管理措施。

1. 主动和应对方要求，在自身应承担责任范围内可先行垫付住养人治疗费用，避免因自身过错造成送养人无法及时履行减损义务，进而对此与送养人共同承担责任。

2. 可根据实际情况，通过与送养人沟通、到医院探望、要求提交住养人病历资料复印件（协商赔偿或住养人返院时可要求）等不同方式跟踪住养人的治疗情况，如发现有治疗懈怠情况，宜及时固定。

3. 在诉讼过程中，可查阅对方已提交的住养人病历资料；如对方未提交，可申请法院调取住养人病历资料，也可由代理律师向法院申请律师调查令进行调查。通过调查收集、查阅住养人病历资料，审视送养人有无违反减损义务事实。

4. 如送养人存在违反减损义务事实，可主张减轻自身责任。

（六）未全面履行后合同义务的表现及管理措施

送养人未履行后合同义务，表现为养老服务合同因到期、解除、住养人去世等原因而终止后，不及时办理出院手续，不及时将住养人接走或办理去世善后事宜。有送养人的住养人，较少有住养人原因在合同到期、解除后，不搬离的。无送养人的住养人，在合同终止后，存在不能搬离或不能及时搬离，或没有他人及时主动帮助处理去世善后事宜的问题。

针对送养人不全面履行后合同义务的问题，养老机构可采取如下管理措施。

1. 合同因到期终止的，在到期前，养老机构宜提前告知住养人、送养人不再续签合同，如送达《不予续签通知书》，以便送养人做好搬离的各项准备。

2. 合同因到期、解除终止的，宜提前通知送养人办理出院手续、接走住养人的时间以及到期不接走的法律后果。

3. 合同终止后，送养人拒不接走住养人的，养老机构有权提起诉讼，请求法院确认合同终止、责令送养人将住养人接离机构。法院判决后，如送养人不主动履行法院判决，养老机构可向法院申请强制执行，如送养人仍不按法院执行通知执行，根据《中华人民共和国民事诉讼法》（2023 年修正）第二百六十六条、第一百一十四条，《最高人民法院关于适用〈中华人民共和国民事诉讼法〉的解释》（2022 年修正）第五百零三条、五百一十六条，《最高人民法院关于适用〈中华人民共和国民事诉讼法〉执行程序若干问题的解释》（2020 年修正）第二十六条等规定，法院根据情节轻重可以对其采取或者通知有关单位协助采取如下强制措施：在征信系统记录、纳入失信被执行人名单、限制出境、通过媒体（报纸、广播、电视、互联网等）公布其不履行义务信息、将其不履行义务的信息向其所在单位通报、罚款或拘留等。有能力执行而拒不执行，情节严重（如致使养老机构遭受重大损失）的，根据《刑法》第三百一十三条、《最高人民法院关于审理拒不执行判决、裁定刑事案件适用法律若干问题的解释》（2020 年修正）第二条等规定，构成拒不执行判决、裁定罪，处 3 年以下有期徒刑、拘役或者罚金；情节特别严重的，处 3 年以上 7 年以下有期徒刑，并处罚金。

民政部和北京、上海、广州的养老机构服务合同示范文本皆没有约定，在合同终止后、送养人未及时将住养人接离的情况下，养老机构有权将住养人安全护送至住养人成年近亲属在场的住养人或送养人住处，护送费用由住养人、送养人承担。之所以没有如此约定，本书认为，示范文本关注的主要是住养人的安全问题，并不是如此约定有违法律规定。合同终止后，住养人在送养人协助下搬离养老机构是住养人、送养人的法定义务，在住养人、送养人不履行义务情况下，养老机构代为履行，并不违反法律，也没有违背公序良俗。当然，护送时应高度注意住养人的安全问题，要有证据能够表明，住养人在离开机构时、在路途中、在回到住处时并没有受到伤害；回到住处时，有住养人的成年近亲属在场。

4. 要求对方承担责任或减轻自己责任。送养人未履行后合同义务，应当承担相应违约或侵权责任，如北京市示范文本 11.7 款约定：本合同期满终止、被依法解除或者不定期服务关系被解除后，乙方既未搬离甲方又不支付服务费用的，应当自合同期满终止、被解除或不定期服务关系被解除的次日起，按照养老服务费每日金额的 2 倍向甲方支付房屋占用费。造成甲方经济损失的，乙方和丙方还应当赔偿损失。另外，在住养人滞留养老机构期间发生伤害事故的，养老机构有过错的，养老机构也可主张减轻自身的赔偿责任。

5. 住养人在住养期间去世的，双方服务合同自动终止，如养老机构无法与送养人取得联系，或送养人怠于或拒绝处理善后事宜的，养老机构应及时联系殡仪馆，妥善保存遗体。后续遗体的处理、丧事的办理等事宜，送养人仍有义务负责。

合同终止后，无送养人的住养人的后合同义务的履行往往成为难题。对此，养老机构可采取如下管理措施。

1. 如收住无送养人的老年人，宜更加重视老年人的自理能力状况，宜审慎处理合同期限长短问题。合同终止后，无送养人的住养人如身体状况良好，具有自理能力，具有搬离机构并安排后续生活的能力，则要求其搬离不违公序良俗，能够得到法律的支持。如合同终止时，住养人已无生活自理能力，又无法定赡养或扶养义务人或监护人，或法定赡养或扶养义务人无赡养或扶养能力，法院难以判决支持机构的搬离请求，因即使判决，也无法执行。

2. 针对合同终止后，无生活自理能力住养人无法自行搬离机构的客观现实，养老机构可综合考虑机构运营定位、住养人经济状况等各种因素，在双方自愿、平等、协商一致基础上，与住养人签署遗赠扶养协议或终身照护协议，一揽子解决住养人的生养死葬事宜。

3. 未与住养人签署遗赠扶养协议或终身照护协议的，可根据实际建议住养人办理丧事承办授权委托。未与住养人签署遗赠扶养协议或终身照护协议，住养人生前又无丧事承办授权委托的，无送养人的住养人住养期间去世的，首要的问题是确定其丧事承办人。目前仅有部分地方法规对此作出过规定，如《江苏省殡葬管理条例》（2021 年通过）第十六条规定："逝者继承人为逝者丧事承办人。没有继承人的，逝者的遗赠扶养人、愿意承办丧事的其他亲属、生前的供养机构、生前所在单位或者最后居住地的村民委员会、居民委员会为丧事承办人。逝者生前约定丧事承办人的，从其约定。"《盘锦市殡葬管理条例》（2020 年通过）第二十五条规定："逝者有遗属的，遗属是其丧事承办人；没有遗属的，其遗赠抚养人、供养机构、生前所在单位或者临终居住地的村（居）民委员会是其丧事承办人。按照前款规定无法确定丧事承办人的，遗体由民政部门按照有关规定处理。"除江苏省、盘锦市等少数地方外，国务院发布的《殡葬管理条例》（2012 年修订）对丧事承办人没有规定，北京、天津、哈尔滨等较多地方的殡葬管理条例对此也付之阙如。

丧事承办人是办理逝者遗体火化、骨灰处理等去世善后事宜并支付相关费用的主体。不确定丧事承办人，去世善后事宜就无法开展。首先，逝者的继承人或近亲属与逝者具有法律上的直接或间接利害关系，是逝者的丧事承办人。按照《民法典》的规定，逝者生前有遗嘱的，其遗嘱确立的继承人为其继承人。逝者生前没有遗嘱，或者按遗嘱继承后，其还有遗产的，则由其法定继承人继承。逝者的第一顺序法定继承人为其配偶、子女、父母；第二顺序法定继承人为其兄弟姐妹、祖父母、外祖父母；逝者的子女先于逝者死亡的，由逝者子女的直系晚辈血亲代位（代逝者子女）继承；逝者的兄弟姐妹先于逝者死亡的，逝者兄弟姐妹的子女代位（代逝者兄弟姐妹）继承；丧偶儿媳或女婿对逝者尽了主要赡养义务的，作为第一顺序继承人；继承开始后，由第一顺序法定继承人继承，第二顺序法定继承人不继承，没有第一顺序法定继承人继承的，由第二顺序法定继承人继承。根据《民法典》第一千零四十五条的规定，逝者的配偶、父母、子女、兄弟姐妹、祖父母、外祖父母、孙子女、外孙子女为其近亲属。逝者的近亲属不仅与逝者具有法律上的利害关系，如果因住养人的死亡，逝者的近亲属与养老机构存在争议，根据《最高人民法院关于审理人身损害赔偿案件适用法律若干问题的解释》（法释〔2022〕14号）第一条的规定，逝者的近亲属作为死亡受害人的赔偿权利人，有权起诉请求养老机构赔偿损失。此种情况下，其同养老机构也具有法律上的利害关系。因此，如住养人具有继承人或近亲属，养老机构应第一时间联系其继承人或近亲属处理其去世善后事宜（养老机构宜提前掌握其继承人或近亲属的联系信息）。

如住养人没有继承人或近亲属，根据《江苏省殡葬管理条例》第十六条、《盘锦市殡葬管理条例》第二十五条的规定及各地的实际做法，则住养人的其他亲属为其丧事承办人。养老机构应及时联系住养人的其他亲属处理其去世善后事宜（养老机构宜提前掌握其他亲属的联系信息）。没有其他亲属的，哪些人或哪些单位能做丧事承办人，则要视当地的要求而定。如在江苏省或盘锦市，作为住养人生前供养机构的养老机构也可作为其丧事承办人，但很多地方并没有规定养老机构可作为丧事承办人。

无送养人的住养人去世后，如没有丧事承办人或无法联系到丧事承办人，其丧事该如何处理？目前国家法律和大多数地方法规对此还没有明确规定。《江苏省殡葬管理条例》第十九、二十、二十一、二十二条规定：①对正常死亡、身份确认的逝者遗体，一般应当在 7 日内火化；无法联系到丧事承办人，殡仪馆在当地主要媒体公告满 60 日的，可以在报告当地民政部门后，按照相关程序和礼仪火化遗体，并将相关影像资料存入业务档案；②对非正常死亡、身份确认的逝者遗体，有关部门根据工作需要可以向殡仪馆书面提出保留遗体的意见并明确保存期限，保存期限一般不得超过 3 个月，因特殊案情需要保存的除外；无保留遗体通知或者有关部门通知的遗体保存期限届满，无法联系到丧事承办人，殡仪馆在当地主要媒体公告满 180 日的，可以在书面告知有关部门并向当地民政部门报告后，按照相关程序和礼仪火化遗体，并将相关影像资料存入业务档案；③对不能确认身份的逝者遗体，殡仪馆凭死亡证明、移交遗体的公安机关同意火化确认书，按照相关程序和礼仪火化遗体，并将相关影像资料存入业务档案；④无人认领的骨灰在殡仪馆存放超过 2 年的，殡仪馆应当在当地主要媒体发布公告通知认领，自公告之日起 60 日内无人认领的，可以在向当地民政部门报告后，按照生态安葬方式安葬，并将相关资料存入业务档案。《盘锦市殡葬管理条例》（2020 年通过）第二十七、二十八条规定：遗体应当自运至殡仪馆后 7 日内火化；对无法联系到丧事承办人的，殡仪馆、相关部门应当在本市主要媒体公告 60 日，公告期限届满仍不办理或者无人认领的，经公安机关基因生物检材取样保存后，将遗体火化，骨灰寄存在殡仪馆；无人认领的骨灰在殡仪馆、公墓、骨灰堂存放超过 2 年的，存放单位应当在本市主要媒体公告 60 日，公告期限届满无人认领的，按照节地生态安葬方式安葬，并将安葬情况存档。

第六节　加强服务合同的中止管理

《民法典》未明确界定合同中止的概念。《民法典》第五百二十七、五百二十八、五百二十九条有"中止履行"的明确表述。《民法典》第五百二十七、五百二十八条规定，应当先履行债务的当事人，有确切证据证明对方有经营状况严重恶化、丧失商业信誉、转移财产或抽逃资金以逃避债务等丧失或者可能丧失履行债务能力的情形时，可以中止履行，对方提供适当担保的，应当恢复履行。《民法典》第五百二十九条规定："债权人分立、合并或者变更住所没有通知债务人，致使履行债务发生困难的，债务人可以中止履行或者将标的物提存。"根据上述规定分析，合同中止是债权债务的暂停，而不是债权债务的终止或消灭。此亦为合同中止与合同终止的基本区别。

《民法典》第五百二十七、五百二十八、五百二十九条规定的是合同中止的法定事由或原因。因法定事由中止合同的，可称为法定中止。法定中止不需要双方关于中止的合意。根据民法自愿原则，在不违反法律、行政法规的强制性规定，不违背公序良俗的情况下，当事人当然也有权约定合同中止。当事人约定中止的，可称为约定中止，需有双方关于中止的合意。合同中止的事由有的是来源于债权人的事由，如《民法典》第五百二十九条的规定；有的是来源于债务人的事由，如《民法典》第五百二十七、五百二十八条的规定；有的是来源于债权人债务人之外的事由，如根据《民法典》第五百九十条的规定，当事人一方因不可抗力不能履行合同的，在不符合"致使不能实现合同目的"情形、双方又未达成变更或解除合同合意的，也会导致合同的中止。合同中止有全部债权债务的中止，即合同全部中止，也不排除部分债权债务的中止，即合同部分中止。

养老机构对养老机构服务合同中止的管理，应注意以下问题。

一、非住养人离院事由不得中止合同

住养人离院是指服务合同期限内，住养人暂时离开养老机构，暂停接受服务的行为。住养人暂时离开养老机构，但不会导致服务暂停的，不是严格意义上的离院，如具有自理能力的住养人，上午到养老机构周边公园散步1小时，之后回来参加机构活动或就餐，并没有导致双方合同确认的机构对其服务项目的暂停；再如，养老机构组织住养人外出活动，住养人虽暂时离开了养老机构，但养老机构对其的服务并没有停止。住养人离院不同于出院或退院。出院或退院，是合同终止后住养人离开养老机构的行为。在出院或退院前，已经发生了合同的终止。

现实中，住养人离院最常见的原因是请假行为，如请假回家、探亲或旅游等。因请假导致的合同中止，为约定中止，需双方形成请假的合意。约定中止未必仅请假一种事由，因其他原因，双方亦可约定中止合同，只要该约定不违法律、行政法规的强制性规定和公序良俗原则，符合民事法律行为的要件，即具有法律效力。住养人伤害事故或突发疾病外出就医，或住养人意外走失，也会使住养人事实上处于离院的状态。对住养人的意外走失，养老机构有应急救助或寻找的义务，如机构存在过错，机构还需承担损失赔偿等民事责任，但并不能排除自走失至住养人回院或合同终止(因住养人走失后去世或双方解除合同)期间的合同部分中止事实，因为此期间养老机构的住宿、护理、膳食等服务事实上处于暂停状态。因住养人伤害事故或突发疾病外出就医，住养人意外走失导致的合同中止，非约定中止，并不需要双方达成中止合同的合意。

由老年人照护需求的持续性或养老机构服务合同基本属性所决定，或民法公序良俗原则所要求，非住养人离院事由或住养人在院期间，养老机构不得中止合同。比如，住养人或送养人存在欠费等违约行为，养老机构可以追究住养人或送养人继续履行、赔偿损失等违约责任，但不得依据《民法典》第五百二十七、五百二十八条的规定行使先履行抗辩权，中止履行合同。又如前文所述，即使养老机构因变更或终止等原因拟暂停或终止服务，如老年人需要安置，也须在妥善安置老年人后才能暂停或终止服务；在暂停或终止服务前，不得中止合同或中途停止对住养人的照护服务。《养老机构管理办法》第三十五条规定："养老机构终止服务后，应当依法清算并办理注销登记。"意即养老机构只有在终止服务后，才能进入清算、注销程序。在清算、注销前，不得暂停或中止对住养人的照护服务。

二、应健全并办理合同中止手续

首先，约定中止的双方应形成合意，明确合同中止具体事由、中止的起始与结束时间等，并留有痕迹，如请假条(见表3-6-1)、补充协议等书面材料，或电话录音，或于相关信息系统填报的数据材料，避免因退费数额产生争议。在医养结合机构，在住养人请假就医、由养老床位转入医疗床位时，合同中止手续还需处理好医养互换、医疗床位费、护理费与养老床位费、护理费的关系问题。

住养人因伤害事故、突发疾病离院就医的，因事发突然或紧急等原因，住养人或送养人一般不会作出是否返院的意思表示，养老机构宜适时询问住养人或送养人就医结束后是否返院，并保留沟通记录。住养人或送养人明确表示不再返院的，其作出表示之前，按合同中止对待；其作出表示之后按其解除合同对待(根据《民法典》等关于委托合同的法律规定，作为消费者的委托人是可以随时解除的)；住养人或送养人明确表示返院的，离院至返院期间，按合同中止对待；住养人或送养人不作表示或表示仍不明确的，离院超过一定时间的，养老机构可解除合同。养老机构适时询问住养人或送养人就医结束后是否返院，主要目的是尽

表 3-6-1　请假条（示例）

×××养老中心
请　假　条

请假人：＿＿＿＿＿　房间号：＿＿＿＿＿　床号：＿＿＿＿＿　联系电话：＿＿＿＿＿

是否携带写有联系方式的相关证件或卡片：　□是　　□否

请假时间：＿＿＿＿年＿＿月＿＿日＿＿时＿＿分至＿＿＿＿年＿＿月＿＿日＿＿时＿＿分

请假原因：

目的地相关人员联系电话：

预计返回时间：＿＿＿＿＿＿年＿＿月＿＿日＿＿时＿＿分

陪伴家属：＿＿＿＿＿＿＿　陪伴家属电话：＿＿＿＿＿＿　与住养人关系：＿＿＿＿＿＿

留餐：□是　　□否　　　　　留餐时段：＿＿＿＿月＿＿日＿＿＿＿＿＿餐

请假人签字或按手印：　　　陪伴家属签字：　　　　　＿＿＿＿＿年＿＿月＿＿日

批准人签字：　　　　　　　　　　　　　　　　　　　＿＿＿＿＿年＿＿月＿＿日

销假（返院）时间：

销假人签字或按手印：　　　陪伴家属签字：

可能减少因合同中止造成的损失，如确定住养人不再返院，养老机构可将该住养人床位、责任护理员等作出另行安排。《民法典》第五百九十一条规定："当事人一方违约后，对方应当采取适当措施防止损失的扩大；没有采取适当措施致使损失扩大的，不得就扩大的损失请求赔偿。"养老机构未适时询问的，不得就扩大的损失要求住养人或送养人赔偿。何谓"适时"，宜根据实际情况合理确定，比如待住养人病情稳定后。但如双方合同约定住养人连续请假外出超过一定期限，养老机构可以单方解除本合同的，询问时间不应超过约定的该期限。

对住养人意外走失的情况，根据《民法典》第五百九十一条的规定，养老机构也宜尽可能缩短合同中止期限，尽可能减少因合同中止带来的损失。如合理期限后，寻找住养人未果，除非送养人明确表示要为住养人保留房间或床位的，养老机构宜对该住养人床位、责任护理员等作出另行安排。

其次，对住养人请假离院应尽必要安全保障义务。如前文所述，根据《民法典》第一千一百九十八条、《消费者权益保护法》第十八条等有关法律和相关标准的规定，养老机构对住养人的人身安全具有法定的安全保障义务。在住养人请假离院事宜上，其一，养老机构应尽危险识别义务。按照服务精准性的要求，养老机构应在对住养人能力评估和服务安全风险评估的基础上，对住养人能否自行请假离院，还是需由家属或他人陪伴，作出判断与建议，并在与住养人、送养人沟通基础上作出约定，如表3-6-2。住养人身心状况发生明显变化需要变更约定的，应及时变更。住养人身心状况允许，双方约定住养人能够自行请假离院的，养老机构应掌握住养人请假原因，以判断住养人本次离院是否具有风险。其二，应尽危险规避、降低义务。如双方约定，住养人可自行离院外出，但应根据请假原因，规避或排除由此带来的无法防控的风险。如住养人请假独自去外地爬山，养老机构应判断出，住养人独自去外地爬山具有极大风险，超出了住养人安全注意或风险防控的能力或范围，应劝阻住养人单独去外地爬山。必要时应联系送养人或其他家属陪同，或养老机构条件允许时派人陪同（经住养人、送养人同意，可另行收取适当费用），以降低风险。其三，应为应急救助提供可能。如离院时让住养人携带写有联系方式的相关证件或卡片，或佩戴自动定位手环，掌握住养人预计返院时间，一旦知道住养人存在危险，便能启动应急预案，采取应急救助措施。

表3-6-2 请假离院外出事宜授权委托单（示例）

住养人姓名		照护等级	
甲方 告知	1. 住养人外出，具有不可预测安全风险，要对自身安全尽到高度注意义务，预防跌倒、绊倒、滑倒、坠水以及交通事故等。 2. 自理住养人，具有完全民事行为能力，院方不能禁止其履行登记手续后自主决定外出。 3. 肢体功能轻度障碍（介助）住养人外出，建议由家属或家属委托他人陪伴。思维功能障碍和介护住养人外出需由他人陪伴。 4. 住养人外出如不能按期返回，应当提前告知院方。 5. 根据相关法律、行业标准和入住协议，院方对住养人外出没有陪伴义务。 6. 即使签署此附件时住养人和丙方对住养人外出陪伴人有所限定，但合同履行期间神志清楚的住养人坚持由其认可的其他亲友陪伴或接其外出，视为住养人对此附件约定的变更。涉及住养人人身自由，甲方对住养人外出无禁止的权利		

授权 委托	住养人及家属知悉、认可甲方告知，选择＿＿＿＿＿＿＿＿ ①住养人可自主决定并可独自外出，无需家属陪伴，无需告知家属。 ②住养人不能独自外出，外出时需联系家属，由亲友陪伴。未有以下亲友陪伴，住养人不能独自外出，甲方不得同意住养人独自外出。 A. 姓名：　　　与住养人关系：　　　电话：　　　现居住地： B. 姓名：　　　与住养人关系：　　　电话：　　　现居住地： C. 姓名：　　　与住养人关系：　　　电话：　　　现居住地： D. 姓名：　　　与住养人关系：　　　电话：　　　现居住地： E. 外出时神志清楚的住养人同意的住养人的任一近亲属[配偶、子女、(外)孙子女、或兄弟姐妹] ③住养人不能独自外出，外出时需有人陪伴，陪伴人为外出时神志清楚的住养人同意的任一亲友。 ④其他方式：＿＿＿＿＿＿＿＿＿＿＿＿＿＿ (如无，请填写"无"或划"/"线，不留空白) 乙方签名或按手印：＿＿＿＿＿＿＿＿ 丙方签名：＿＿＿＿＿＿＿＿＿＿ 　　　　　　　　　　　　　　＿＿＿年＿＿月＿＿日
变更	乙方(乙方监护人)、丙方于＿＿＿＿＿年＿＿＿月＿＿＿＿日自主决定将上述选项＿＿＿＿修改为选项＿＿＿＿＿＿。签名：
备注	

再次，住养人离院和返院时，可根据需要其身体状况作出必要判断，并请住养人、送养人签名确认，见表3-6-3、表3-6-4。一旦住养人在离院或返院前后发生骨折、压疮、外伤等事故，能够判断事故是否发生在养老机构，以便分清是非与责任。

表 3-6-3 离院小结(示例)

姓名		性别		年龄		房间号	
床号			离院日期				
离院原因	请假□ 外出就医□ 其他□_____						
离院时身心健康状况	老人离院时_____(有或无)外伤,_____(有或无)压疮,_____(有或无)疼痛感, 体温_____血压_____心率_____脉搏_____						
离院后照料建议							
院方人员签字: 日期: 年 月 日							
住养人及送养人意见: 以上情况,是否属实:_____(请客观、如实填写"是"或"否"),如不属实,您的理由是_____ 住养人签字或按手印: 送养人签字: 日期: 年 月 日							

表 3-6-4 返院时住养人身体健康状况确认单(示例)

姓名		性别		年龄		房间号	
床号			返院日期				
返院时身心健康状况	_____(有或无)外伤,_____(有或无)压疮,_____(有或无)疼痛感 体温_____血压_____心率_____脉搏_____						
院方人员签字: 日期: 年 月 日							

住养人及送养人意见： 以上情况，是否属实：＿＿＿＿＿＿＿＿＿＿＿（请客观、如实填写"是"或"否"），如不属实，您的理由是＿＿＿＿＿＿＿＿＿＿＿＿＿＿＿＿＿＿＿＿＿＿ 住养人签字或按手印：　　　　　　　　送养人签字： 日期：　　　年　　月　　日

三、对合同中止期间的费用作出公平约定

现行的《养老机构管理办法》《老年人权益保障法》等养老机构专门或相关法律对养老机构服务合同的中止及中止期间的费用没有专门规定。一些地方有关养老机构服务收费的规范性文件提及住养人离院后的费用问题，但没有直接规定，仅授权当事人在服务合同中约定。例如，上海市发展和改革委员会、上海市民政局于 2016 年 6 月 8 日发布的《上海市养老机构服务收费管理办法》第十六条规定："养老机构应与入住老年人及其家属（代理人）签订书面服务合同，确保老年人知情权和选择权，并定期提供费用清单和相关费用结算账目。合同应明确服务内容、服务项目、收费标准、争端解决方式、合同期限等条款。合同期内退养的，按实际入住天数计收费用。合同期内因入住老年人及其家属（代理人）原因，需要离院但不退养的，由养老机构和入住老年人及其家属（代理人）双方协商并以书面合同方式确定。"烟台市物价局、烟台市民政局《关于印发〈烟台市养老机构服务价格管理办法〉的通知》（烟价〔2018〕40 号）第十一条规定："入住老年人在合同期内退养的，养老机构应当按实际入住天数扣除相关费用后退费；合同期内离院但不退养的，退费标准和方式由养老机构和入住老年人或其代理人以书面合同约定。"

民政部养老服务合同示范文本、上海市服务合同示范文本仅约定，住养人连续请假外出超过双方约定的期限（不得少于 30 天），养老机构可以单方解除本合同，并无需承担违约责任，但对请假外出的相关费用问题未作约定。北京市合同示范文本 4.1.5 款约定"乙方因就医或者其他原因不在甲方入住，但是应乙方、

丙方的要求保留房间或者床位的，应当向甲方支付床位费"，但如在甲方并未询问乙方、丙方是否要求保留房间或者床位的情况下，乙方、丙方未提出保留的，该如何处理？该文本未作进一步约定。广州市合同示范文本第三条第三款约定，对于床位费、护理费、伙食费等养老服务费用，出现合同中止或终止情形的，扣除实际入住天数产生的费用后予以退款。对于一次性设施设备费，出现合同中止或终止情形的，扣除实际入住天数产生的费用后，根据合同约定的收取期限及双方约定的标准予以退款。

现实中较多养老机构并未像广州市合同示范文本第三条第三款约定那样约定和处理合同中止期间的费用问题，即扣除实际入住天数产生的费用后，退还尚未消费的全部或所有养老服务费。现实中多数养老机构比较一致的做法是，合同中止或请假期间的床位费不退。关于护理费，有些机构规定，请假期间护理费照收或不退；有些机构规定，退还部分（如50%）；有些机构规定，请假在一定期限（如3天）之内的不退，超过该期限的，按超过该期限的请假天数退还。关于伙食费，有的规定，按实际请假天数退还已交伙食费；有的规定，请假在一定期限（如3天）之内的不退，超过该期限的，按超过该期限的请假天数退还。

合同中止期间的费用，哪些应当退还，应当退还多少？本书认为，首先应考虑合同中止期间，养老机构的成本变化情况。一时性的合同，合同没有履行，一般不会有成本的发生。而作为继续性合同，合同中止期间，债务人没有履行义务，是否还会有成本的发生？继续性合同在当下履行的同时，往往还需要为后续的履行做必要准备。比如继续性的供货合同，提供本次供货时或之后，在下次供货时间到来之前，就要购买原料，组织生产。假如在下次供货前两日取消了订单，下次并未供货，但供货商的成本已经发生，如购买方以并没有取得货物不支付货款，则意味着所有的损失皆由供货商承担。

养老机构服务合同中，因住养人离院中止后，机构已经为该住养人提供了居室或床位，虽住养人于合同中止期间并未接受床位服务，但养老机构待恢复履行后需继续为住养人提供床位服务，其仍需为住养人准备该床位，而不得将该床位提供给他人（除非双方另有约定）。因此，虽然合同中止，但养老机构的床位成本已经发生。

养老机构护理费主要为护理员的人工成本。养老机构的护理员是根据住养人的照护等级和人数确定的。有多少住养人，养老机构就应配置相应数量的护理员。因该住养人的入住，给其配置相应或责任护理员，是在合同中止前已经确定的。因住养人仍会返院，养老机构不会因某一位住养人的请假离院，就辞退相应护理员(一般1名护理员服务多位住养人)。故，虽然合同中止，但是养老机构的护理成本已经发生。如果养老机构实行绩效工资制，因该名责任护理员提供劳动量的减少，其绩效工资可相应减少。现实中，一位住养人对应的护理员绩效工资一般会少于该住养人应承担的护理费。因此，因合同中止，养老机构的护理成本会有所减少，但仍然存在。

关于伙食费，养老机构的成本减少与否及多少与一家机构的食材进货时间(一般提前1天，但不同机构可能不同，不同季节也可能不同)有关，若住养人未提前提出请假，则存在机构已购进该住养人一定期限所需食材的事实，住养人应承担该期限(食材存货期限)的食材采购、储存等成本，超过该期限的食材及其加工成本并未发生，则应予退还或无需支付。因住养人应承担的该期限的伙食费数额较小，较多机构对此忽略不计，按住养人实际请假天数退还伙食费用。如住养人已按机构要求提前提出请假，且机构要求的提前时间能够覆盖食材提前进货时间，则不存在机构已付出成本问题，住养人不应再承担请假期间的伙食费。另，食堂人员与住养人的配比较护理人员与住养人配比低，请假期间食堂人员的人工成本应忽略不计。因此，合同中止期间，养老机构可能发生一定的伙食成本，但数量较小，养老机构可忽略不计。

其次，应考虑住养人离院的原因。住养人离院的原因无非来自3个方面。一是养老机构。如因养老机构装修改造，经住养人、送养人同意，住养人暂回家居住，待装修改造完毕，住养人再返院住养。此种情况下，养老机构应承担中止期间发生的成本，即养老机构应退还中止期间对应的所有服务费用或住养人、送养人无须支付任何费用。二是住养人或送养人。因住养人自身原因或送养人原因，住养人请假离院，又有两种情况。

(1)养老机构对此不存在任何过错。大多数的住养人请假离院属于这种情况，如送养人接住养人回家团聚或住养人外出探亲。养老机构对住养人回家团聚、外出探亲没有也不可能有任何过错。此种情况下，合同中止期间发生的成本全部由住养人或送养人原因造成，也应由住养人或送养人全部承担。

(2)养老机构对此存在过错。住养人伤害事故或突发疾病后外出就医，大多存在这种情况。若全部过错在于养老机构，如因养老机构工作人员扶抱转移失能住养人过程中造成住养人跌倒骨折，住养人外出就医。此时，养老机构不仅要对住养人跌倒骨折损失承担全部责任，而且应自担合同中止期间自身的损失，即合同中止期间已发生的成本。

若养老机构存在部分过错，比如，一住养人违背自己身体机能允许程度强行活动，造成跌倒并骨折，养老机构存在日常对住养人安全教育缺失，或发现跌倒或送医迟延，后住养人辗转住院就医月余。此时，双方对跌倒事故的发生和损害后果皆存在过错，双方皆有损失。住养人损失为其人身损害后果，养老机构损失为住养人外出就医期间已发生的床位、护理成本。对住养人的损失，根据《民法典》第五百九十二条关于"与有过失"、第一千一百七十三条关于"过失相抵"规则的规定，"当事人一方违约造成对方损失，对方对损失的发生有过错的，可以减少相应的损失赔偿额""被侵权人对同一损害的发生或者扩大有过错的，可以减轻侵权人的责任"，养老机构承担部分责任，住养人自身亦应承担部分责任。

那么，对养老机构的损失，是否亦应由双方承担？分析《民法典》第五百二十六、五百七十七条的内容可知，因一方违约行为导致的合同中止，违约方应承担相应违约责任。《民法典》第五百二十六条规定："当事人互负债务，有先后履行顺序，应当先履行债务一方未履行的，后履行一方有权拒绝其履行请求。先履行一方履行债务不符合约定的，后履行一方有权拒绝其相应的履行请求。"第五百七十七条规定："当事人一方不履行合同义务或者履行合同义务不符合约定的，应当承担继续履行、采取补救措施或者赔偿损失等违约责任。"这里讲的合同义务，不仅包括给付义务，还包括附随义务。如《民法典》第五百零九条所规定："当事人应当按照约定全面履行自己的义务。当事人应当遵循诚信原则，根据合同的性质、目的和交易习惯履行通知、协助、保密等义务。"住养人违背自己身体技能允许程度强行活动，违反的是自己对自己人身安全的注意义务，但此种义务亦是养老机构服务合同的附随义务，并且一般为服务合同所明确约定。从上述规定来看，有过错的住养人似也应该对养老机构的损失承担责任，虽然根据《民法典》第五百九十二、一千一百七十三条的规定，其应承担的责任为部分责任。但据作者多年执业实践了解和文献调研，在上述情况下，目前还鲜有养老机构要求住养人或送养人承担合同中止期间的床位费、部分护理费的，在中国裁判文书网也未找到相关案例。原因何在？一是由于在住养人因伤害事故或突发疾病外出就医后，大部分养老机构并未适时询问住养人或送养人就医结束后是否返院，没有视不同情况作出按合同中止对待、按合同解除对待或解除合同等不同处理，如前文所述，没有履行自身的减损义务，难以界定已发生成本或损失中哪些属于合理的、哪些属于扩大的，缺乏区分的证据依据。二是在住养人存在人身损害、养老机构需对其承担人身损害赔偿责任的状况下，养老机构的财产损失不会得到家属的认可，甚至养老机构自身对此也未考虑。三是尊老爱老敬老是中华民族的传统美德，住养人出现伤害事故，养老机构存在过错，养老机构背负的不仅是法律责任的压力，还有来自道德舆论方面的压力，何来勇气要求对方承担损失？四是发生事故的养老机构大多床位并未住满，若主张合同中止期间的床位费损失，似乎从事实上难以成立，虽然《民法典》第五百八十四条规定"当事人一方不履行合同义务或者履行合同义务不符合约定，造成对方损失的，损失赔偿额应当相当于因违约所造成的损失，包括合同履行后可以获得的利益"。

总之，就养老机构服务合同中止及中止期间费用承担问题，由于目前缺乏专门的法律规范，容易产生争议，建议养老机构根据民法公平原则及相关法律规定，参考本书分析，在养老机构服务合同中对此作出公平合理的约定。

第七节　加强服务合同的变更与转让管理

一、合同的变更管理

合同变更是指合同主体不变，改变合同内容的民事法律行为。本书在介绍服务精准性要求时，指出要做好服务内容的及时调整工作，保持服务内容与老年人身心状况的持续匹配；在介绍服务的合意性时，提出住养人可以以"实际接受养老机构提供的相应服务"的行为默示方式作出对变更服务方案的承诺，还讲到对变更服务方案意思分歧的处理，并建议养老机构及时采集、固定住养人、送养人不同意变更的证据材料。这些内容讲的是对照护等级、服务内容或服务方案的变更，但养老机构服务合同的变更不仅仅是照护等级、服务方案的变更，也包括某项具体服务措施的变更，还包括照护区域、居室类型、居住房间、收费标准或合同期限等其他方面合同内容的变更。

养老机构对合同的变更管理要注意以下几个方面。

(一)变更要有约定

双方当事人尽可能在合同订立时对合同可能需要变更的方面及变更的条件、形式、程序等作出周详约定。例如，针对居住房间变更可作如下约定：

(1)乙方(住养人)除选择单人套间、单间或单独包间之外，乙方或乙方监护人、丙方(送养人)不得阻止或妨碍其他住养人入住乙方所住房间。如乙方与配偶或他人包间居住，配偶或他人退住后，甲方有权根据乙方护理等级调整乙方护理区域、居住房间，乙方或乙方监护人、丙方应予配合。乙方与其他住养人非包间居住，但同居一室，其他住养人退住后，乙方或乙方监护人、丙方同意甲方调换乙方居住房间，但调换后的房间须与调换前的房间属于相同等级护理区域且不低于调换前房间的居住条件。

(2)入住期间，乙方如对同住房间内其他住养人不满或与其他住养人发生矛盾，乙方(乙方监护人)可向甲方申请调房，甲方根据房间情况尽量安排协调换房。如因房源不足等原因甲方不能满足乙方(乙方监护人)调房申请或就调换房间双方无法达成一致，乙方(乙方监护人)坚持要求甲方调房的，合同任何一方皆可以单方解除合同，并不向对方承担违约责任。如因乙方原因或过错与其他住养人发生矛盾或严重影响其他住养人生活，乙方监护人或丙方应劝导乙方与其他住养人和谐相处，如乙方监护人或丙方未尽劝导义务或劝导无效，甲方如有条件调换房间，乙方(乙方监护人)和丙方应无条件配合甲方调换乙方入住房间，如乙方(乙方监护人)或丙方不配合甲方调房或无法就调房与甲方达成一致，或甲方不具备调房条件但因乙方原因或过错对其他住养人或乙方已造成伤害或有造成伤害危险的，甲方有权单方解除合同，并不向乙方(乙方监护人)和丙方承担违约责任。

(3)合同期间，乙方居住房间确需装修或维修、暂时不能居住的，乙方或乙方监护人、丙方同意甲方调换乙方居住房间，但调换后的房间须与调换前的房间属于相同等级护理区域且不低于调换前房间的居住条件。

之所以要尽可能对合同变更作出周详约定，一是因养老机构服务合同为继续性合同，可能会继续数月、数年甚至十余年，合同期限内住养人身心状况会发生变化，机构自身及外部环境都有可能会发生变化，甚至重大变化，如未对合同变更作出约定，则会使合同难以履行或对一方显失公平。二是，虽然《民法典》第五百三十三条规定了情势变更规则，即"合同成立后，合同的基础条件发生了当事人在订立合同时无法预见的、不属于商业风险的重大变化，继续履行合同对于当事人一方明显不公平的，受不利影响的当事人可以与对方重新协商；在合理期限内协商不成的，当事人可以请求人民法院或者仲裁机构变更或解除合同"，人民法院或者仲裁机构应当结合案件的实际情况，根据公平原则变更或者解除合同。但该规则讲的重大变化是无法预见的、不属于商业风险的重大变化，而养老机构服务合同订立时，住养人身心状况的重大变化是可以预见的，基于此方面的变化进行变更无法适用该规则。另外，何谓"基础条件"？何谓"重大变化"？都带有不确定性。只有在合同中结合实际对"基础条件""重大变化"作出进一步约定，才能减少变更的不确定性。

(二)变更要及时

不同的住养人、同一住养人在不同时期身心机能的衰退进程是有差异的。有的住养人有时身心机能的衰退是迅速的，照护需求和照护措施需随之变化。机构工作人员通过观察和了解发现这一变化后，应迅即提出变更的请求，因为稍有迟延，可能就会发生事故。

2018年1月5日早晨6点，某老年公寓护理员提供打水服务时发现张某香已坠床摔伤，经值班医生初步判断为骨折，即通知了家属并拨打"120"，后在老年公寓员工陪护下将张某香送医紧急救治，经诊断为左股骨胫骨折，张某香的女儿等家属也同时到达医院，但张某香并未住院治疗，而是于同日下午被家属送回老年公寓。2018年1月6日晨，老年公寓护理员给张某香喂水时发现老人异常，马上呼叫医生护士，并给其子女打电话。当地县人民医院急救车于早晨5点50分接诊达到后发现张某香已经去世。法院认为，张某香作为高龄老人被诊断为左股骨胫骨折后家属未安排住院进一步检查治疗，而是于同日又送回老年公寓，也未变更相应的护理级别，对张某香的死亡应承担外因方面的主要责任，而老年公寓在张某香已经受伤的情况下接受入住也未和家属协商变更或增加相应护理，对张某香的死亡应承担外因方面的次要责任，应对本案经济损失承担一定赔偿责任。①

---

① 参见(2019)晋07民终493号民事判决书。

(三) 变更依据要充分且流程要规范

变更依据充分，即有证据证明达到了合同约定的变更条件。变更流程规范即变更的方式、程序等符合合同约定。如按照民政部的合同示范文本 9.1.1 款的约定，变更服务方案要建立在乙方健康状况变化的基础上，且要以书面形式通知乙方或乙方监护人及丙方。按照广州市合同示范文本第八条 1.2 款的约定，甲方适当调整伙食费收费标准时，需要有"食品材料市场价格发生重大变化，致使甲方服务成本急剧上升(单项价格变动幅度超过 6%)"的证据，且要将价格调整的通知在调价前 30 日以书面形式通知乙方及丙方。

(四) 变更请求要经对方确认

《民法典》第五百四十三条规定："当事人协商一致，可以变更合同。"《消费者权益保护法》第九、十、二十六条规定：消费者对服务享有自主选择权和公平交易权，有权拒绝经营者的强制交易行为；经营者不得以通知、声明、店堂告示等方式，作出对消费者不公平、不合理的规定，不得强制交易。根据上述规定，一方提出变更请求，对方作出同意变更的承诺或确认后，变更才成立。一方提出变更请求，未经对方确认的，变更未成立，更谈不到法律效力。对方确认的方式，合同未约定的，可以是口头、书面等明示方式，也可以是行为默示方式(如送养人按照养老机构涨价通知要求支付费用)。为避免争议和纠纷，建议养老机构通过书面形式取得住养人、送养人的确认。住养人、送养人确认同意变更的，按变更约定执行。未经住养人、送养人确认或住养人、送养人表示不同意变更的，按原合同约定执行。

对于不变更将导致住养人健康安全无法保障的，应让住养人及其送养人在变更确认材料中写明"不同意"的意见及不同意的理由，见表 3-7-1。养老机构可以此主张解除合同，或一旦因此住养人发生事故，养老机构也可以此主张免责或减轻责任。

表 3-7-1 变更确认书

住养人姓名		性别		年龄		入住日期	
变更事项							
变更前状况							
变更后状况							
变更前费用							
变更后费用							
变更执行日期						年 月 日	
变更原因说明							
院方意见		盖章： 年 月 日					
乙方或乙方监护人意见		_____（同意或不同意） 如不同意，理由是_____ 签名： 年 月 日					
送养人意见		_____（同意或不同意） 如不同意，理由是_____ 签名： 年 月 日					

二、合同的转让管理

合同转让是指合同内容未变，改变合同主体，移转合同权利义务的民事法律行为。合同的转让在实践中一般有两种情况，一是送养人的改变，因原送养人与住养人关系的变化或原送养人迁往异地等原因，送养人由第三人（后文简称新送养人）接任；二是养老机构的改变，因原养老机构暂停或终止服务等原因，由新的养老机构接替原机构为住养人提供照护服务。无论是送养人的改变，还是养老机构的改变，实践中较少有仅让与债权或仅转移债务的，而是权利义务的一并转让。后文若非特别指明，所讨论的合同转让皆指权利义务的一并转让。

（一）对送养人转移合同权利义务的管理

对送养人转移合同权利义务，养老机构在管理上，应至少注意以下 3 个方面的问题。

1. 应经原送养人、新送养人、住养人、养老机构四方同意。如前文所述，送养人既享有合同权利，又负有合同义务。改变送养人，意味着送养人债权债务的一并转让。原送养人让与债权债务，新送养人受让债权债务，让与人需同意让出，受让人需同意受让，自不待言。又因债务的转让，直接关系到养老机构债权的实现，根据《民法典》第五百五十一、五百五十五条的规定，改变送养人，应当经养老机构的同意。由于送养人的大部分权利来源于住养人合同权利的让与，因此，送养人的改变也需经过住养人的同意。对送养人的改变，如任何一方不予认可，其不生效力。因此，送养人改变时，养老机构应设计适当法律文书（如《送养人改变约定》）或留有与原送养人、新送养人、住养人沟通的相关记录，保证有证据能够证明对送养人改变的各方同意或认可。

2. 要对原送养人的未履行给付债务的履行作出约定。原送养人的先合同义务与履行过程中的附随义务如在缔约时或在合同履行过程并未履行，因附随义务的自身特点，不存在合同转让后继续履行的问题。原送养人若为住养人的付款义务人或连带责任保证人，如其在担任送养人期间还有未履行的给付或费用支付债务，该债务仍存在继续履行，甚至因未履行需承担损失赔偿的第二债务，这些债务是由原送养人继续承担，还是由新送养人承担，宜作出明确约定。如不约定，应由原送养人承担，但原送养人之所以不再担任送养人，其中的缘由可能会给养老机构维护权益带来难度或成本的增加。

3. 应明确新送养人的合同角色。根据民政部合同示范文本的约定，原送养人的付款义务人、连带责任保证人、联系人或代理人的合同角色是由住养人、原送养人、养老机构共同协商一致选定的。送养人改变后，新送养人的合同角色是否与原送养人的相同，宜在《送养人改变约定》等类似法律文书中明确，避免出现认识分歧。广州市的合同示范文本也存在此问题。若养老机构选用民政部或广州市合同示范文本，或使用自行制定的送养人合同角色可选择的制式合同，应注意此问题。

（二）对养老机构转移合同权利义务的管理

养老机构转移合同权利义务，一般因养老机构暂停或终止服务时安置住养人所需要，但养老机构因装修改造、被责令停业整顿、注销等原因暂停或终止服务时，并不是所有的住养人都需要安置。如合同到期，有的住养人在送养人协助下主动搬出养老机构；有的合同虽未到期，但住养人、送养人同意与养老机构解除合同，并自行安排后续养老事宜；也并不是所有的安置，都属于合同的转让。合同转让的标的物是一方具有法律效力的权利或义务。合同转让的前提是存在具有法律效力的合同。如安置的方式为：在养老机构协调下，住养人、送养人先与原养老机构（后文称原机构）解除合同，然后再与第三人（后文称新机构）签署新的服务合同。这种安置方式下，因原养老机构服务合同已经因解除而终止，原机构与新机构间就不存在合同转让的法律关系。只有在原养老机构服务合同有效存续情况，原机构将住养人安置于新机构，才存在合同转让问题。对此种情况下的合同转让，在管理上应注意如下问题。

1. 应经原机构、新机构、住养人、送养人四方同意。原机构、新机构是合同转让法律关系，让与方与受让方皆应自愿、同意。又因原机构对照护服务义务的转让，直接关系到住养人债权的实现，根据《民法典》第五百五十一、五百五十五条的规定，原机构转让合同应当经住养人、送养人的同意。否则，合同转让不生效力，原机构仍应对住养人、送养人履行义务，如给住养人、送养人造成损失的，还应承担赔偿责任。合同转让时，养老机构应设计适当法律文书（如《合同转让协议》），或留有与住养人、送养人、新机构沟通的相关记录，保证有证据能够证明对合同转让的各方同意或认可。

2. 原机构应审慎选任新机构并保证将照护服务义务全部转移给新机构。新机构之所以承担原机构的债务，一般是基于原机构的委托关系。原机构对新机构的委托构成新机构承担债务、受让权利的原因行为。由于之前住养人、送养人与原机构的服务合同关系根本上也是委托关系，原机构又将住养人、送养人的委托事务转让与新机构处理，在法律关系上构成转委托。根据《民法典》第九百二十三条的规定，转委托经委托人同意或者追认的，受托人就第三人的选任及其对第三人的指示承担责任。在新机构的选任上，原机构应注意，新机构应具有合法资质，且资质条件、服务水平应与原机构相当或不低于原机构的条件、水平；原机构应查看并留存新机构加盖公章的资质证照复印件及体现其服务水平的相关等级证书、荣誉证书等复印件。在对新机构的指示上，原机构在转让合同或委托合同中应将自身对住养人、送养人的义务全部而非部分地转移给新机构。只有全部而非部分转移照护服务义务，才能最低限度地保障对住养人、送养人的服务质量。作为合同转让关系原因行为的转委托不同于一般的转委托关系。一般的转委托关系，转委托后，转委托人并未完全退出委托人与第三人的合同关系，仍可以对第三人进行指示，而作为合同转让关系原因行为的转委托，转委托人在转让合同后，已退出后面委托人与第三人的合同关系，已没有权利亦无义务再对第三人进行指示，因此判断原机构对新机构的指示是否适当，关键就是看其在转让合同或转委托合同中是否已将自身对住养人、送养人的全部义务都转移给了新机构。判断转委托是合同转让关系的原因行为还是一般的转委托关系，是要看原机构、新机构是否有明确的合同转让意思表示以及该意思表示是否为住养人、送养人所知悉并同意。另外，如原机构对新机构的指示存在不当，住养人、送养人不能以后来的与新机构的合同关系为依据追究原机构的责任，而只能以与原机构的原合同关系及转委托合同或合同转让协议为根据追究其责任。

3. 原机构不得利用合同转让形式恶意损害住养人的利益。合同转让，是原机构在遇到暂停、终止服务等特定情况时安置住养人的一种方式，目的是保障住养人的权益，使其得到连续的照护服务，切不可利用合同转让形式恶意损害住养人的利益。比如，实行预收费的养老机构，不得假借合同转让形式，妄图实现阻却住养人"退费"、掩盖资金链断裂后投资人"跑路"的目的。否则，因让与人、受让人或住养人(送养人)的意思表示并不"真实"，其合同转让行为存在无效或被撤销之可能，具有承担民事责任、甚至行政责任、刑事责任的法律风险。

第八节　加强服务合同的续签与解除管理

一、合同的续签管理

实践中大多数养老机构服务合同的合同期限为固定期限，有开始日期和终止日期。终止日期将至，是否应续签，应何时续签，应如何续签，如不续签，该如何处理？这些都是合同续签管理的内容。

(一)合同期满前应审慎考虑是否续签

采用固定期限的合同的重要目的就是合同期满前可以选择终止或续签。如合同期限内合同履行顺利，当事人相互满意，可选择续签。如合同期内发生过违约行为，或双方发生争议或纠纷，可选择终止。对养老机构而言，如因某些原因不愿再为某住养人提供照护服务，合同到期不予续签，正是终止合同的良好机会，相较于解除合同，效率高、成本低。因此，养老机构不应因疏忽或不善管理放弃不予续签权利，丧失这种机会。养老机构选择不予续签的，宜提前书面告知住养人、送养人。

(二)如有续签意愿宜积极与对方协商续签事宜

合同到期，双方均可以申请续签合同。养老机构如有续签意愿，宜主动与住养人、送养人沟通，协商续签事宜。如双方未就合同续签达成一致，住养人应于合同到期日搬离机构，办理离院手续并结清所有费用。如双方就合同续签达成一致，可签署《续签约定》(见《养老机构服务合同续签约定(示例)》)或补充协议，明确续签期限及续签期限内各方的权利义务。

养老服务合同续签约定(示例)

甲方(养老服务机构)：

乙方(入住老年人)：

丙方(送养人)：

　　　　年　　　月　　　日甲方、乙方、丙方签订养老服务合同(合同编号　　　　)。

　　　　年　　月　　　日最近一次续签至　　　年　　　月　　日。现甲方、乙方、丙方一致同意继续续签合同。本次续签合同期限为　　　个月，自　　　年　　月　　日至　　　年　　月　　日。除以下约定外，甲方、乙方、丙方的权利义务及责任适用原合同、合同附件、补充协议、续签约定以及其他相关法律文书的约定(如原合同订立后至本约定签署期间，各方权利义务有变更的，适用最近一次的变更约定)：＿＿＿＿＿＿＿＿＿＿＿

_____（如无变化内容，请在上面下

划线上填写"无"；如有变化内容，请在下划线上详细填写）。

　　（以下无正文）

　　甲方：（公章）

　　法定代表人或授权代表（签字）：

　　乙方（签字或按手印）：

　　丙方（签字）：

　　续签日期：　　　　年　　月　　日

（三）应尽可能排除不定期合同的适用

　　如果双方均未在合同期限届满前提出续签合同或不续签合同，但住养人未于合同到期日搬离机构、养老机构未提出异议并继续为住养人提供服务的，视为不定期服务合同。对于不定期服务合同，虽然根据《民法典》第五百六三条的规定，养老机构在合理期限之前通知对方后可以随时解除合同，但对方如就养老机构的解除不予认可，一旦成讼，则时间、精力、费用等通知、诉讼成本不菲。本来合同到期不予续签，不具有任何不确定性，告知不予续签或对对方未搬出机构提出异议也无需多少成本，但若对此置之不理、无所作为，就会使确定性的合同终止变成了不确定性，管理成本大大提高，甚是不应该。另外，如未提前告知不予续签或到期时未通知对方合同终止，一旦双方服务合同变成了不定期合同，养老机构不仅丧失了以合同到期为由终止合同的权利和机会，同时也大大降低了续签时变更合同内容的谈判地位。因此，养老机构应尽可能排除不定期合同的适用，对合同期满后的续签事宜及时作出处理，如不予续签，就提前告知；如意欲续签，就主动协商；如协商不成，就要求住养人于合同到期后搬出机构，切不可管理不作为。

　　另外，在签署合同时，宜应在合同中事先明确：合同到期后，住养人未搬出，养老机构继续为住养人提供服务，如有以下情形之一，不视为双方的合同已成为不定期合同：

（1）任何一方在合同期限届满前 30 日提出续签合同申请，各方未就合同续签达成一致。

（2）任何一方在合同期限届满前 30 日向对方提出不予续签合同。

（3）任何一方未在合同期限届满前 30 日提出续签合同也未提出不续签合同，乙方未于合同到期日搬离甲方，但甲方对乙方未搬离及时提出异议，要求乙方搬离的。

二、合同的解除管理

合同到期、住养人死亡都会导致养老机构服务合同的终止。养老机构注销也会导致合同的终止，只不过因养老机构服务对象的特殊性，《养老机构管理办法》第三十五条要求，机构注销或合同终止前，养老机构应将住养人予以妥善安置。对上述事由下的合同终止，前文已有较多阐述，本处不再赘言。除合同到期、住养人死亡、养老机构注销外，合同也会因解除而终止。从养老机构方而言，加强对合同的解除管理，对防控住养人伤害事故法律风险具有非常重要的意义。

（一）解除合同要有法定或约定事由且证据充分

根据《民法典》第五百六十三条的规定，解除合同的法定事由情形或包括：①因不可抗力致使不能实现合同目的；②在履行期限届满前，当事人一方明确表示或者以自己的行为表明不履行主要债务；③当事人一方迟延履行主要债务，经催告后在合理期限内仍未履行；④当事人一方迟延履行债务或者有其他违约行为致使不能实现合同目的；⑤法律规定的其他情形。在当事人对合同解除事由未约定情况下，当事人拟解除合同并欲获得法律的支持，解除合同的法定事由就十分重要。只有满足了法定事由的要求，才能解除合同或解除合同才会得到法律的支持。

根据《民法典》第五百六十二条的规定，当事人可以约定一方解除合同的事由。解除合同的事由发生时，解除权人可以解除合同。为减少合同订立成本，养老机构服务合同一般为格式合同。为避免格式条款因违反公平原则被确认为无效的风险，养老机构规定解除合同事由宜符合法定解除事由的确立原则或精神。本书在介绍养老机构对住养人、送养人履行义务的管理部分，曾对此作出过一些分析。归纳、概括前面的分析，住养人或送养人如具有下列情形之一，养老机构可以解除合同：

（1）付款人无故拖欠各项费用超过一定期限，经催告后在合理期限内仍不交纳的。

（2）隐瞒住养人重要健康状况、住养人患有须隔离治疗的传染性疾病或者患有精神疾病等其他不适宜在机构内集中生活的。

（3）住养人不履行附随义务，已确实表明其"无法适应集体生活"，或导致养老机构难以履行对其服务或无法正常维持运营秩序，或造成了其他住养人伤害或现实性伤害危险，或不同意变更照护等级或服务项目导致住养人健康安全无法保障的。

（4）送养人不履行附随义务，导致养老机构无法正常维持运营秩序，或不同意采取必要安全保护措施危及住养人自身或他人安全的，或不同意变更照护等级或服务项目导致住养人健康安全无法保障的。

在上述表述基础上，养老机构在不违背法定解除事由确立原则或精神的基础上，可根据实际情况将以上某些情形进一步具体化，以增强合同条款表述的明确性或清晰性。例如，规定发生以下情形之一，养老机构可解除合同：

（1）住养人有自伤、自残、自杀、暴力倾向，经心理疏导或劝阻未有效果的。

（2）住养人实施骚扰、诋毁、侮辱、谩骂、殴打等侵害他人人身权利行为，严重妨碍其他住养人正常生活或甲方人员正常工作，经劝告无效的。

（3）住养人出现卧床吸烟、故意毁坏财物、寻衅滋事等行为，经劝告无效的，或已给甲方或他人造成损害的。

（4）送养人违反有关法律或标准规定，或违反甲方管理制度或本合同约定，扰乱甲方服务与管理秩序或拒不履行合同义务，危及住养人或他人身心健康或人身安全，经劝告无效，或已造成住养人或他人损害，致使合同目的不能实现的；

养老机构解除合同时，应做到解除事由明确，证明解除事由的证据充分。否则，一旦成讼，将有败诉风险。

（二）解除合同要果敢

现实中，养老机构很少有主动解除合同的，即使解除合同的法定或约定事由出现。有的是因为养老机构入住率不足，为了能够持续运营，不敢轻易解除合同；有的是因为不太懂得解除合同既是机构的权利，也是及时止损或风险防控的重要手段。当住养人的行为具有造成他人人身伤害极大风险的情况下，养老机构也有通过解除合同排除这种风险的义务。根据《民法典》第一千一百九十八条的规定，养老机构作为经营场所的管理者具有安全保障义务。从法理上看，安全保障义务包括识别风险、规避风险、降低风险、监测风险、制止伤害、应急救助，也包括排除风险。针对具有造成他人人身伤害极大风险的住养人的行为，解除合同不仅是养老机构的权利，也是其义务。如果养老机构未果敢解除合同，一旦发生事故，则养老机构应承担相应责任。有人认为，就算解除合同，住养人也不会搬离，那还有什么意义呢？是有法律意义的，因为住养人不搬离是住养人、送养人不履行后合同义务，住养人、送养人应承担相应责任；如果养老机构未提出解除合同，则相应责任就会由养老机构承担。因此，即使住养人不搬离，此种情况下，养老机构也应解除合同，作出排除这种风险的努力。

（三）解除合同流程要规范

解除合同的流程规范，是指解除合同的形式、程序、时间等符合合同约定；合同没约定或约定不符合法律要求的，应符合相关法律规定。本书在养老机构对住养人、送养人履行义务的管理部分，对此已作介绍，如养老机构住养人、送养人不按时足额支付费用解除合同，是否经过催告程序，要看合同约定，合同未要求催告的，可不经催告程序；合同没约定或合同明确要求经催告程序的，就应先经过催告程序，催告后对方于合理期限内仍不支付费用的，才可解除合同，否则解除合同行为难以得到法律支持。再如，解除合同一般需通知对方，通知到达对方时才生解除效果，除非之前的债务履行催告通知（非解除通知）载明债务人在一定期限内不履行债务则合同自动解除，债务人在该期限内未履行债务的，合同自通知载明的期限届满时解除。关于解除权的行使期限，《民法典》第五百六十四条规定："法律规定或者当事人约定解除权行使期限，期限届满当事人不行使的，该权利消灭。法律没有规定或者当事人没有约定解除权行使期限，自解除权人知道或者应当知道解除事由之日起一年内不行使，或者经对方催告后在合理期限内不行使的，该权利消灭。"

(四)善后事宜安排要妥当

养老机构需要做的善后事宜，即是合同终止后养老机构需要履行的后合同义务，包括暂停、终止服务时对有安置需要的住养人的安置义务、也包括《养老机构服务质量基本规范》5.1款所规定的出院手续的办理义务，即住养人终止服务、出院，养老机构应通知相关第三方，协助住养人及相关第三方办理出院手续。关于对住养人的安置义务，本书已作过分析，此处不再复述。在办理出院手续时，养老机构应报告合同期间为住养人服务及住养人身心情况，尤其是应对住养人出院时的身心状况进行必要的查看、判断或评估，并经住养人、送养人确认，见表3-8-1。这不仅是养老机构应履行的报告义务，而且对防控住养人伤害事故风险法律风险具有重要意义。作者曾遇到过一案例，一住养人出院一周后，家属找到院方诉说老人在出院前摔倒，出院后经医院检查发现骨折，要求赔偿2万元。院方说没有在住养时摔倒，其摔倒发生在出院后。双方各执一词，最后诉至法院，历经一审、二审、再审、二审、近2年时间，最终以法院调解结案。① 时间、精力、情绪投入暂且不论，院方仅支出律师代理费、诉讼费就2万余元。为什么会出现这样的问题？现实原因可能是多样的，但很重要的一个方面，是院方于住养人出院时没有对其身心状况进行必要的查看、判断或评估，没有证据能够证明住养人出院时的身体状况。如表3-8-1所示，若院方进行了查看，明确住养人无外伤，无疼痛，体温、血压、心率、脉搏都正常，对方已签字确认，或许能够避免这样一起诉讼及相应损失。目前，养老机构对入住时老年人的身心健康状况都非常重视，能做到全面采集住养人的健康信息，甚至除了能力评估外，还有专门的健康评估。建议养老机构"慎终如始"，对出院手续也给予重视，对住养人出院时的身心状况作出必要的检查与确认。

---

① 参见(2018)津01民终9628号民事裁定书、(2019)津0104民初6026号民事判决书、(2019)津01民终7666号民事判决书。

表 3-8-1 出院小结(示例)

姓名		性别		年龄		房间号	
床号		入院日期			出院日期		
在院期间护理级别及护理级别变更情况							
在院期间疾病和治疗情况							
出院原因	院方解除合同□ 合同到期不再续签□ 住养人退院□ 住养人去世□ 其他□＿＿＿＿＿＿＿＿＿＿＿						
出院时身心健康状况	住养人出院时＿＿＿＿＿＿＿＿(有或无)外伤，＿＿＿＿＿＿＿(有或无) 压疮，＿＿＿＿＿＿(有或无) 疼痛感，体温＿＿＿血压＿＿＿心率＿＿＿脉搏＿＿＿						
出院时物品交接、费用结算等情况	住养人物品是否携带齐全＿＿＿＿＿＿＿＿＿＿＿＿＿＿＿＿＿＿＿ 住养人药物是否携带齐全＿＿＿＿＿＿＿＿＿＿＿＿＿＿＿＿＿＿＿ 住养人服务费用是否结算完毕＿＿＿＿＿＿＿＿＿＿＿＿＿＿＿＿＿ 双方之间合同关系是否已全部了结＿＿＿＿＿＿＿＿＿＿＿＿＿＿＿						
出院后照料建议							
院方人员签字： 　　　　　　　　　　　　　　　　日期：　　年　　月　　日							
住养人及送养人意见： 以上情况，是否属实：＿＿＿＿＿＿＿(请客观、如实填写"是"或"否")，如不属实，您的理由是＿＿＿＿＿＿＿＿＿＿＿＿＿＿＿＿＿＿＿＿＿＿＿＿＿＿＿＿＿＿＿＿＿ 住养人签字或按手印：　　　　　　　　送养人签字： 　　　　　　　　　　　　　　　　日期：　　年　　月　　日							

第四章 构建风控工作运行及服务
纠纷处理机制

第一节 构建风控工作运行机制

养老机构风险防控运行机制由风险识别与分析、风险处理、风险监测与预警处置、应急处置与救助等环节的工作组成。养老机构之所以要像保险、银行、证券等金融行业一样建立起自身的风控运行机制，是因为养老机构风险防控具有全面性、全程性、全员性的特点。风险防控涉及经营、管理、服务工作的方方面面，具有全面性，且贯穿在养老机构整体或某一具体业务活动的始终，具有全程性。由其全面性、全程性特点所决定，此项工作还具有全员性的特点。它不仅仅是安全管理负责人（机构负责人）、专职或兼职安全管理人员、安全管理部门（如保卫处、风控部等）的职责，也是所有部门和所有岗位工作人员的职责，还是相送养、志愿者和从事维修、保养、装修等短期工作人员的相应义务。并且，具有相应民事行为能力和自理能力的住养人对其自身安全也具有一定的安全注意义务。

一、风险识别与分析

风险识别是对危险源（风险因素）及可能发生的事故类型、后果的辨识，是风险防控第一步。没有风险识别，其他环节的工作都无从谈起，事故的发生也往往是必然的。如 2017 年 6 月 29 日早上 6 时 15 分许，某护理院护理员不慎将馒头放到患有认知症的陈某官的床边柜上。陈某官用右手拿取了放在床边柜上的馒头，在吃馒头时被噎住而死亡。陈某官日常进食需将"食物切碎或搅拌"。① 护理

---

① 参见（2018）沪 0115 民初 67225 号民事判决书。

员没有识别到将馒头放到陈某官床边柜上的风险是事故发生的根本原因。风险分析是对事故发生概率、损害大小、影响范围、风险等级等的认识和判断,由此决定是否需要采取处理措施,采取哪些处理措施,处理到什么程度。

(一)风险识别

1. 风险识别时间

养老机构可根据机构实际情况,针对不同风险的不同特点,安排定期的、季节性的文娱活动及节假日前的、每日的、专项或临时的风险识别工作。

2. 风险识别维度

风险识别时可依据《生产过程危险和有害因素分类与代码》(GB/T 13861—2022)的规定,按照人的因素、物的因素、环境因素、管理因素4个方面进行识别。《养老机构服务安全风险评估指南》(MZ/T 216—2024)提示重点考虑以下几个方面的风险源:①服务环境:老年人活动区域、生活区域存在的不安全因素;②服务设施设备:服务设施设备、器具等因未定期维护导致可能存在的不安全因素;③服务操作:服务人员在提供服务过程中,由于服务操作不符合服务规范导致的不安全因素;④服务管理:由于管理制度不健全、管理责任缺失等导致的不安全因素。养老机构可结合业务实际和相关规范,不断探索和适用特定业务领域的识别维度。如识别照护服务领域的风险,可从服务主体、服务对象、服务内容、服务时间、服务空间、服务方法6个方面进行。把握好识别维度,便于全面地识别风险。

3. 风险识别方法

风险不同,风险识别方法不尽相同。对于单一或简单的风险,往往通过观察、询问、交谈、查阅资料等方法即可识别,而对于系统或较复杂的风险,一般需要通过采用工作危害分析法、流程图分析法、安全检查表法、事故树分析法、情景分析法、危害分析与关键控制点法等较为专业的方法才能全面、准确地识别。

养老机构的现场作业活动,如生活照料等各类照护服务、设备维护/维修服务、特殊作业(如高处作业、动火作业、有限空间作业、临时用电作业等),一般是在同一或相邻场所持续开展,各个工作步骤在时间上是紧密衔接的,一次作业活动的整体时间不会太长,适合采用工作危害分析法进行风险识别。

对经营或管理工作，如员工招聘、财务预算、物资采购、照护计划制定、入住合同签署等，工作过程较复杂，涉及人员较多，不同工作阶段或环节一般在不同场所开展，各个阶段或环节一般是间断、而非持续进行，整体工作周期一般也比较长，适合采用流程图分析法进行风险识别。

对照护、厨房、供配电、消防、应急等设施设备，老年人用房、洗衣房、厨房、餐厅、换热系统、消防控制室/微型消防站、各种信息化系统等静态风险点位，建议采用安全检查表法进行风险识别。当然，安全检查表法也可适用于现场作业、经营管理业务等动态风险点位中的风险识别。在住养人风险评估中经常使用的一些风险评估量表，如《Morse 跌倒风险评估量表》，也应属于安全检查表的范畴。

针对和结合发生的事故进行风险识别，可以采用事故树分析法。

（1）工作危害分析法

工作危害分析（Job Hazard Analysis，简称 JHA）法是识别与分析现场作业活动风险的常用方法。它的基本步骤是先在现场作业活动中选定一项作业活动，把该项作业活动细分为若干个前后相连、内容清晰的工作步骤，然后依据相关规范，识别每个工作步骤的危险源，并将识别结果记录在《工作危害分析记录》（该表及其他记录表也用于风险分析，并且可合入表 4-1-7 所示的风险处理清单）中，如表 4-1-1 所示。

表 4-1-1　工作危害分析记录

风险点：　　　　岗位：　　　　作业活动：　　　　　　No：

分析人：　　　日期：　　　审核人：　　　　日期：　　　审定人：　　　日期：

序号	作业步骤	危险源	可能发生的事故类型及后果	风险分析			风险分级	备注
				可能性	严重性	频次		

（2）流程图分析法

流程图分析法是通过分析经营、管理业务流程来识别危险源的一种方法。其具体做法是，先将经营、管理某项业务的全过程，比如采购工作所包括的制定采购计划、采购申请与审批、选定供应商、发出采购订单、物料入库验收、货款支付等不同工作阶段或环节，按顺序列出一张详尽的流程图，然后依据相关规范，对各阶段、各环节逐项进行分析，发现存在的各种危险源，并将危险源记录在《流程图分析记录》中，如表 4-1-2 所示。

表 4-1-2　流程图分析记录

风险点：　　　　岗位：　　　作业类别：　　　　　　　　No：

分析人：　　　　日期：　　　审核人：　　　　日期：　　　审定人：　　　日期：

序号	业务阶段或环节	危险源	可能发生的事故类型及后果	风险分析			风险分级	备注
				可能性	严重性	频次		

（3）安全检查表法

安全检查表（Safety Checklist Analysis，简称 SCA）是依据相关规范，对服务场所、设施设备、信息化系统等是否符合安全要求，通过检查发现其存在的危险源的一种方法。它的基本步骤包括编制安全检查表、进行现场检查等。

编制安全检查表。此环节的工作，又可具体分为：①确定编制人员，包括熟悉工作环境的风险防控人员、专业技术人员、岗位操作人员；②熟悉工作流程，包括正常工作状态、工作条件、已有的安全防护设施等；③收集相关资料，收集有关安全法律、法规、标准、规程、制度、以往事故案例、同行业或类似行业检查表、有关研究成果等，并总结有关实践经验，作为编制安全检查表的依据；④编制检查内容，确定检查项目、检查标准、不符合标准的情况及后果等要素。

现场检查评价。根据安全检查表所列项目，在现场逐项进行检查，对检查到的危险源如实记录，如表 4-1-3 所示。

表 4-1-3　安全检查表分析记录

风险点：　　　岗位：　　　业务领域：　　　　　　　No：

分析人：　　　日期：　　　审核人：　　　　日期：　　　审定人：　　　日期：

序号	检查项目	标准	不符合标准情况及后果	风险分析			风险分级	备注
				可能性	严重性	频次		

（4）事故树分析法

事故树分析法（Accident Tree Analysis，简称 ATA）是通过层层分析事故的原因，识别危险源及其属性的一种方法。事故原因即危险源。这种方法的基本步骤包括：①确定所要分析的事故；②确定并熟悉事故所属业务领域及业务要求；③层层调查事故发生的所有原因，画出事故树；④将查找出的危险源记录在《事故树分析记录》中，如表 4-1-4 所示。

表 4-1-4　事故树分析记录

风险点：　　　岗位：　　　业务领域：　　　　　　　No：

分析人：　　　日期：　　　审核人：　　　　日期：　　　审定人：　　　日期：

序号	检查项目	危险源（事故原因）	风险分析			风险分级	备注
			可能性	严重性	频次		

(二) 风险分析

在风险防控工作实践中，对于简单的风险，风险分析环节往往比较简单。如照护人员发现了地面湿滑，经过大脑瞬间的思维判断，就及时进行了打扫，没有复杂的分析环节。但对于复杂或系统的风险，就有必要借助作业条件危险性分析评价法、风险矩阵分析法(LS)、风险程度分析法(MES)等风险分析方法作出专业的分析。其中，作业条件危险性分析评价法简便易行、可操作性强，比较适用于养老机构的风险分析。

作业条件危险性分析评价法，简称 LEC。其中，L 代表 likelihood，指事故发生的可能性；E 代表 exposure，指人员暴露于危险环境中的频繁程度，或导致危险源转化为事故的危险事件的发生频率；C 代表 consequence，指一旦发生事故可能造成的后果。给这 3 种因素的不同等级分别确定不同的分值，再以 3 个分值的乘积 D(代表 danger，指危险性)来评价作业条件危险性的大小，即：D=L×E×C。D 值越大，说明该作业活动危险性大。根据 D 值的大小，将风险划分为极其危险、高度危险、显著危险、轻度危险、稍有危险等 5 个级别。对于 5 个级别的风险，可分别用"红橙黄蓝"4 种颜色表示(其中蓝色对应轻度危险、稍有危险)。事故发生可能性(L)判定准则、暴露于危险环境(危险事件发生)的频繁程度(E)判定准则、事故后果严重性(C)判定准则、风险等级判定准则(D)分别见表 4-1-5-1、表 4-1-5-2、表 4-1-5-3、表 4-1-5-4。经过分析，将最终分析结果填写在表 4-1-1、表 4-1-2、表 4-1-3、表 4-1-4 中。

表 4-1-5-1　事故可能性(L)判定准则

分值	事故、事件或偏差发生的可能性
10	完全可以预料
6	相当可能；或危害的发生不能被发现(没有监测系统)；或在现场没有采取防范、监测、保护、处理措施；或在正常情况下经常发生此类事故或偏差
3	可能，但不经常；或危害的发生不容易被发现；现场没有检测系统或保护措施(如没有保护装置、没有个人防护用品等)，也未作过任何监测；或未严格按操作规程执行；或在现场有处理措施，但未有效执行或处理措施不当；或危害在预期情况下发生
1	可能性小，完全意外；或危害的发生容易被发现；现场有监测系统；或过去曾经发生类似事故或偏差；或在异常情况下发生过类似事故或偏差
0.5	很不可能，可以设想；危害一旦发生能被及时发现，并能定期进行监测

分值	事故、事件或偏差发生的可能性
0.2	极不可能；有充分、有效的防范、控制、监测、保护措施；或员工安全意识相当高，严格执行操作规程
0.1	实际不可能

表 4-1-5-2 暴露于危险环境(危险事件发生)的频繁程度(E)判定准则

分值	频繁程度	分值	频繁程度
10	连续暴露(发生)	2	每月一次暴露(发生)
6	每天工作时间内暴露(发生)	1	每年几次暴露(发生)
3	每周一次或偶然暴露(发生)	0.5	非常罕见地暴露(发生)

表 4-1-5-3 事故后果严重性(C)判定准则

分值	人员伤亡	直接经济损失(元)	机构形象受损
100	1人以上死亡，或6人以上重伤或致残	1000万以上	行业内或省内及以上不良影响
60	3~6人重伤或致残	500万以上	本地区不良影响
40	3人以下重伤或致残	200万以上	养老机构及周边范围不良影响
15	受伤较严重，需住院治疗	10万以上	形象没有受损，引人关注
7	轻微受伤、无需住院治疗	1万以上	形象没有受损
2	无伤亡	1万以下	形象没有受损
备注：人员伤亡、直接经济损失、机构形象受损三者符合其一即可；每列的数额或内容可根据实际调整			

表 4-1-5-4 风险等级判定准则(D)

风险值	风险等级	
>320	A/1 级	极其危险
160~320	B/2 级	高度危险
70~160	C/3 级	显著危险
20~70	D/4 级	轻度危险
<20	E/5 级	稍有危险

对于复杂或系统的风险等级,也可依据相关法律、标准及规范性文件规定的标准进行判定。如根据《养老机构重大事故隐患判定标准》[见《民政部办公厅关于印发〈养老机构重大事故隐患判定标准〉的通知》(民办发〔2023〕13 号)]规定,依据"未落实安全管理有关法律法规和强制性标准等基本要求""可能导致人员重大伤亡、财产重大损失",可判定养老机构的重大事故隐患。该文件并根据此标准,列举了 5 大类、23 个主要方面的重大事故隐患,具体见表 4-1-6。该表未列明人员重大伤亡、财产重大损失的具体标准。在判断伤亡或损失程度时,可依据《生产安全事故报告和调查处理条例》(2007 年 3 月 28 日国务院第 172 次常务会议通过)第三条的规定。该条规定:"根据生产安全事故(以下简称事故)造成的人员伤亡或者直接经济损失情况,事故一般分为以下等级:①特别重大事故,是指造成 30 人以上死亡,或者 100 人以上重伤(包括急性工业中毒,下同),或者 1 亿元以上直接经济损失的事故;②重大事故,是指造成 10 人以上 30 人以下死亡,或者 50 人以上 100 人以下重伤,或者 5000 万元以上 1 亿元以下直接经济损失的事故;③较大事故,是指造成 3 人以上 10 人以下死亡,或者 10 人以上 50 人以下重伤,或者 1000 万元以上 5000 万元以下直接经济损失的事故;④一般事故,是指造成 3 人以下死亡,或者 10 人以下重伤,或者 1000 万元以下直接经济损失的事故。"

表 4-1-6 养老机构重大事故隐患及判定标准

大类	主要方面	判定标准(未落实安全管理有关法律法规和强制性标准等基本要求)
01 重要设施设备存在严重缺陷	01-1 建筑设施经鉴定属于 C 级、D 级危房或者经住房城乡建设部门研判建筑安全存在重大隐患	有关法律法规:《建筑法》《消防法》《机关、团体、企业、事业单位消防安全管理规定》《城镇燃气管理条例》《特种设备安全法》等。相关标准:《建筑防火通用规范》(GB 55037—2022)、《建筑内部装修设计防火规范》(GB 50222—2017)、《建筑灭火器配置设计规范(GB 50140—2005)》《用电安全导则》(GB/T 13869—2017)、《燃气工程项目规范》(GB 55009—2021)、《家用燃气燃烧器具安全管理规则》(GB 17905—2008)、《危险房屋鉴定标准》(JGJ 125—2016)等
	01-2 经住房城乡建设、消防等部门检查或者第三方专业机构评估判定建筑防火设计、消防、电气、燃气等设施设备不符合法律法规和强制性标准的要求,不具备消防安全技术条件	
	01-3 违规使用易燃可燃材料为芯材的彩钢板搭建有人活动的建筑或者大量使用易燃可燃材料装修装饰	
	01-4 使用未取得许可生产、未经检验或者检验不合格、国家明令淘汰、已经报废的电梯、锅炉、氧气管道等特种设备	
02 安全生产相关资格资质不符合法定要求	02-1 内设医疗机构的,未依法取得医疗机构执业许可证或者未依法办理备案	《基本医疗卫生与健康促进法》(2019 年通过)、《医疗机构管理条例》(2022 年修改)等
	02-2 内设食堂的,未依法取得食品经营许可证	《食品安全法》(2021 年修正)、《食品经营许可和备案管理办法》(2023 公布)等
	02-3 使用未取得相应资格的人员从事特种设备安全管理、检测等工作	《特种设备安全法》(2013 年通过)、《特种设备安全监察条例》(2009 年修订)等
	02-4 使用未取得相关证书,不能熟练操作消防控制设备人员担任消防控制室值班人员	《国家职业资格目录》(2021 年版)、《消防设施操作员》(2019 年版)等
	02-5 允许未经专门培训并取得相应资格的电工、气焊等特种作业人员上岗作业	《国家职业资格目录》(2021 年版)、电工气焊等职业技能标准

续表

大类	主要方面	判定标准(未落实安全管理有关法律法规和强制性标准等基本要求)
03 日常管理存在严重问题	03-1 未建立安保、消防、食品等各项安全管理制度或者未落实相关安全责任制	有关法律法规:《安全生产法》《消防法》《食品安全法》《特种设备安全法》《突发事件应对法》《养老机构管理办法》等。 相关标准:《建筑防火通用规范》(GB 55037—2022)、《人员密集场所消防安全管理》(GB/T 40248—2021)、《用电安全导则》(GB/T 13869—2017)、《家用燃气燃烧器具安全管理规则》(GB 17905—2008)、《养老机构服务安全基本规范》等
	03-2 未对特种设备、电气、燃气、安保、消防、报警、应急救援等设施设备进行定期检测和经常性维护、保养,导致无法正常使用	
	03-3 未按规定制定突发事件应急预案或者未定期组织开展应急演练	
	03-4 未落实 24 小时值班制度、未进行日常安全巡查检查或者对巡查检查发现的突出安全问题未予以整改	
	03-5 未定期进行安全生产教育和培训,相关工作人员不会操作消防、安保等设施设备,不掌握疏散逃生路线	
	03-6 因施工等特殊情况需要进行电气焊等明火作业,未按规定办理动火审批手续	
04 严重违法违规提供服务	04-1 将老年人居室或者休息室设置在地下室、半地下室	有关法律法规:《食品安全法》《传染病防治法》等。 相关标准:《老年人照料设施建筑设计标准》(JGJ 450—2018)、《餐饮服务食品安全操作规范》(国家市场监督管理总局 2018 年第 12 号公告)等
	04-2 内设食堂的,未严格执行原料控制、餐具饮具清洗消毒、食品留样等制度	
	04-3 向未取得食品生产经营许可的供餐单位订餐或者未按照要求对订购的食品进行查验	
	04-4 发现老年人患有可能对公共卫生造成重大危害的传染病,未按照相关规定处置	

续表

大类	主要方面	判定标准(未落实安全管理有关法律法规和强制性标准等基本要求)
05 其他	05-1 养老机构选址不符合国家有关规定,未与易燃易爆、有毒有害等危险品的生产、经营场所保持安全距离或者设置在自然资源等部门判定存在重大自然灾害高风险区域内	有关法律法规:《安全生产法》《消防法》等。相关标准:《建筑防火通用规范》(GB 55037—2022)、《老年人照料设施建筑设计标准》(JGJ 450—2018)等
	05-2 疏散通道、安全出口、消防车通道被占用、堵塞、封闭	
	05-3 未设置应急照明、疏散指示标志、安全出口指示标志或者相关指示标志被遮挡	

二、风险处理

风险处理,即针对风险而采取的相应处理方式、措施和手段。可遵循如下步骤进行风险处理。

1. 风险处理方式

养老机构常用的风险处理方式一般有排除、降低、分摊、转移、自留等 5 种。排除风险,也叫规避或消除风险,就是消除危险源,不从事带有风险的行为,从根本上避免事故的发生。降低风险,就是降低风险向事故转化的可能性或风险事件发生的可能后果。分摊风险,就是根据风险来源不同以及不同主体采取处理措施便利性、成本的不同,合理地将部分或全部风险处理义务安排给相关方(如送养人、有相应民事行为能力和自理能力的住养人、负责特种设备检修的合作方)承担。转移风险,就是通过采取雇主责任保险、床位责任保险、委托经营、承包等方式,将部分或全部风险转移出去。自留风险,是指不采取任何处理措施或处理措施不足以防止事故发生,事故损失由机构自己承担的一种方式。

在风险分析的基础上,养老机构应根据风险等级以及机构自身实际等情况,针对某项风险,选择一种或一种以上的处理方式。对按照表 4-1-6《养老机构重大事故隐患判定标准》判定的重大事故隐患,应采用排除方式。对不一定构成重大事故隐患或极其危险、高度危险级别的风险,如违背了法律、国家标准强制性规定，或事故发生的可能性极大，或具有群体、全局或系统性特点，或机构形象受损将特别严重，也建议采用排除方式，如①未经登记收住老年人；②使用须具有但不具有相应资质的人员；③收住患有精神病和甲、乙类传染病的老年人；④从事须经许可或备案而未经许可或备案服务项目；⑤制定和执行与老年人自理能力程度不相符的服务项目和服务计划；⑥制定和执行违反法律、技术性规范规定的规章制度和服务规范(包括服务流程、操作规程、质量标准等)；⑦故意掐、拧、咬、打、辱、骂等粗暴对待住养人等。特别强调的是，根据《刑法》第二百六十条、三十七条的规定，故意掐、拧、咬、打、辱、骂等粗暴对待住养人，情节恶劣的，构成虐待被看护人罪，将对单位判处罚金，并对其直接负责的主管人员和直接责任人员，处3年以下有期徒刑或者拘役；被判处刑罚的直接负责的主管人员或直接责仟人员还可能自刑罚执行完毕之日或者假释之日起3年至5年内被禁止从事养老照护职业。此类刑事法律风险，一旦发生，将对机构的形象产生巨大消极影响，养老机构应坚决予以排除。

因住养人自身身心方面导致的风险是无法排除的，对该类风险的处理必然包括降低事故发生概率的处理方式。对"稍有危险"级别的风险，可采取自留方式。

2. 风险处理措施

制定风险处理措施应坚持如下原则：①科学性原则，即拟采取的处理措施符合相关法律、技术标准、其他规范性文件以及专业技术等的要求；②可行性原则，即拟采取的处理措施能够被应用于实际工作中，具有可操作性；③可靠性原则，即拟采取的处理措施具有相应的人员、技术、经费等保障；④经济合理性原则，即拟采取的处理措施的成本一般小于事故发生后的损失；⑤有效性原则，即通过拟采取处理措施，能够达到排除、降低、分摊或转移的目的。

根据相关规范，针对某项风险具体情况，可以从操作技术技能措施、经营管理措施、教育与培训措施、个体防护措施4个维度中的一个或多个维度制定风险处理措施。针对照护服务领域的风险处理，也可从服务主体、服务对象、服务内容、服务时间、服务空间、服务方法等6个维度中的一个或多个维度制定风险处理措施。

3. 风险处理要求

关于处理期限，有如下要求：①对极其危险，应立即采取措施，如不能立即采取措施或措施不能立即有效落实，须立即停止作业或业务活动；②对高度危险，要立即或近期采取措施；③对显著危险，应在一定时间内采取措施；④对轻度危险，应在有条件、有经费时采取措施；⑤对稍有危险，无需采用处理措施。

关于处理层级，应遵循风险级别越高，处理层级越高的原则，对于风险等级高、操作难度大、技术含量高、可能导致严重后果的风险应重点进行控制。上一级负责处理的风险，下一级必须同时负责，并逐级落实。养老机构应根据风险处理分级实施的基本原则和组织机构设置情况，合理确定各级风险的处理层级，一般分为院级、科室级、住区级、班组级和岗位级，可结合本机构机构设置情况，对控制层级进行增加或合并。

关于责任部门、责任人，应明确具体。

4. 风险处理清单

在上述工作的基础上，编制风险处理清单，如表4-1-7所示，并按规定及时更新。

表 4-1-7　风险处理清单

风险点			作业步骤、业务环节或检查项目		危险源	风险分级	处理措施				实施期限	处理层级	责任部门	责任人	备注
编号	类型	名称	序号	名称			操作技术技能措施	经营管理措施	教育与培训措施	个体防护措施					
1			(1)												
			(2)												
			(3)												
			(4)												
			(5)												

5. 风险处理告知与实施

养老机构应建立风险公告制度，在醒目位置和重点区域分别设置安全风险公告栏，制作岗位安全风险告知卡，标明主要安全风险、可能引发事故类别、事故后果、处理措施等内容。对存在重大安全风险的工作场所和岗位，要设置明显警示标志，并强化风险监测和预警。

三、风险监测与预警处置

风险监测不同于前文讲的风险识别。风险识别一般是对潜在风险(亦称抽象风险或隐患)的识别。例如，养老机构通过对住养人的入住评估或例行评估(包括能力评估和风险评估)，发现某位住养人人际和社会功能丧失、单身或离异或丧偶独居、患晚期疾病，可以判定该住养人具有一定程度的自杀隐患，但这种隐患并非现实的危险。风险监测是对现实风险(亦称显露风险、具体风险、事故征兆或苗头)的监视、检测。如前文所述住养人突然有一天出现异乎平常的绝望感、或情绪低落(兴趣丧失)、或言语流露自杀意图，服务人员通过观察或与该住养人的沟通，及时发现这种情况，并敏锐地判断该住养人将有较大可能出现自杀行为，即为风险监测。

风险识别能为风险监测提供指引或导向，但养老机构仅有风险识别工作是远远不够的，因为大多数风险，从潜在风险到现实风险，从现实风险再到风险事件(即伤害事故、意外事件或突发事件)的发生，是一个过程，如果没有风险监测，把握不住事故的苗头或征兆，虽然有风险识别，也难以避免事故的发生。现实中风险防控水平高的养老机构，往往也体现于其较高的风险监测与预警处置水平。

风险监测方法或手段包括：对住养人心理和精神状况的日常观察与了解、对住养人的安全巡视、观察和了解住养人的生命体征、医护人员查房、健康体检、消防检查和巡查，视频监控值班、健康数据智慧监测及异常提醒、安装和使用呼叫装置、安装和使用安防报警(紧急按钮报警、燃气泄漏报警、烟雾报警、红外探测报警等)设备、安装和使用离床报警设备、安装和使用住养人活动 GPS 定位设备等。养老机构服务功能、人力配置、智慧化管理程度不同，风险监测方法或手段也不同。

风险监测是过程或手段，其直接目的是预警处置。所谓预警处置，通俗地讲，就是在发现事故征兆或苗头后，及时采取适当、针对性措施将事故消灭在其萌芽状态。现实风险不同，预警处置措施也不同，见表4-1-8。

表 4-1-8 现实风险与预警处置措施(示例)

序号	现实风险	预警处置措施
01	发现住养人身心机能明显衰退	即时评估,变更服务方案
02	发现住养人基础疾病加重或突发疾病或身心状况异常	通知家属及时送医,如住养人突发危重疾病,机构应第一时间拨打"120"等救助电话,并派人陪送至医疗机构就医
03	发现住养人多次谩骂或欺侮其他住养人	进行安全教育,劝告或教育无效的,解除与其之间的服务合同
04	发现住养人意图自伤(杀)、或意图伤(杀)人	第一时间采取适当措施制止;通知与要求家属与机构共同做住养人的疏导、沟通工作;检查、由机构统一保管危险物品;必要时转送医疗机构;劝告或教育无效的,解除与其之间的服务合同
05	发现住养人意欲自行除去尿袋或鼻饲管	遵医嘱并经家属同意使用约束用品

养老机构未尽风险监测或预警处置义务,或预警处置不当,应承担相关法律责任。2020 年 7 月 25 日上午,蔡某青(轻度痴呆、中度抑郁、器质性心境情感障碍)自言自语、情绪不稳,老年公寓公司的护工通过微信视频方式联系家属,家属通过微信视频安抚蔡某青。同日下午 17 时左右,蔡某青自行爬上隔壁 501 房的窗台,并坐到防盗窗栏上。护工胡某菊发现后上前劝阻,并通过微信拍摄向家属发送一段时长 1 秒的视频,显示蔡某青抓着防盗窗的栏杆站起。后蔡某青从防盗窗底部坠落,护工胡某菊上前拉住蔡某青的手并呼救,同住其他住养人的家属听到声响后上前帮忙一道拉住蔡某青的手,但最终未能拉住,蔡某青坠落至 1 楼,后经抢救无效死亡。法院认为,结合本案蔡显青轻度痴呆、中度抑郁、每月或每周有几次身体攻击或言语攻击行为、重度失能的特殊情况,老年公寓公司确应预见到蔡显青在养老期间会有区别于普通正常老人的言行举止,并由此考虑投入更多人力以及安排个别男性护工参与护理等,尤其养老区域在 5 楼的情况下,可考虑限制窗户打开的宽度,防止住养人员高空坠落。蔡某青情绪不稳时未予以专业处理,发生突发事件时护理人员未能予以及时、合理处置,也没有应对突发事件的配套机制跟进,导致涉案事故发生。老年公寓公司依法应就蔡某青的死亡

后果承担相应赔偿责任。但蔡显青自身行为是导致其坠落死亡的主要原因。综合考虑双方过错及平衡双方利益的情况下，酌情确定老年公寓公司承担30%赔偿责任。①

四、应急救助与处置

应急救助与处置是指一旦发生事故，为减少损失应当采取的紧急救助措施及其他紧急措施或行动。风险识别分析、风险处理、风险监测与预警处置做得越好，安全事故就越少，应急救助与处置这个环节的工作就越少。养老机构应当把更多的时间、精力和财力用在前几个环节的工作上。但是养老行业属于高风险行业，养老机构要想做到长期零事故发生，是很难的。一旦发生事故，如何做好事故的应急救助与处置工作，尽量减少损失，也必须予以重视。

针对可能发生的事故，为最大程度减少事故损失，应预先制定应急准备工作方案，即应急救助与处置预案(简称应急预案)，并在事故发生时立即启动并实施预案。预案编制与实施程序包括成立编制工作组、资料收集、应急资源调查、预案编制、组织论证、签发与公布、宣教演练与实施、评估与修订等8个步骤：

1. 成立编制工作组。成立以机构风险防控负责人为组长，相关部门人员参加的编制工作组，明确工作职责和任务分工，制订工作计划，组织开展编制工作。

2. 资料收集。工作组至少应收集下列相关资料：①适用的法律法规、部门规章、地方性法规和政府规章、技术标准及其他规范性文件；②机构周边环境、交通等相关情况的资料；③机构现场功能区划分、建筑物平面布置及安全距离资料；④机构组织结构、部门和岗位职责、规章制度、工作流程，设施设备配置等资料；⑤机构风险评估(识别、分析、控制)资料及以往事故资料；⑥政府相关部门应急预案。

3. 应急资源调查

全面调查和客观分析本机构以及外部可请求援助的应急资源状况，撰写应急资源调查报告，其内容包括但不限于：①本机构可调用的应急队伍、装备、物资、场所等；②针对安全风险和事故可采取的监测、报警手段；③可请求援助的

①　参见(2021)浙02民终2918号民事判决书。

外部应急资源及医疗，消防或专业抢险救援机构及其他社会化应急救援力量。

4. 预案编制

(1)编制的原则、核心、特点、形式与基本要求：预案编制应遵循以人为本、依法依规、符合实际、注重实效的原则，以应急救助为核心，体现自救互救和先期处置的特点，尽可能简明化、图表化、流程化，并应当符合下列基本要求：①有关法律、法规、规章和标准的规定；②本机构的经营管理与服务实际情况；③本机构的风险评估情况；④应急组织和人员的职责分工明确，并有具体的落实措施；⑤有明确、具体的应急程序和处置措施，并与其应急能力相适应；⑥有明确的应急保障措施，满足应急工作需要；⑦预案基本要素齐全、完整，有关信息准确；⑧应与政府部门相关应急预案相互衔接。

(2)合理确立应急预案体系：养老机构依据本机构的风险评估资料及应急资源调查结果、本机构组织管理体系、院舍规模与功能等实际，可针对总体风险和可能发生的事故制定综合应急预案，也可对某项或某类风险和可能发生的事故编制专项应急预案(如住养人跌倒应急预案、群体性事件应急预案、食物中毒应急预案、传染病应急预案、自然灾害应急预案等)，还可对于危险性较大的场所、装置或设施，编制现场处置方案(如设备设施故障处置预案、火灾处置预案、暴力袭击事件处置预案)。

(3)预案包括但不限于下列内容：

1)事故类型：住养人伤害事故或突发事件的一种或多种。

2)组织机构：一般包括领导小组(由组长、成员等组成)、应急小组(如通讯联络组、消防救援组、防暴护卫组、抢险救灾组、后勤保障组等)。

3)职责分工：如领导小组职责一般包括：①组织应制定并实施应急预案；②组织应定期开展安全知识、技能的宣传教育和培训及预案的实施和演练；③开展日常安全工作检查，督促、落实隐患整改工作，及时消除安全隐患；④组织应对本机构设备、设施、消防器材和安全标志定期检测和维护保养，确保其完好有效，确保疏散通道和安全出口畅通；⑤严格遵守法律法规、相关制度和服务流程，按照操作规范提供服务；⑥组织管理各应急小组等。

4)处置原则：如以人为本、预防为主、常备不懈、高效协调等。

5)预案等级：应根据事故的性质、造成损失和社会危害的程度以及影响范围等因素划分预案等级，如由低到高划分 IV 级(一般)、III 级(较大)、II 级(重大)和 I 级(特别重大)等 4 个级别。

6）处置程序：一般包括发现事故后的报告（比如规定：事故发生后，现场有关人员应立即报告风险防控人员或安全责任人；特别重大或重大突发事件发生后，安全责任人接到报告后，应按照相关规定立即向上级主管部门及当地政府报告，上报时间最迟不应超过 4 小时；应急处置过程中，应及时续报有关情况；对重大突发事件不应瞒报、迟报、谎报或者授意他人瞒报、谎报，不应阻止他人报告）、应急处置（预案的启动与实施）、舆情管理、事后评估、应急结束等几个环节的工作。养老机构可根据自身实际情况，参照表 4-1-9 制定应急处置流程与措施。

表 4-1-9　典型突发事件的应急处置基本流程

序号	典型突发事件	应急处置基本流程
1	住养人突发疾病	1. 立即通知医护人员急救（如对心脏骤停住养人行胸外心脏按压。不具备救治条件机构，立即拨打"120"急救电话），告知护理部和行政值班人员。 2. 医护人员甄别住养人病情予以处置： （1）住养人病情允许，采取适当措施，并叮嘱员工照顾护理的注意事项。 （2）住养人病情紧急，就地抢救，并同时根据事先协议约定或家属意见，安排联系"120"救护车协助抢救和送医院治疗。 3. 护理部安排做好同室或其他住养人安抚工作，避免引起其他住养人恐慌等不良心理。 4. 行政值班人员立即通知院领导，告知情况并听取院领导指示。 5. 行政值班掌握现场基本情况后，立即通知住养人家属，告知住养人情况，征求家属对住养人就医意见，根据需要通知家属来现场或直接赶往医院
2	住养人猝死	1. 查看住养人情况，立即就地进行心脏复苏抢救，让在场人员拨打"120"急救电话、通知医护人员（不具备救治条件的，立即拨打"120"急救电话）、护理部和行政值班人员。 2. 护理部安排做好同室或其他住养人安抚工作，避免引起其他住养人恐慌等不良心理。 3. 行政值班人员立即通知院领导，告知情况并听取院领导指示。 4. 行政值班人员立即通知住养人家属，听取家属对住养人就医意见，做好沟通和安慰工作。 5. 经抢救无效，住养人死亡的，院方安排专门人员协助家属做好善后事宜；无法与家属取得联系的，及时联系殡仪馆，妥善保存遗体；及时报告民政部门

序号	典型突发事件	应急处置基本流程
3	住养人误吸、噎食	1. 发现住养人误吸、噎食时,立即使用"余气冲击法"或背部拍打法,尽可能排出吸入物,抢救住养人生命。同时,其他工作人员立即通知医护人员(不具备救治条件的,立即拨打"120"急救电话)、护理部、行政值班人员。 2. 行政值班人员立即与住养人家属联系,通知抢救工作、住养人情况等
4	住养人坠床/摔倒	1. 发现住养人坠床、摔倒情况发生时,查看并判断住养人伤情(是否昏迷,是否有外伤,是否可能骨折等),向护理部、行政值班人员汇报。 2. 根据住养人伤情分别处理: (1)受伤程度较轻者,搀扶或用轮椅将住养人送回房间或扶上床休息,安慰住养人。 (2)如住养人外伤出血、或疼痛厉害可能骨折或昏迷等,就地进行适当抢救,并拨打"120"急救电话(不具备抢救条件的,立即拨打"120")。 3. 护理部安排做好同室或其他住养人安抚工作,避免引起其他住养人恐慌等不良心理。 4. 行政值班人员掌握现场基本情况后,立即通知住养人家属,告知住养人情况,征求家属对住养人就医意见,根据需要通知家属来院或直接赶往医院
5	住养人烧/烫伤	1. 住养人发生烧/烫伤时,立即将住养人带离火/热源,并根据实际情况自行或请他人协助马上扑灭火源或关掉热源。 2. 帮住养人去除或剪除伤口处衣物,安排他人通知医护人员、护理部和行政值班人员。 3. 视伤情进行处理: (1)如眼睛、脸部、生殖器等身体脆弱或者重要部位烧/烫伤,或烧/烫伤程度严重,或烧/烫伤面积较大,或化学制剂烧伤(用干净布擦干净创面),或烫伤后不确定烫伤程度的,要用干净布单覆盖伤口,立即将住养人送往医院急救处理或拨打"120"请求急救。 (2)如伤情允许,用冷水冲洗或浸泡伤口,并配合医护人员对伤口进行处理。 4. 通知住养人家属,听取家属对住养人就医意见,告知详细情况,做好沟通、安抚工作

续表

序号	典型突发事件	应急处置基本流程
6	住养人自杀	1. 如住养人身亡： (1)保护现场，立即拨打"110"和"120"。 (2)通知护理中心(部)，做好其他住养人安抚工作。 (3)报告院领导，告知情况并听取院领导指示。 (4)通知家属，做好家属沟通和安抚工作。 2. 如住养人出现伤害 (1)立即通知医护人员急救(不具备救治条件机构，立即拨打"120"急救电话)，告知或者由他人立即告知护理部和行政值班人员。 (2)初步判断伤势严重，报告院领导，拨打"110"，通知公安机关到场。 (3)医护人员甄别住养人伤害情况予以处置： ①住养人伤势允许，采取适当措施，并叮嘱员工照顾护理的注意事项； ②住养人伤势严重，就地抢救，并同时根据事先协约定或家属意见，安排联系"120"救护车协助抢救和送医院治疗； (4)护理部安排做好同室或其他住养人安抚工作，避免引起其他住养人恐慌等不良心理； (5)行政值班掌握现场基本情况后，立即通知住养人家属，告知住养人情况，征求家属对住养人就医意见，根据需要，通知家属来院或直接赶往医院
7	住养人私自外出或外出未归	1. 当发现住养人私自外出时，立即联系住养人，如联系未果，询问相关人员住养人外出原因及具体情况，查看相关区域监控录像，立即在院内和院附近寻找。当发现住养人外出未归时，立即联系住养人或陪同家属。同时，通知护理部向行政值班人员报告。 2. 如未能找到住养人，或未联系上住养人或陪同家属，立即通知住养人家属或陪同家属外的其他家属。 3. 请求公安、民政等部门协助查找。与有关部门、家属共同查找住养人可能去处。 4. 如寻找未果，立即将结果上报民政部门，并处理住养人走失后的后续事宜。 5. 如中间住养人返回院里，查看住养人身体情况，并按有关规定或约定对整个事件进行处理

序号	典型突发事件	应急处置基本流程
8	住养人出现精神障碍	1. 发现住养人出现精神障碍时，根据住养人实际情况立即采取相应安全保护措施；如住养人有伤害自身或危害他人安全的危险行为，应立即采取具有无可替代、适度、适时的约束保护措施；如住养人出现精神障碍，但并未出现伤害自身或危害他人危险的行为，应立即转移易造成自伤或他伤的物品，并采取针对性个案护理、社工措施。 2. 通知护理部、行政值班人员，并逐级报告。护理部安排其他人员做好同室或其他住养人保护和安抚工作。 3. 通知住养人家属，住养人未离院期间要求家属24小时陪护。 4. 通知家属带住养人到精神病医院进行诊断、治疗。对于已经发生伤害自身或危害他人安全行为、或者有伤害自身或危害他人安全危险的严重精神障碍住养人，如家属拒绝带住养人去专科医院诊疗或无法联系到家属，院方可拨打"110"报警电话，请求公安机关共同将住养人送专科医院诊疗，同时报告民政部门
9	住养人突发甲乙类传染病	1. 发现住养人患疑似甲、乙类传染疾病，立即就地将住养人隔离或分区服务，避免与其他住养人接触。 2. 立即报告院领导，第一时间报告卫生健康、疾病防控、民政等部门，并通知住养人家属。 3. 根据住养人病情及疾病防控或卫生健康部门专家上门评估意见，并沟通家属，根据现行防疫政令将住养人送医疗机构进行治疗或院内隔离治疗或家属接回家中居家隔离治疗。 4. 配合疾病防控部门对相关场所彻底消毒及其他防治措施。 5. 迅速公布传染病防治措施，增强其他住养人和员工自我保护意识，并稳定其他住养人和员工的情绪
10	住养人触电	1. 发现住养人触电，迅速切断电源，如拉开电源开关、拔除电源插头等，或使用绝缘工具、干燥的木棒、木板等绝缘材料解脱触电者，也可用绝缘手套或站在干木板上绝缘自己进行救护，使触电者脱离导电体。其他人员立即通知医护人员、拨打"120"急救电话、告知护理部和行政值班人员。 2. 根据住养人伤情进行抢救： (1)如住养人心跳、呼吸停止，立即就地进行心肺复苏抢救。 (2)如住养人神志清醒或虽然神志不清，但心跳、呼吸未停止，应使住养人就地仰面平躺，确保住养人气道畅通，等待"120"急救。 3. 通知家属，听取家属对住养人就医意见，告知住养人具体情况，做好沟通、安慰工作。 4. 派专人随"120"救护车送住养人去医院治疗

续表

序号	典型突发事件	应急处置基本流程
11	住养人食物中毒	1. 发现情况后立即将中毒住养人送往医院或拨打"120"急救电话,并告知护理部、医护人员、行政值班人员。行政值班人员报告院领导,通知住养人家属。 2. 护理部立即通知其他住养人停止食用可能导致事故的食品,防止事故扩大。 3. 膳食或后勤部门立即封存导致或者可能导致食品安全事故的食品及其原料、工具及用具、设备设施和现场,并按照相关监管部门的要求采取处理措施,无关人员不允许到食堂。 4. 院领导分别向卫生、食品、民政等相关政府主管部门报告。 5. 配合食品监督部门对事故进行调查处理
12	住养人压疮	1. 发现褥疮时,应加强皮肤护理,及时通知医生,并向家属告知病情。 2. 医护人员根据病情按常规及时处理。 3. 发生褥疮时,除按防范措施要求认真护理外,还应做到: (1)淤血红润期:表现为红、肿、热、痛、麻木;每2小时翻身一次,5%红花酒精局部按摩,局部烤灯照射:2次/日,20分钟/次。 (2)炎症浸润期:表现为局部红肿向外扩散、浸润,皮肤为紫红色,有水泡出现,疼痛加剧;水泡可用无菌注射器抽出,并用烤灯照射:2次/日,20分钟/次,使之干燥结痂,上面覆盖无菌纱布。 (3)溃疡期:表现为水泡破裂,局部感染,浅层组织坏死,溃疡形成,创面有渗出及脓性分泌物;首先清疮,用0.02%呋喃西林或双氧水清除坏死组织;可放置引流条,再用烤灯照射:20分钟/次;加强营养,也可用褥疮膏填充在空洞部位;长期不愈合者,用生肌散等外敷。 3. 做好各种记录
13	火灾事故	1. 发现火灾后迅速判断火情,火情马上可以扑灭的立即扑灭,火情开始蔓延扩大、不可能马上扑灭的,根据情况拨打"119"火警电话和"120"急救电话,通知护理部、报告行政值班人员,由行政值班人员迅速通知院领导到现场总指挥、通知其他全部在岗员工。 2. 现场指挥立即将工作人员分为灭火行动组、疏散行动组和安全保卫组,同时指定各组组长。 3. 各行动组立即投入相应工作: (1)灭火行动组执行灭火行动组职能,等消防人员赶到现场后再参加疏散行动组工作;发现火情和失火现场楼面工作人员首先执行灭火行动组职能。

续表

序号	典型突发事件	应急处置基本流程
13	火灾事故	（2）疏散行动组由护理人员组成，一部分参加失火区域或楼面住养人的疏散，将住养人安全疏散到安全的地方；另一部分负责安抚住养人情绪，保证住养人安全。 （3）安全保卫组引导消防车辆进院，防止住养人走失，安排将伤亡住养人由救护车送至医院就医，劝阻无关人员不得进入现场，控制失火现场可能发生的骚乱，负责保护现场，收集发生火灾时的证物，为事故调查提供依据。 4. 院长向上级部门报告，分析、总结事故发生的原因，对安全隐患进行重点排查

案例

养老机构因应急处置不当而担责的案例屡见不鲜。2017 年 10 月 5 日 8 时许，余某功突发心脏病，其所在老年公寓电话通知了家属，8 时 10 分左右家属接到关于余某功死亡的电话。其间，老年公寓两名医护人员先后对余某功实施心肺复苏，后判断余某功无生命体征后将其移至太平间。家属等人接到电话赶至现场后拨打了"120"急救和"110"报警电话，余某功经合肥市第三人民医院进行抢救无效死亡。一审法院认为，余某功在试住期间突发心脏病，老年公寓在对其采取救护措施的同时未能在第一时间呼叫"120"救护车，虽然老年公寓安排了自家医务人员对其实施心脏复苏，但其医疗条件和抢救能力无法满足突发性心脏病的救助需要，因此，老年公寓未能尽到应有的照顾义务，依法应当承担相应的违约责任，酌定由老年公寓承担 20% 的违约赔偿责任。[①]

7）工作要求：一般包括组织和人员要求、物资要求、设施设备要求等。如物资和设施设备要求：配备应急救援所需的各种救援设备设施、监测仪器、隔离材料、交通工具、个人防护设备、医疗设备和药品、生活保障物资等。

---

① 参见（2019）皖 01 民终 8055 号民事判决书。

5. 组织论证

应急预案编制完成后，养老机构应组织安全及应急管理方面的、有现场处置经验的专家对预案进行论证。论证内容主要包括：风险评估和应急资源调查的全面性、基本要素的完整性、组织体系的合理性、应急处置程序和措施的针对性、应急保障措施的可行性、应急预案的衔接性。养老机构应认真分析研究，按照论证意见对应急预案进行修订和完善。

6. 签发与公布

通过论证的应急预案，由养老机构主要负责人签发，并及时发放到有关部门、岗位，并在公布之日起 20 个工作日内，按有关规定向安全生产监督管理部门和民政部门进行告知性备案。

7. 宣教演练与实施

养老机构应当采取多种形式开展应急预案、应急知识、自救互救和避险逃生技能的宣传教育和培训活动，使从业人员了解应急预案内容，熟悉应急职责、应急处置程序和措施。

养老机构应当制订应急预案演练计划，根据本机构的事故风险特点，每年至少组织 1 次应急预案演练，每半年至少组织 1 次消防等现场处置方案演练。应急预案演练结束后，应当对应急预案演练效果进行评估，分析存在的问题，对应急预案提出修订意见。

养老机构应当按照应急预案的规定，落实应急指挥体系、应急救援队伍、应急物资及装备，建立应急物资、装备配备及其使用档案，并对应急物资、装备进行定期检测和维护，使其处于适用状态。

发生事故时，养老机构应当第一时间启动应急响应，组织有关力量进行救援。

8. 评估与修订

养老机构应当建立预案定期评估制度，对预案内容的针对性、实用性和可操作性进行分析，并对预案是否需要修订作出结论。有下列情形之一的，预案应当及时修订：①依据的法律、法规、规章、标准及政府相关部门预案中的有关规定发生重大变化的；②应急指挥机构及其职责发生调整的；③面临的事故风险发生重大变化的；④重要应急资源发生重大变化的；⑤预案中的其他重要信息发生变化的；⑥在应急演练和事故应急救援中发现问题需要修订的；⑦机构认为应当修订的其他情况。

第二节　构建服务纠纷处理机制

事故发生后，就责任承担问题，养老机构与住养人、送养人很难不发生争执。如何恰当并尽可能快速地处理争执或纠纷，避免承担不应承担的损失，最大程度减少事故和纠纷给机构带来的不利影响，是机构风险防控的应有内容。构建服务纠纷解决机制的重要一环是把握好纠纷解决方式，而要把握好纠纷解决方式，必须把握好事故事实和事故责任。

一、把握事故事实

"以事实为根据"不仅是人民法院审理民事案件应坚持的基本原则，也是所有相关方处理纠纷、判断是非和责任的基础。未"穷尽事故事实"，尤其是未掌握关键事实，不太可能对纠纷作出恰当的处理。

每起事故的事实不尽相同。养老机构应就每起事故针对性地全面把握事故的事实情况。养老机构应掌握的事故基本事实参见表 4-2-1。

表 4-2-1　养老机构应掌握的事故基本事实

基本方面	基　本　内　容
住养人情况	姓名、性别、年龄、入住日期、居住房间；基础性疾病；能力及照护等级评定时间、失能程度、照护等级、服务项目(内容或计划，注意服务项目是否与失能状况对应)； 服务安全风险评估时间、风险类别、风险等级等
事故情况	发生时间、地点、经过、原因(事故原因，如住养人死亡原因)、结果(人身损害后果，是否存在或可能存在残疾)等
院方处理情况	发现情况(人、时间、经过)，应急救助情况(人、时间、措施、经过)，送医及诊疗情况(求助时间)，通知家属情况(时间、告知内容、家属意见)等
家属处理情况	是否积极救治，是否有相关违约情形等

事故发生后，机构应及时安排专人对纠纷进行调查核实，弄清事故事实，固

定与事实相关住养人的入住和健康档案、工作记录、监控录像、现场录音录像等材料，必要时可邀请客户方或公证机构等第三方组织在场封存（对封存材料应妥善保管，住养人或者其送养人、近亲属在资料封存之日起超过 3 年未提出解决纠纷要求，或者服务纠纷已经解决的，养老机构可以自行启封），及时作出书面调查报告，向机构主管领导报告，向客户方通报和解释，需要时向民政等业务主管部门报告。之所以要求要就事故事实写出书面报告，一是为了避免机构人员对事故事实表述不一，引起客户方不必要的怀疑或猜想，增加事故解决的难度，或使事故解决变得更加复杂；二是为了避免因机构方对事故事实表述不一，给司法机关造成该机构管理不善的认识，进而影响司法机关对事故责任的划分和责任比例的认定；三是在需要时，能够快速将事故情况报告给民政等业务主管部门。

二、分析事故责任

根据事故事实，养老机构对住养人损害后果是否应承担责任，应承担多少责任，是个较复杂的法律问题，涉及对住养人损害后果、相关方违法行为、违法行为与损害后果因果关系、相关方过错程度的判断，但又是恰当处理纠纷绕不过去的问题。这不仅是司法裁判所必须解决的问题，也是当事人选择纠纷解决方式以及如何协商、如何调解的基础性问题。如果当事人不能很好驾驭这样一个专业性问题，此时需要法律甚至其他相关专业人士的介入。

作者在总结本人代理和参与处理 100 余起相关案件的基础上，通过详细研读 400 余份相关裁判文书发现，虽然不同的法官处理此类案件的思路不尽相同，但确也有着共性的裁判思路或基本的裁判规则。了解这些裁判思路，有助于当事各方较准确地把握事故责任。

（一）机构承担全责的裁判思路

具有如下情形，机构一般承担全责：①机构在约定的照护服务操作过程中故意或重大过失给住养人造成伤害，或机构应尽但未尽照护服务义务，或机构基础设施设备存在安全隐患给住养人造成伤害，或非因住养人过错或原因发生火灾给住养人造成伤害；②住养人、送养人、第三人无过错；③住养人未发生次生损害，其损害事实与其基础性疾病无因果关系。机构过错行为是住养人损害事实的唯一原因。另，机构在事故处理过程中对承担全部责任的承诺，或存在第三人

(保险公司)代赔等因素对认定机构全责有重要影响。

案例

2017年1月1日，原告代某兰及其女儿苏某美与被告颐和养老服务中心签订《入住协议》，协议约定：代某兰于协议签订之日入住颐和养老服务中心，护理等级为二级。2017年3月12日，因代某兰原护理人员休假，接替的护理人员在为代某兰擦洗后，代某兰感觉腰部不适，于2017年3月16日入院治疗，经安庆市第一人民医院诊断为腰椎骨折。法院认为，代某兰在入住颐和养老服务中心期间，腰3椎体近发压缩性骨折，颐和养老服务中心未举证证明代某兰所受伤害系代某兰自身原因造成，亦未举证证明代某兰所受伤害与其提供的养老服务无关，其对代某兰的损失应当承担全部赔偿责任。①

被告集安市某老年公寓将孙某义安排在老年公寓2楼一房间居住。当晚孙某义居住的房间发生火灾，孙某义在火灾中死亡，被告于次日凌晨通知其家属，家属到场后报警。公安局出警人员到场后对死者孙某义进行了尸检，鉴定结论为孙某义重度烧伤，一氧化碳中毒死亡。后公安机关通知消防大队，消防大队到场后，火灾现场已被破坏，消防大队人员问双方有无纠纷时，被告说没有纠纷，消防大队没有出具火灾报告，经查因该老年公寓2楼房间不符合消防条件，不允许接收(托收)养人员安置在二楼。法院认为，被告将死者孙某义安排在没有达到消防标准的房间居住，发生火灾时，被告没有及时发现火情，造成孙某义重度烧伤、一氧化碳中毒死亡的严重后果，事故发生后又不及时向公安、消防部门报警，被告没有证据证明孙某义对自身死亡有过错行为，故被告应当承担全部赔偿责任。②

(二)机构承担主要责任的裁判思路

1. 情况之一

具有如下情形，机构一般承担主要责任：①机构履行约定服务项目存有不

---

① 参见(2018)皖08民终1172号民事判决书。
② 参见(2016)吉05民终1303号民事判决书。

当，但并非在服务项目操作过程中，而是在两次服务的间隔期间发生住养人伤害；或约定的服务项目与住养人健康状况明显不匹配；或推定机构在服务项目操作过程中故意或重大过失给住养人造成伤害（如压疮、骨折）；无论上述哪种情形，一般伴随有机构履行附随或安全保障义务不当情况发生（如未履行外出管理义务、未及时变更照护等级、未采取安全保护约束措施、迟延送医，或保护或辅助性设施设备存在隐患）；②住养人和送养人不存在过错，或住养人存在认知缺陷，无相应民事行为能力；③机构过错行为是住养人原生损害事实的唯一原因；住养人未发生次生损害，或虽发生次生损害，但原生损害是次生损害产生的直接原因、主要原因、近因。

2016 年 10 月 21 日，张某亲属姚某林将其送至罗山县福某颐养院，姚某林与被告签订《医养合同》，约定福某颐养院为张某提供二级护理服务，即张某卧床不起，翻身、擦洗、进食及大小便均需要护工服务。同年 11 月 28 日，张某亲属发现张某后背、手胳膊、脚踝、臀部等全身大面积压疮，遂送其就诊于罗山县人民医院，经诊断为：①全身多发性大面积压疮；②脑血管后遗症。2017 年 1 月 17 日，张某因"全身多器官功能衰竭"死亡，死亡诊断：大面积压疮；××心功能三级；心房颤动；脑血管后遗症；呼吸心跳骤停。法院认为，死者张某在入住颐养院时，颐养院没有按照岗位制度对其进行体检，没有证据证明张某在入住颐养院时就存在全身大面积压疮。而张某进入颐养院不久就发生全身大面积压疮，颐养院并没有相关的护理记录证明张某的压疮不是护理不到位造成的。张某的亲属为其交的备用金，颐养院并没有使用，也无证据证明颐养院将张某的压疮情况及时通知张某的亲属。从医院的死亡诊断证明上可见，全身大面积压疮是张某死因的第一个病症，张某的死亡与其全身大面积压疮有因果关系，应由颐养院对受害人的损失承担 60% 责任。①

2. 情况之二

具有如下情形，机构一般也承担主要责任：①机构在约定的服务项目操作过程中故意或重大过失给住养人造成伤害；或机构基础设施设备存在安全隐患给住养人造成伤害；②住养人存在过错（未尽必要的安全注意义务）或送养人存在过错（送养精神病人、未穷尽医疗手段或懈怠救治、私设台灯和插座等）；③机构过错

---

① 参见（2016）浙 0523 民初 2081 号民事判决书。

行为构成住养人损害事实的主要原因，住养人的基础疾病或过错，或送养人过错构成损害的次要原因；住养人未发生次生损害，或虽发生次生损害，但原生损害是次生损害产生的直接原因、主要原因、近因。

案例

2017年4月29日，原告将陈某官（出生于1938年9月10日）送至被告处，约定由被告对陈某官提供全护理服务，服务项目的"进食"一项包括了"喂食、饮水、食物切碎或搅拌"，入院申请表病史介绍中原告勾选了"老年性痴呆"，入院调访表显示，陈某官进食需要大部分帮助，洗澡、修饰、穿衣、排泄、移动行走均需要完全帮助，属于全护理级别，认知能力中度异常。2018年6月29日早上6时15分许，护理院开始分发早饭，有馒头等食物分发给在住的一些住养人。当时陈某官用右手拿取了放在床边柜上的馒头，之后，在旁的一位护工叫喊起来，另一位护工看到陈某官吃馒头后有噎着的情况后就上前喂他喝水，随后还有其他护工过来拍他后背。6时36分，浦东急救中心接到被告处的呼救电话，7时左右，接诊医生赶到被告处，发现陈某官已经死亡。法院认为，被告对陈某官所采取的进食护理行为不当，导致陈某官死亡这一事实具有高度可能性。被告未按养老服务合同的约定，将食物切碎后喂给需要进食帮助的陈某官，该不当护理行为导致陈某官的死亡，由此造成了原告的损失，被告依法应当承担侵权责任。但陈某官不顾自身状况自取食物，对死亡后果也有一定过错，可以减轻被告的责任。考虑陈某官自身认知能力欠缺，酌情确认由被告对原告的损失承担70%的赔偿责任。[①]

(三)机构承担同等责任的裁判思路

具有如下情形，机构一般承担同等责任：①机构履行约定服务项目存在不当，但并非在服务项目操作过程中过错造成住养人伤害，而是在两次服务的间隔期间发生住养人伤害，或机构履行附随或安全保障义务不当[如在外出管理、服

---

① 参见(2018)沪0115民初67225号民事判决书。

务记录、体检、变更级别、人员配置、消防管理等方面存在不作为，或迟延送医，或缺乏保护设施设备(如未安装床护栏)等]；②住养人存在过错(如未按呼叫装置、未寻求服务人员帮助等)，或送养人存在明显过错(如未告知住养人的健康状况、未交当期费用、确定住养人照护等级不当、送医迟延、未正规医疗机构治疗或未住院治疗、给住养人送蚊香等危险物品、同意住养人单独外出或对住养人单独外出未提异议等)；或第三人存在过错且应担责(如他伤)；③机构过错行为与住养人的基础疾病或过错，或送养人过错，或第三人过错构成损害的同等原因；住养人未发生次生损害，或发生次生损害，且有证据证明原生损害仅是次生损害的原因之一。

案例

　　2012年1月27日，张某生因其自身行为异常、反应迟钝，精神状态出现异常，入住被告托老院。对此，被告接收其入住时知情。张某生在入住期间的2012年6月27日和7月7日曾到医院门诊，主诉行为异常一年余、反应迟钝，病历记载其记忆力下降、脑动脉硬化、老年性痴呆等。故此，被告于2012年6月28日将其护理等级提高至二级，健康状况记载为老年性痴呆症。张某生在入住托老院期间曾多次自行离开，也曾回家住宿，后又自行返回。对此，原、被告双方常有联系、沟通。2014年4月22日下午1时左右，张某生又自行离开托老院，被告在当夜6时巡查时发现其未在院内用餐，但未通知原告方和有关部门，也未派人出去寻找，直至次日上午7时才通知原告方其人走失。原、被告经多方寻找未果，于2014年5月2日在坎门街道小里澳海边水塘里发现张某生尸体。对此，玉环县公安局坎门派出所经现场勘查、尸体检查，排除张某生他杀可能。

　　法院经审理认为，因住养人的年龄或身体状况特殊，故要求养老机构除提供照看、护理服务外，更要尽到管理、保护义务，即充分保护其人身安全。被告于2012年1月27日接受张某生住养时，即知其行为异常、反应迟钝、精神状态不佳，有别于其他住养人，却按最低等级的三级护理提供服务，似嫌不当，并允许其自由离院外出回家，管理、保护义务疏忽；于2012年6月27日获悉其被医院明确诊断为记忆力下降、脑动脉硬化、老年性痴呆症后，仅将护理等级提升至二级，而服务内容和管理、保护义务没有实质加强，仍允许其自由离院外出回家，显属不当。故此，可以认定被告并没有建立和健全入院评估制度，也没有根据住养人健康状况的变化如发现精神障碍而实施相应的分级分类服务并依照精神卫生等相关法律法规的规定处理。虽然以前张某生多次自行离开后又自行返回，被告与原告方常有联系、沟通，但习惯背后所存在的安全隐患，被告未予充分的认识，终至大错铸成。对照被告平时允许张某生自由离院返院的行为，以及在发觉张某生于2014年4月22日下午1时离院5小时后，既没有及时告知其家人及相关部门，又没有派人寻找，而迟至18小时后的次日上午才告知并寻找，不能排除被告的失职行为与张某生的死亡结果之间存在一定的因果关系，应该认定被告具有明显过错。被告应因其过错侵权而承担相应的民事赔偿责任。张某生本人及其近亲属也存在一定的过错，被告方的赔偿责任依法应予相应减轻。虽然医院诊断张某生行为异常、反应迟钝、记忆力下降、老年性痴呆，但没有证据能直接证明其系无完全民事行为能力人或限制民事行为能力人，无法判断其意识状态是无意识、基本无意识，抑或自主意识尚可等，故此无法免除其自身擅自离院外出终至意外死亡所应负的责任。虽然原告方因身体或工作方面等原因不能对张某生进行很好的照料看护，而将其托养于作为专业养老机构的被告符合常情，但双方的关系并未使其发生法律层面上的监护权转移。监护权是基于身份关系所产生的民事权利，具有法定性。如果张某生符合被监护人条件，则监护权人或具有监护资格的人应为原告方，发生转移要符合法定的程序。当然，监护职责是另一个概念。法律允许监护人可以将监护职责部分或者全部委托给他人，但并不意味着监护人可以不再承担责任。将住养人送至养老机构，法律上并不能免除监护人的职责。张某生在入住该机构时即行为异常，反应迟钝，精神状态不佳，原告方却接受最低等级的三级护理，在医院明确诊断其记忆力下降、脑动脉硬化、老年性痴呆后，也接受较低等级的二级护理，不排除基于节约开支考虑的可能。该两级别的护理针对的是不依赖或基本不依赖他人、身体健康或基本健康或没有实质性疾病、生活能自理或基本能自理的老人，护理内容为最基本的日常生活。原告方支付相对低廉的托养费，却要求被告承担全部或绝大部分的监护职责，对被告来说是一种苛求，也不够公平。张某生多次离院回家，当被告事前告知时，原告方并没有领其回家、送其返院，事后沟通时，也没有予以明确反对，显然没有履行监护人的职责。况且，正是基于对入住老人人身自由权利的充分尊重，法律并没有对养老机构必须进行全封闭管理的强制性规定。原告方的行为客观上也纵容了张某生的自由离院，使之成为习惯。再者，住养人在养老机构中虽群体生活，但缺少亲人间的慰藉，如果原告方在条件许可下多予入院探望，也会淡化其想家念头，而原告方显然没有很好地做到这一点。被告虽是合伙企业，但一定程度上具有公益性质，盈利能力相对较弱，在法律的框架中，相对减轻一些赔偿责任，其社会效果会更好，且更能传承中华民族父老子养的传统美德。综上，认定被告对张某生的死亡以承担50%的民事赔偿责任为宜。①

(四)机构承担次要责任的裁判思路

具有如下情形，机构一般承担次要责任：①引发伤害的住养人行为属于其自理行为，不在约定的服务范围内；或机构履行约定服务项目一般并无不当，即使有不当，但对住养人损害事实形成作用力较小；机构履行附随或安全保障义务不当(如缺乏保护或监控设施设备，在体检、评估、人员配置、巡视或服务记录等方面存在不作为，或存在将住养人锁在房间、送医延迟、通知延迟等不当行为)；②住养人存在过错(如违反机构规章制度，绊倒他人、自行下楼冻伤、未呼叫服务人员帮助、自伤自杀)；或送养人存在明显过错(隐瞒病情、选择机构时未尽注意义务、明知精神病仍送养、未带住养人住院或正规治疗等)；或第三人存在过错且应担责(如他杀、他伤等)；③机构过错行为是住养人损害事实的次要原因，住养人的基础疾病或过错，或送养人过错，或第三人过错构成损害的主要原因；住养人发生次生损害，但发生次生损害的主要原因为其基础性疾病。

---

① 参见(2016)浙0523民初2081号民事判决书。

案例

2016年6月，高某花与祥某老年公寓的另一住养人庞某山因琐事多次争吵，庞某山扬言要杀害高某花。祥某老年公寓的工作人员及庞某山的亲属曾多次对庞某山劝阻，但二人矛盾未得到解决。2016年8月26日凌晨1时许，庞某山持事先准备的单刃刀潜入高某花居住的房间，对高某花胸部连续捅刺数刀致其当场死亡。后庞某山又持刀捅伤自己胸腹部企图自杀。案发后，与高某花同住的梁某秋睡醒后，发现庞、高二人躺在高某花的床上，遂通知了祥某老年公寓的夜勤人员。祥某老年公寓的工作人员随即拨打了报警电话和急救电话。侦查人员、急救医护人员到场后发现高某花已经死亡，将庞某山送往包头市中心医院抢救治疗。法院认为：2016年6月期间，高某花与庞某山多次争吵且庞某山已扬言要杀害高某花，此种情形下，祥某老年公寓的工作人员在劝说未果的情况下，并未采取有效的防控措施预防损害结果的发生；在高某花被害后，祥某老年公寓的工作人员并未在第一时间发现，而是高某花的同屋住养人发现通知祥某老年公寓的工作人员。通过以上事实可认定祥某老年公寓对高某花并未尽到谨慎、注意及安全保障义务，故祥某老年公寓应承担相应的违约责任。高某花被害直接原因是庞某山的犯罪行为所致，因此王某生等5人主张全部损失由祥某老年公寓承担有违民法的公平原则，结合本案的实际情况，祥某老年公寓应对王某生等5人的损失承担40%的赔偿责任。①

2018年7月21日，刘某龙与某老年公寓签订《养老机构服务合同》。刘某龙入住时，未做入住老人护理等级评估。2018年7月25日凌晨3时左右，被告处工作人员发现刘某龙从二楼其所住房间落至楼下，后刘某龙被送往天津市北辰区中医医院住院治疗。其居民死亡医学证明(推断)书载明，刘某龙于2018年7月25日4时29分在北辰中医院死亡，死亡原因为急性开放性颅脑损伤(特重型)。法院认为：刘某龙入住时已满81周岁，年事已高，虽未经评估确定护理等级，但被告亦应对其加强陪护。北仓派出所对被告处工作人员所做的笔录表明，被告已发现事发当晚刘某龙曾情绪比较激动，事发前刘某龙有摆弄锁头的异常行为，既然被告了解该情况，就应该加强对刘某龙

---

① 参见(2017)内02民终1967号民事判决书。

的巡视，制止其异常行为，预防危险的发生。故被告存在工作管理中的疏漏，对事故发生存在过错，应承担相应责任。被告辩称刘某龙系跳楼自尽，没有事实依据，本院不予采信。二原告将刘某龙安置在被告处，在明知刘某龙身体、精神状况的情况下，入住时未向被告提供体检报告等材料或明确告知被告，影响被告对刘某龙的养护需求的判断，对事故发生亦存在过错。综合双方的过错程度，加之刘某龙高龄、患有脑梗死等疾病和病情发展的不可逆因素，以及对养老护理行业本身具有公益性等情况的考虑，酌情确定由被告承担30%的民事赔偿责任。①

(五)机构承担轻微责任的裁判思路

具有如下情形，机构一般承担轻微责任：①引发伤害的住养人行为属于其自理行为，不在约定的服务范围内，或机构履行约定服务项目并无不当；机构履行附随或安全保障义务不当[如缺乏监控或保护设施设备(如没有安装火灾预警及自动灭火设施)，保管监控、管理危险物品、管理外出、体检或服务记录等不作为，协助不当，或通知不及时、送医延迟等]；或机构过错为轻微过错(过错对应行为专业性强)；②住养人存在过错(如未尽必要安全注意义务、自杀或自伤行为)；或送养人存在明显过错(如不同意机构评定的照护等级或不同意变更，送医延迟、拒绝抢救、未交费等)；或第三人存在过错且应担责(如他伤)；③机构过错行对住养人损害事实的作用力小，住养人的基础疾病或过错，或送养人过错，或第三人过错构成损害的根本原因；住养人发生次生损害，但次生损害原因不明或原生损害并非次生损害发生的直接原因。

案例

2019年5月7日8时40分左右，金某富家属基于之前与纪某琴的口头约定，将金某富送入养老院。养老院工作人员为金某富安排床铺及房间，并在下午将金某富床更换成护理床。双方之间并未签订合同，口头约定护理费用为2500元/月，金某富入住当天并未交付相关费用。养老院自认纪某琴系

---

① 参见(2019)津0113民初2414号民事判决书。

其聘请的工作人员，主管相关老人入住养老院等事实。根据养老院的监控，2019 年 5 月 7 日 16 时 40 分，护理人员将晚饭端进金某富房间，48 分 28 秒离开房间。17 时 16 分，护理人员再次进入房间，17 时 19 分离开，17 时 42 分 36 秒第三次进入房间，17 时 43 分 14 秒走出房间喊人，17 时 45 分 18 秒，养老院另一工作人员顾某平进入房间。17 时 47 分 13 秒顾某平拨打"120"急救电话，17 时 48 分 6 秒顾某平拨打金某富儿子金某海电话。17 时 50 分 36 秒顾某平再次拨打"120"急救电话，并在之后两次联系金某海。17 时 56 分，象山县红十字台胞医院救护车到达养老院。后送入象山县红十字台胞医院抢救，当时记载为："患者源于 30 分钟前在养老院进食时突发意识不清，口唇发绀，呼之不应，无肢体抽搐，口吐白沫及大小便失禁，无畏寒，发热，无腹泻，呕吐及血便，无气急，养老院人员急呼'120'。'120'急救人员到场时患者无意识，无颈动脉波动及呼吸，紧急予胸外心脏按压并送来我院。送至我院时患者仍无自主呼吸及心跳，急诊继续予胸外心脏按压，肾上腺素针静推，并紧急予气管插管机械通气，气管插管时患者口腔及气道内可吸出较多食物残渣(油泡)。约 15 分钟患者心律恢复，但患者仍无自主呼吸，血压需要大剂量升压药物应用，瞳孔仍散大固定。患者原有高血压病病史多年，平素服药治疗，具体药物名称及剂量不详。今年 1 月曾因言语含糊在我院神经内科住院治疗，诊断为'脑梗塞，高血压病，肺部感染，便秘'，住院 16 天后出院，平素进食有呛咳情况。"

　　法院经审理认为，本案中，金某富、养老院一致认可金某富的护理费为每月 2500 元，但是对于护理内容未能达成一致。经审理查明，养老院的服务内容包括吃、穿、住、护理等，而不同的服务等级对应不同的收费标准，养老院作为收费单位，应就本案中金某富所选择的护理内容承担举证责任，故现在养老院未能举证证明的情况下，再结合金某富入住养老院的目的及养老院设立的功能来看，养老院应承担举证不能的后果。且金某富发生事故时系第一天入院，养老院的审慎注意义务应更为严苛，其不仅应及时更换护理床，更应该了解并掌握金某富相应的生活习性。事故发生当日金某富在吃晚饭时，养老院工作人员并未一直陪护，导致未能及时发现金某富出现身体不适。养老院应配备具有护理专业知识、急救知识的工作人员应对突发事件及意外。本案的工作人员在发现金某富身体不适后，采取了错误的急救措施即采用刮痧、按人中等措施，故金某富抢救后因缺血缺氧陷入深度昏迷，养老院对此存在一定的过错。根据双方在庭审中的陈述可知，金某富在入住养老院时会说话，会自己吃饭、喝水，有一定的行走能力，但是金某富自身在入住养老院之前，曾因脑梗塞被象山县红十字台胞医院抢救，其平素进食有呛咳情况，考虑到其年龄可推知其自身的身体机能已部分老化，故在养老院将食物剪碎的情况下仍然出现呛咳情况。且金某富对于其自身的身体状况（即平素有呛咳情况）在入住养老院时并未进行明确告知、着重说明，致使养老院在金某富就餐时未能重点关注，但养老院在发现金某富发生身体不适时立即通知"120"及金某富家属。综上，考虑双方的过错程度，酌情确定养老院对金某富的伤情承担10%的赔偿责任。①

(六)机构无责任的裁判思路

具有如下情形，机构一般没有责任：①机构履行给付义务和附随义务并无不当；②住养人存在过错（如自杀或自我行为）；或送养人存在明显过错（如未选择特定服务项目、隐瞒病情、懈怠或拒绝治疗等）；或第三人存在过错且应担责（如他伤）；③住养人自身疾病或特定身心状况或过错，或送养人过错，或第三人过错是造成住养人损害的原因，机构行为与住养人损害无因果关系或因果关系无法证明（或原因距离损害事实较远）。

案例

2013年10月17日，艾某杰入住安某护养院。艾某杰患有高血压、心脏病、脑溢血、糖尿病、骨质疏松症、脑血栓、中风、出现褥疮及糖尿病引发的褥疮合并症等。艾某杰健康状况为半自理。2014年2月，送养人艾某权在收费标准一览表中填写的向安某护养院选购服务内容为：提供更换、清洗衣物；每周协助住养人洗澡一次，或室内擦浴（皮肤病除外）；帮住养人理发；协助住养人剪指甲。艾某权未选择协助住养人大小便、清洗便盆。2015年6月5日上午九时许，艾某杰在卫生间摔倒受伤，后被送至北京市仁和医院住

---

① 参见(2019)浙02民终5598号民事判决书。

院治疗，于 2015 年 6 月 17 日出院。经诊断，艾某杰为创伤性蛛网膜下腔出血、头皮裂伤、症状性癫痫(继发性癫痫)、4 根以上肋骨骨折不伴第一肋骨骨折、陈旧性腰椎骨折、强直性脊柱炎、支气管炎、肺气肿。安某护养院向艾某杰垫付了医疗费。2016 年 12 月 12 日，经北京中正司法鉴定所鉴定，艾某杰的伤残程度属十级(伤残率 10%)，护理期限可考虑为 30~60 日，营养期限可考虑为 30~60 日。

法院经审理认为：艾某杰 2013 年入住安某护养院之初，因为行动不便，在选项服务中选择了协助"住养人坐轮椅""协助住养人洗脚"两项服务，2014 年 2 月艾某杰取消了协助"住养人坐轮椅"选项，2015 年 1 月艾某杰取消了协助住养人洗脚选项；由上述两项选项服务的取消过程可以得知，艾某杰的身体状况比入院之初有所改善，生活起居上不再依赖轮椅，证人许某亦出庭证实了艾某杰无需人员搀扶上卫生间的事实。艾某杰、艾某权未提供艾某杰如厕期间安某护养院需提供人工搀扶的相关证据，故其以安某护养院未尽到合同义务为由主张各项损失，依据不足，法院不予支持。①

综上，在养老机构住养人伤害事故中，各方责任的有无或大小与以下因素具有直接关系：①住养人是否具有次生损害；②养老机构的过错性质，是履行给付义务中的一般安全注意义务方面的过错，还是履行安全保障义务方面的过错；③养老机构过错行为对造成住养人损害的原因力的有无或大小，是主要原因还是同等原因或次要原因等；④住养人、送养人、第三人是否存在过错，住养人、送养人、第三人的过错行为对造成住养人损害的原因力的大小；⑤住养人的基础性疾病是否构成住养人损害的原因力及其大小。影响责任划分的因素分布及各方责任的划分呈现如下关系：其他方行为无过错、对造成住养人损害无原因力时，养老机构一般承担全部责任；其他方行为过错程度越高或对造成住养人损害原因力越大时，养老机构承担的责任越轻；住养人的损害完全由其他方的过错行为或原因造成，则养老机构不承担责任。养老机构住养人伤害事故的责任划分及影响因素的分布见表 4-2-2。

① 参见(2018)京 02 民终 6059 号民事判决书。

表 4-2-2　养老机构住养人伤害事故的责任划分及影响因素的分布

机构责任比例	住养人损害	机构履行给付义务中的安全注意义务过错	机构履行安保义务过错	机构过错的原因力	住养人过错	住养人过错的原因力	住养人基础疾病原因力	送养人过错	送养人过错的原因力	第三人过错	第三人过错的原因力
全责	✓	✓	不要求	✓	×	×	×	×	×	×	×
主要责任	✓	✓（发生在服务间隔期等）	不要求	✓	×	×	×	×	×	×	×
	✓	✓（发生在服务操作中等）	✓ 不要求	✓	或✓	或✓	或✓	或✓	或✓	×	×
同等责任	✓	✓	不要求	✓	或✓	或✓	或✓	或✓	或✓	或✓	或✓
次要责任	✓	×	✓	✓	或✓	或✓	或✓	或✓	或✓	或✓	或✓
轻微责任	✓	×	✓	✓	或✓	或✓	或✓	或✓	或✓	或✓	或✓
无责任	✓	×	×	×	或✓	或✓	或✓	或✓	或✓	或✓	或✓

说明："✓"表示存在所在列标明的影响因素，"×"表示不存在所在列标明的影响因素，同一行中的多个"或✓"表示选择关系，即不需要所标示的所有影响因素皆存在，只要存在一个方面的影响因素即可。另外，本表未注明相关方过错行为原因力的大小，未对住养人的原生与次生损害作出区分，请阅读本小节中"分析事故责任"部分的文字表述。

三、正确对待和处理住养人的就医治疗事宜

住养人出现伤害事故需要就医治疗的，现实中有的养老机构能够为住养人先行垫付或支付部分或全部医疗费用，甚至还提供医院的陪护服务，但也有较多养

老机构不愿或不敢主动拨打"120"等救助电话，更不愿或不敢先行垫付或支付医疗费用，甚至不敢到医院探望住养人。那么，住养人出现伤害事故需要就医治疗的，养老机构是否应当或有义务先行为住养人支付医疗费用？

《民法典》第五百八十三条规定："当事人一方不履行合同义务或者履行合同义务不符合约定的，在履行义务或者采取补救措施后，对方还有其他损失的，应当赔偿损失。"第一千一百六十五条规定："行为人因过错侵害他人民事权益造成损害的，应当承担侵权责任。"第一千一百七十九条规定："侵害他人造成人身损害的，应当赔偿医疗费、护理费、交通费、营养费、住院伙食补助费等为治疗和康复支出的合理费用，以及因误工减少的收入。造成残疾的，还应当赔偿辅助器具费和残疾赔偿金；造成死亡的，还应当赔偿丧葬费和死亡赔偿金。"另外，根据《中华人民共和国民事诉讼法》（2021年修正）第一百零九条的规定，人民法院对追索医疗费用的案件，根据当事人的申请，可以裁定先予执行。从上述法律规定看，很显然，养老机构对住养人伤害如确需承担违约或侵权责任，具有支付医疗费用等法定义务。相对于养老服务义务，学理上把这种因违反养老服务义务而产生的责任或义务称为第二义务。既然违约或侵权方负有此法定义务，法律当然鼓励违约或侵权方主动履行此义务。考虑到现实中有不履行此义务的情况，法律才设置了诉讼的纠纷解决途径，通过法院裁判的方式强制违约或侵权方承担此义务。因此，不能因为有了诉讼的纠纷解决途径就认为，未经诉讼或法院判决，违约或侵权方就可以不用主动履行违约或侵权责任。

养老机构是否应当或有义务先行为住养人支付医疗费用，关键的法律问题是判断养老机构是否有责任，有多少责任。养老机构在全面客观把握事故事实、理性判断自身责任的基础上，对住养人的就医治疗事宜应做出正确处理。如机构不应承担责任，则可在摆事实、讲道理的基础上，对住养人或其代理人的医疗费用请求予以有理有据的拒绝。如机构确应承担责任，则可在自身应承担责任的范围内予以垫付或支付。如养老机构不应承担全部责任，住养人损害又没有最终确定的情况下（如还不能确定是否构成残疾、是否需要康复或后续治疗），养老机构可以总体补偿金或赔偿金的形式向住养人支付费用，而不以检查费、药费、护理费等分项补偿或赔偿的形式支付费用。

养老机构先行为住养人支付医疗费用限于自身应承担的责任范围，既能避免超出范围支付给自身带来的风险，也能避免住养人因医疗费用问题、未及时或未正规治疗造成的住养人损害后果扩大，还有利于纠纷的协商解决。

四、把握纠纷解决途径

根据《消费者权益保护法》第三十九条等有关法律规定，养老机构住养人伤害事故纠纷总体上有 5 种解决途径：协商、调解、投诉、仲裁、诉讼。协商解决，是双方当事人在平等自愿的基础上，通过友好协商、互谅互让达成和解协议，进而解决纠纷。调解，是在有关组织(如司法所、人民调解委员会、法院、消费者协会)或中间人的主持下，在平等、自愿、合法的基础上，通过摆事实、讲道理、说服、疏导等方法，促使当事人在平等协商基础上自愿达成协议，解决纠纷。投诉，是住养人或其代理人要求民政、市场质量监督管理或卫生健康等有关行政部门维护自身权利，并对养老机构的违法行为进行调查处理的行为。仲裁，是纠纷当事人根据仲裁协议向仲裁机构提出申请，由仲裁机构居中裁决，并通过当事人对裁决的自觉履行或由一方向人民法院申请强制执行而使纠纷得以解决。诉讼，是指纠纷当事人一方依法向人民法院起诉，由法院依法审理，作出判决或裁定，通过当事人对生效裁判的自觉履行或人民法院的强制执行而解决纠纷。

在这 5 种解决途径中，如能通过协商达成和解协议，则协商方式无疑是最优的一种纠纷解决方式，因为相较于其他方式而言，这种方式具有相对低成本的明显优点。因为协商方式只涉及当事人双方的时间、精力，而其他方式不仅涉及当事人，还涉及第三方的时间和精力。并且，仲裁、诉讼方式还需要当事人一方或双方承担仲裁、诉讼费用，如有委托律师代理的，还要承担律师费；如一方不服仲裁裁决，还涉及申请撤销裁决及可能的重新裁决、诉讼、执行程序及高昂成本；如一方不服一审判决，还涉及二审及可能的重审、再审、执行程序及高昂成本。当然，对于养老机构而言，协商方式对其产生的不利影响一般相对最小。如通过投诉途径，养老机构可能会受到行政部门的处理(如责令限期改正、责令停止使用相关设施设备)或处罚(如警告、罚款、责令停业整顿、责令关闭、行政拘留)。如通过诉讼途径，裁判文书的公开可能给养老机构的声誉带来或大或小的不利影响，进而产生或多或少的经济影响。

既然协商是相对最优的纠纷解决方式，现实中也有较多纠纷通过协商解决，那么，是否所有纠纷都能够协商解决呢？这取决于多样的复杂因素，其中，以下几点是产生直接影响的因素。

（1）双方或一方是否能够妥协让步。妥协让步，是对存在争议的事故事实、事故责任、解决步骤等的互谅互让，是通过协商达成和解的最基本要求。如果协商伊始或协商过程中，双方或一方根本没有妥协让步、缩小差距的诚意和态度，则不可能通过协商解决纠纷。当事人是否有妥协让步的诚意和态度，背后又有着复杂的因素，如养老机构的经济赔偿能力，住养人及其送养人的经济条件、送养人与住养人的关系、住养人赡养人或扶养人之间的关系等。

（2）双方对事故基本事实是否持有异议。事故基本事实，即对事故责任有实质影响的事实。对事故基本事实双方认识一致或不持异议，一般是达成和解协议的必要条件。如双方对事故基本事实的认识不能达成一致或不能解决异议，则难以对事故责任形成共识。例如，某家属将住养人接离机构的当天带老人去医院检查，发现老人骨折，家属称老人是在机构内造成的骨折，机构称老人是在离院后造成的骨折，双方对老人骨折的时间和原因各执己见，未能就事故责任达成和解协议，最终一审、二审、重申、又二审，走上了长达近两年的诉讼之路。

（3）双方对事故责任的主张是否合理，差距是否过大。出于趋利避害的本性，双方对事故责任的主张一般是对立的。住养人方总想让养老机构承担尽可能大、尽可能多的责任；养老机构总期望承担尽可能小、尽可能少的责任。双方有没有通过协商达成和解的可能以及可能性大小，关键看双方对事故责任的主张是否合理，差距是否过大。协商不等同于诉讼，双方不一定根据法律规定的责任承担方式或赔偿原则、项目、标准等提出主张，但双方经过请教法律专业人士，总会以法律规定的赔偿范围和幅度作为参照看待对方的主张。如双方或一方的主张偏离养老机构应承担的责任，则会被对方视为不合理；如双方的主张差距过大，则和解的可能性较小。

（4）住养人的损失是否确定。若住养人的所有损失皆已确定，双方达成和解的可能性相对就较大。若住养人的所有损失还未最终确定，如住养人是否还需要后续治疗，是否需要康复，是否会有伤残等还不确定，则一次性解决纠纷的难度就较大，除非双方同意分阶段或分步骤解决纠纷，或双方就不确定损失的项目、数额等达成了共识。

如事故基本事实清楚、住养人损失皆已确定、双方对事故责任的主张较为合理或差距不大、双方皆有妥协让步的诚意，对于这样的纠纷，双方应立足于协商解决。对于不符合上述条件的纠纷，双方或一方应争取协商解决，如确协商不成，再通过其他途径解决纠纷。协商、调解、投诉不是必经程序，当事人也可不经协商、调解、投诉，直接向法院提起诉讼。诉讼是纠纷的最终解决途径。采取仲裁途径的前提是双方皆同意采取此途径，在纠纷发生前或发生后达成了仲裁条款或签署了仲裁协议。仲裁实行一裁终局，相比诉讼高效、快速，但也存在相对不足，如出现裁决错误，纠错相对困难且成本较高，现实中养老机构住养人伤害事故纠纷还鲜有采取此种解决途径的。

第五章　强化对风控工作的保障

第一节　强化对员工的权益保障

　　第三章曾讲到养老机构工作人员数量与质量应符合相关法律及标准规定是住养人伤害事故法律风险防控的基本要求。法律风险防控最终靠人。没有符合相关法律及标准规定的正确的人，就不可能做正确的事，也不可能正确地做事。目前从养老行业总体看，人才紧缺，"正确的人"紧缺，优秀的人才更为紧缺。这是目前养老行业总体服务质量还有上升空间，住养人伤害事故多发的原因之一。为什么养老行业人才招聘难、留住难、人才紧缺？原因很多，也很复杂。从法律上看，一些机构在依法用工、维护员工权益上还存在一些问题，这些问题是造成以上问题的重要原因，也影响了员工工作的主动性、积极性。做好风险防控工作，需要强化对员工的权益保障。只有让员工满意，才能服务好住养人，保障好住养人的健康和安全。本章所指员工专指具有劳动者主体资格、与养老机构建立劳动关系的劳动者或职工。

　　根据《中华人民共和国劳动法》（2018 年修正）、《中华人民共和国劳动合同法》（2012 年修订）的有关规定，劳动者享有平等就业和选择职业的权利、取得劳动报酬的权利、休息休假的权利、获得劳动安全卫生保护的权利、接受职业技能培训的权利、享受社会保险和福利的权利、提请劳动争议处理的权利、参加和组织工会的权利、参与单位民主管理的权利以及法律规定的其他劳动权利。结合目前养老行业的实际情况，养老机构应重点保障好员工要求单位按时与其订立书面劳动合同、休息休假、取得劳动报酬、享受社会保险、接受职业技能培训、参与规章制度建设的权利。

一、保障员工要求单位按时与其订立书面劳动合同的权利

与具有劳动者主体资格(满十六周岁的自然人)、能够与本单位建立劳动关系的劳动者订立书面劳动合同是用人单位的法定义务。相应地,要求单位与其订立书面劳动合同,是劳动者的权利。订立书面劳动合同,明确劳动合同期限、工作内容和工作地点、工作时间和休息休假、劳动报酬、社会保险、劳动保护、劳动条件和职业危害防护、试用期、培训和福利待遇等事项,是对员工权利的基本保障。书面劳动合同是员工维权的重要凭证。目前在养老行业,侵害员工此项权利的现象还时有发生,如:①与员工应签劳动合同,但不签劳动合同,代之以劳务合同或其他类型的雇佣合同;②不按时与员工订立劳动合同,用工之日起超过一个月订立,或合同到期后超过一个月续订;③不将签署的劳动合同文本交给员工;④不与员工订立书面劳动合同。

这些做法给员工维权带来了一定困难或障碍,同时也给养老机构带来了法律风险,如根据《劳动法》《劳动合同法》《最高人民法院关于审理劳动争议案件适用法律问题的解释(一)》等有关法律规定,自用工之日起超过一个月不满一年未与员工订立书面劳动合同的,应当向员工每月支付2倍的工资;自用工之日起满一年不与员工订立书面劳动合同的,视为用人单位与员工已订立无固定期限劳动合同;未将签署的劳动合同文本交给员工的,应赔偿因此给员工造成的损失;与企业停薪留职人员、未达到法定退休年龄的内退人员、下岗待岗人员以及企业经营性停产放长假人员发生用工争议而提起诉讼的,人民法院仍按劳动关系处理。

二、保障员工休息休假和取得劳动报酬的权利

员工休息休假权利,是指员工在每天工作一定时间后享有暂停工作进行吃饭、睡觉、处理临时个人事务等的休息权,在连续工作一段时间后享有暂停工作1日以上的休假权。必要的休息休假是保障员工身体健康,恢复和更新劳动能力以及繁衍、培育新劳动力的需要,同时也是保障工作效率和质量的需要。

《劳动合同法》第三十条规定:"用人单位应当按照劳动合同约定和国家规定,向劳动者及时足额支付劳动报酬。"根据《关于工资总额组成的规定》(1990年1月1日国家统计局令第一号)的规定,劳动报酬是员工提供劳动后应得的工资总额,包括计时工资、计件工资、奖金、津贴和补贴、加班加点工资、带薪休假

等特殊情况下支付的工资，不包括有关劳动保险和职工福利方面的各项费用、劳动保护的各项支出、出差伙食补助费、误餐补助等。劳动报酬是劳动力再生产或员工个人及其家庭维持生计的重要来源。

自 2000 年我国进入人口老龄化社会以来，我国养老机构解决了大量劳动力的就业问题，为保障员工及其家庭福祉、维护社会稳定作出了重要贡献，但部分机构在保障员工休息休假和取得劳动报酬权利方面还不同程度地存在着这样或那样的问题，如：

(1)员工工作时间过长。对于需要 24 小时连续服务的生活照料岗位，有不少机构实行两班工作制，两班连续轮流作业，护理员每周平均工作时间长达 84 小时。

(2)综合计算工时制度难获批准。根据《劳动法》规定，实行综合计算工时和不定时工时制度需经行政部门许可，未经许可，不具有合法性。实行两班工作制、两班连续轮流作业，有碍员工身体健康，难以获得批准。例如，《天津市特殊工时工作制行政许可管理办法》(津人社规字〔2023〕4 号)第五条规定，对于需要 24 小时连续作业的岗位，用人单位应当实行多班工作制，禁止"两班"连续轮流作业。

(3)员工享受带薪休假较少，或员工休假待遇难落实。根据《劳动法》规定，员工享有带薪法定节假日休假、年休假、病假、婚丧假、产假、陪产假、育儿假、护理假等休假权利。但在一些机构，员工难以享受一些休假，如年休假、法定节假日休假、陪产假、育儿假、护理假；在员工未休年休假情况下，一些单位并未按照其日工资收入的 300% 支付年休假工资报酬；甚至个别机构，允许员工休病假，但并不按规定支付病假工资。

(4)加班工资计算基准及小时平均工资计算不合规定，加班时数与实际不符，加班工资不能足额发放。

上述问题极大影响了养老人才队伍建设，并给养老机构带来了法律风险，应切实着力解决。例如，员工可依据《劳动合同法》第三十八条第一款的规定随时解除劳动合同，可要求养老机构继续支付欠付工资；并可依据《劳动合同法》第八十五条的规定，向劳动行政部门投诉，由劳动行政部门责令限期支付劳动报酬、加班费或者经济补偿；劳动报酬低于当地最低工资标准的，应当支付其差额部分；逾期不支付的，责令用人单位按应付金额的 50% 以上 100% 以下的标准向劳动者加付赔偿金)。

保障员工休息休假和取得劳动报酬的权利，需要诸多条件，需要多措并举，掌握有关员工休息休假和取得劳动报酬的法律规定是基础环节，也是重要环节。

1. 关于员工工作时间及对延长工作时间的限制

根据《劳动法》第四章、《国务院关于职工工作时间的规定》(1995 年修订)、《劳动部关于印发〈关于企业实行不定时工作制和综合计算工时工作制的审批办法〉的通知》(劳部发[1994]503 号)、《劳动部关于职工工作时间有关问题的复函》(劳部发[1997]271 号)等有关法律和规范性文件规定，我国目前有 3 种工作时间制度，即标准工时制、综合计算工时制、不定时工时制：

(1)标准工时制：即员工每日工作时间 8 小时、每周工作时间 40 小时。为了保障员工休息休假权利，《劳动法》对加班时间作出了严格限制：用人单位应当保证劳动者每周至少休息 1 日；由于生产经营需要，经与工会和劳动者协商后可以延长工作时间，一般每日不得超过 1 小时；因特殊原因需要延长工作时间的，在保障劳动者身体健康的条件下延长工作时间每日不得超过 3 小时，但是每月不得超过 36 小时。

(2)综合计算工时制：对工作性质特殊，需连续作业的职工，或受季节和自然条件限制的行业的部分职工以及其他适合实行综合计算工时工作制的职工，在保障职工身体健康并充分听取职工意见的基础上，在工会和劳动者同意的情况下，可采用集中工作、集中休息、轮休调休、弹性工作时间等适当方式，实行综合计算工时工作制，即分别以周、月、季、年等为周期，综合计算工作时间，但其平均日工作时间和平均周工作时间应与法定标准工作时间基本相同，确保职工的休息休假权利和生产、工作任务的完成。在综合计算周期内，某一具体日(或周)的实际工作时间可以超过 8 小时(或 40 小时)，但延长工作时间的小时数平均每月也不得超过 36 小时。实行综合计算工时制须经劳动行政部门批准。

(3)不定时工时制：对符合下列条件之一的职工，企业在保障职工身体健康并充分听取职工意见的基础上，可采用集中工作、集中休息、轮休调休、弹性工作时间等适当方式，实行不定时工作制：①企业中的高级管理人员、外勤人员、推销人员、部分值班人员和其他原因而使工作时间无法按标准工作时间衡量的职工；②企业中的长途运输人员、出租汽车司机和铁路、港口、仓库的部分装卸人员以及因工作性质特殊，需机动作业的职工；③其他因生产特点、工作特殊需要或职责范围的关系，适合实行不定时工作制的职工。实行不定时工时制须经劳动行政部门批准。

用人单位安排员工在法定工作时间外加班加点的应支付加班工资。《劳动法》第四十四条规定："有下列情形之一的，用人单位应当按照下列标准支付高于劳动者正常工作时间工资的工资报酬：①安排劳动者延长工作时间的，支付不低于工资的150%的工资报酬；②休息日安排劳动者工作又不能安排补休的，支付不低于工资的200%的工资报酬；③法定休假日安排劳动者工作的，支付不低于工资的300%的工资报酬。""正常工作时间工资"应是以标准工时为参照的，用人单位应当支付的工资。

在加班工资计算基准的确定上，应注意以下几点。

①劳动合同对工资有约定的，应当以劳动合同约定的工资作为加班费计算基准。应当注意的是，如果劳动合同的工资项目分为"基础工资""岗位工资""职务工资"等，应当以各项工资的总和作为基数计发加班费，不能以单独一项作为计算基数。

②劳动合同对工资没有约定或者约定不明确的，应当以该员工应发工资作为计算基数，包括应得工资、奖金、津贴和补贴、特殊情况下支付的工资（加班加点工资应当扣除，不能列入计算范围）。

③在确定职工小时平均工资时，应当按照劳动和社会保障部《关于职工全年月平均工作时间和工资折算问题的通知》（劳社部发〔2008〕3号）的相关规定进行折算，即小时平均工资＝月工资÷21.75÷8。相应地：

工作日加班费的计算方式：月工资÷21.75÷8×加班小时数×1.5倍。

双休日加班费的计算方式：月工资÷21.75÷8×加班小时数×2倍。

法定节假日加班费的计算方式：月工资÷21.75÷8×加班小时数×3倍。

④加班费的计算基数不得低于当地当年的最低工资标准。

证明加班时间方面的证据主要包括考勤表、考勤卡、加班审批单、加班通知、监控录像、证人证言、加班时所做工作形成的书面文字记录、电子邮件等。

实行综合计算工时工作制的，其综合计算工作时间超过法定标准工作时间的部分，应视为延长工作时间，应按照不低于劳动合同规定的劳动者本人小时工资标准的150%支付劳动者工资。实行不定时工时制度的劳动者，不存在日加班、休息日加班及加班工资发放的问题。无论实行哪种工时制度，安排劳动者在法定休假节日工作的，都应按照不低于劳动合同规定的劳动者本人日或小时工资标准的300%支付劳动者工资。

2. 关于员工休假种类与时数及工资支付

员工休息休假的种类包括工作间隙休息、日休息、周休息、法定节假日休假、年休假、病假、婚丧假、产假、护理假等。工作间隙休息、日休息、周休息是劳动法规定的每日、每周工作时间之外的休息时间。劳动者依法享受带薪年休假、探亲假、婚丧假、产假等国家规定的假期间，视为提供了正常劳动，应按规定支付工资：

（1）法定节假日休假：根据《全国年节及纪念日放假办法》（国务院2013年修订）规定，法定节假日包括：新年，放假1天（1月1日）；春节，放假3天（农历正月初一、初二、初三）；清明节，放假1天（农历清明当日）；劳动节，放假1天（5月1日）；端午节，放假1天（农历端午当日）；中秋节，放假1天（农历中秋当日）；国庆节，放假3天（10月1日、2日、3日）。此外，妇女节（3月8日），妇女放假半天。如果假日适逢星期六、星期日，应当在工作日补假；如果妇女节适逢星期六、星期日，则不补假。根据《劳动法》第五十一条的规定，法定节假日休假期间，用人单位应当依法支付工资。

（2）年休假：根据《职工带薪年休假条例》（国务院令第514号，2007年通过）、《企业职工带薪年休假实施办法》（2008年人力资源和社会保障部令第1号）的规定，机关、团体、企业、事业单位、民办非企业单位、有雇工的个体工商户等单位的职工连续工作1年以上的，享受带薪年休假。职工累计工作已满1年不满10年的，年休假5天；已满10年不满20年的，年休假10天；已满20年的，年休假15天。国家法定休假日、休息日不计入年休假的假期。年休假天数根据职工累计工作时间确定。职工在同一或者不同用人单位工作期间，以及依照法律、行政法规或者国务院规定视同工作期间，应当计为累计工作时间。职工新进用人单位且连续工作满12个月以上的，当年度年休假天数，按照在本单位剩余日历天数折算确定，折算后不足1整天的部分不享受年休假。折算方法为：（当年度在本单位剩余日历天数÷365天）×职工本人全年应当享受的年休假天数。职工有下列情形之一的，不享受当年的年休假：①职工依法享受寒暑假，其休假天数多于年休假天数的；②职工请事假累计20天以上且单位按照规定不扣工资的；③累计工作满1年不满10年的职工，请病假累计2个月以上的；④累计工作满

10年不满20年的职工，请病假累计3个月以上的；⑤累计工作满20年以上的职工，请病假累计4个月以上的。

年休假在1个年度内可以集中安排，也可以分段安排，一般不跨年度安排。单位因生产、工作特点确有必要跨年度安排职工年休假的，可以跨1个年度安排。职工在年休假期间享受与正常工作期间相同的工资收入。单位确因工作需要不能安排职工休年休假的，经职工本人同意，可以不安排职工休年休假。对职工应休未休的年休假天数，单位应当按照该职工日工资收入的300%支付年休假工资报酬。单位不安排职工休年休假又不依法给予年休假工资报酬的，由县级以上地方人民政府人事部门或者劳动保障部门依据职权责令限期改正；对逾期不改正的，除责令该单位支付年休假工资报酬外，单位还应当按照年休假工资报酬的数额向职工加付赔偿金。

用人单位安排职工休年休假，但是职工因本人原因且书面提出不休年休假的，用人单位可以只支付其正常工作期间的工资收入。计算未休年休假工资报酬的日工资收入按照职工本人的月工资除以月计薪天数（21.75天）进行折算。月工资是指职工在用人单位支付其未休年休假工资报酬前12个月剔除加班工资后的月平均工资。在本用人单位工作时间不满12个月的，按实际月份计算月平均工资。用人单位与职工解除或者终止劳动合同时，当年度未安排职工休满应休年休假的，应当按照职工当年已工作时间折算应休未休年休假天数并支付未休年休假工资报酬，但折算后不足1整天的部分不支付未休年休假工资报酬。折算方法为：（当年度在本单位已过日历天数÷365天）×职工本人全年应当享受的年休假天数-当年度已安排年休假天数。

（3）病假：病假是员工患病或非因工负伤，经医疗机构检查、出具证明并获单位主管部门或领导的批准，停止工作治疗疾病或休息的假期。《劳动法》并没有也不可能对病假时间长短进行规定，在员工对应的医疗期内的病假，单位应当批准，但超过员工对应的医疗期期限的，是否批准取决于单位。根据《企业职工患病或非因工负伤医疗期规定》（劳部发〔1994〕479号）的规定，医疗期是指企业职工因患病或非因工负伤停止工作治病休息不得解除劳动合同的时限。企业职工因患病或非因工负伤，需要停止工作医疗时，根据本人实际参加工作年限和在本单位工作年限，给予3个月到24个月的医疗期：①实际工作年限10年以下的，在本单位工作年限5年以下的为3个月；5年以上的为6个月；②实际工作年限10

年以上的，在本单位工作年限 5 年以下的为 6 个月；5 年以上 10 年以下的为 9 个月；10 年以上 15 年以下的为 12 个月；15 年以上 20 年以下的为 18 个月；20 年以上的为 24 个月。医疗期 3 个月的按 6 个月内累计病休时间计算；6 个月的按 12 个月内累计病休时间计算；9 个月的按 15 个月内累计病休时间计算；12 个月的按 18 个月内累计病休时间计算；18 个月的按 24 个月内累计病休时间计算；24 个月的按 30 个月内累计病休时间计算。

企业职工非因工致残和经医生或医疗机构认定患有难以治疗的疾病，在医疗期内医疗终结，不能从事原工作，也不能从事用人单位另行安排的工作的，应当由劳动鉴定委员会参照工伤与职业病致残程度鉴定标准进行劳动能力的鉴定。被鉴定为一至四级的，应当退出劳动岗位，终止劳动关系，办理退休、退职手续，享受退休、退职待遇；被鉴定为五至十级的，医疗期内不得解除劳动合同。医疗期满，应当由劳动鉴定委员会参照工伤与职业病致残程度鉴定标准进行劳动能力的鉴定。被鉴定为一级至四级的，应当退出劳动岗位，解除劳动关系，并办理退休、退职手续，享受退休、退职待遇。

《关于贯彻执行〈中华人民共和国劳动法〉若干问题的意见》(劳部发〔1995〕309 号)第五十九条规定："职工患病或非因工负伤治疗期间，在规定的医疗期间内由企业按有关规定支付其病假工资或疾病救济费，病假工资或疾病救济费可以低于当地最低工资标准支付，但不能低于最低工资标准的 80%。"目前，各地关于病假工资的规定不完全一致，如有的省市只规定了医疗期内的病假工资，有的省市对医疗期内和超出医疗期的病假工资都作出了规定，有的省市规定病假工资不能低于最低工资标准的 80%，有的省市根据病假累计时间、连续工龄等计发病假工资。各地养老机构处理此类问题时应适用当地的法规、规章或政策文件规定。

(4)婚丧假：根据 1980 年原国家劳动总局和财政部《关于国营企业职工请婚丧假和路程假问题的通知》(〔80〕劳总薪字 29 号)的规定，职工本人结婚或职工的直系亲属(父母、配偶和子女)死亡时，可以根据具体情况，由本单位行政领导批准，酌情给予 1 至 3 天的婚丧假。职工结婚时双方不在一地工作的，职工在外地的直系亲属死亡时需要职工本人去外地料理丧事的，都可以根据路程远近，另给予路程假；在批准的婚丧假和路程假期间，职工的工资照发。途中的车船费等，全部由职工自理。

目前国家还没有对非国营企业职工休婚丧假作出具体规定，非国营企业可参考上述文件规定执行。自 2015 年后，各地相继修订人口与计划生育相关条例，增加了婚假天数，如北京、天津增加至 10 天，青海省增加至 15 天，甘肃省、山西省增加至 30 天。

（5）产假、陪产假、育儿假、护理假：根据《女职工劳动保护特别规定》（国务院令第 619 号，2012 年通过），对怀孕 7 个月以上或哺乳未满 1 周岁婴儿的女职工，用人单位不得延长劳动时间或者安排夜班劳动，并应当在劳动时间内安排一定的休息时间。女职工生育享受 98 天产假，其中产前可以休假 15 天；难产的，增加产假 15 天；生育多胞胎的，每多生育 1 个婴儿，增加产假 15 天。女职工怀孕未满 4 个月流产的，享受 15 天产假；怀孕满 4 个月流产的，享受 42 天产假。用人单位应当在每天的劳动时间内为哺乳期女职工安排 1 小时哺乳时间；女职工生育多胞胎的，每多哺乳 1 个婴儿每天增加 1 小时哺乳时间。女职工产假期间的生育津贴，对已经参加生育保险的，按照用人单位上年度职工月平均工资的标准由生育保险基金支付；对未参加生育保险的，按照女职工产假前工资的标准由用人单位支付。女职工生育或流产的医疗费用，按照生育保险规定的项目和标准，对已经参加生育保险的，由生育保险基金支付；对未参加生育保险的，由用人单位支付。

2015 年 12 月 27 日全国人民代表大会常务委员会通过修订后的《中华人民共和国人口与计划生育法》第二十五条规定："符合法律、法规规定生育子女的夫妻，可以获得延长生育假的奖励或者其他福利待遇。"此后，各地相继修订地方人口与计划生育条例，延长了生育假，并增加了相关福利待遇。例如，《北京市人口与计划生育条例》（2021 年修正）第十六、十九、二十五条规定，按规定生育子女的夫妻，女方除享受国家规定的产假外，享受延长生育假 60 日，男方享受陪产假 15 日；女方经所在机关、企业事业单位、社会团体和其他组织同意，可以再增加假期 1 至 3 个月；按规定生育子女的夫妻，在子女满三周岁前，每人每年享受 5 个工作日的育儿假，每年按照子女满周岁计算；独生子女父母需要护理的，独生子女每年获得累计不超过 10 个工作日的护理假。《天津市人口与计划生育条例》（2021 年修正）第十八、二十六条规定，符合法律、法规规定生育子女的夫妻，女方在享受国家规定的生育假（产假）的基础上增加生育假（产假）60 日，男方享受 15 日的陪产假；符合法律、法规规定生育子女的夫妻，在子女三周岁以下期间，用人单位每年给予夫妻双方各 10 日的育儿假；六十周岁以上的老年人患病住院的，其子女所在单位应当支持护理照料，给予独生子女每年累计 20 日、非独生子女每年累计 10 日的护理假。《甘肃省人口与计划生育条例》(2021 年修正)第十八条规定，符合本条例规定生育子女的，女方享受产假 180 日，男方享受护理假 30 日；符合本条例规定生育且子女不满三周岁的，夫妻双方所在单位应当分别给予每年 15 日的育儿假；在国家提倡一对夫妻生育一个子女期间的独生子女家庭，独生子女父母年满六十周岁，患病或者生活不能自理的，其子女所在单位给予每年不少于 15 日的陪护假。

(6)探亲假：根据《国务院关于职工探亲待遇的规定》(1981 年 3 月 6 日第五届全国人民代表大会常务委员会第十七次会议批准，1981 年 3 月 14 日国务院公布施行)，凡在国家机关、人民团体和全民所有制企业、事业单位工作满 1 年的固定职工，与配偶不住在一起，又不能在公休假日团聚的；与父亲、母亲都不住在一起，又不能在公休假日团聚的(职工与父亲或与母亲一方能够在公休假日团聚的，不能享受)，可以享受探亲假期：①职工探望配偶的，每年给予一方探亲假 1 次，假期为 30 天；②未婚职工探望父母，原则上每年给假 1 次，假期为 20 天；如果因为工作需要，本单位当年不能给予假期，或者职工自愿两年探亲 1 次的，可以两年给假 1 次，假期为 45 天；③已婚职工探望父母的，每 4 年给假 1 次，假期为 20 天。另外，根据实际需要给予路程假。职工在规定的探亲假期和路程假期内，按照本人的标准工资发给工资。职工探望配偶和未婚职工探望父母的往返路费，由所在单位负担。已婚职工探望父母的往返路费，在本人月标准工资 30%以内的，由本人自理，超过部分由所在单位负担。根据上述规定，作为事业单位的公办养老机构的符合条件的员工享有探亲假期的权利。社会办养老机构的员工是否享有探亲假期的权利，目前没有法律规定。

三、保障员工享受社会保险的权利

根据《劳动法》《社会保险法》(2018 年修正)等有关法律规定，参加社会保险既是员工的义务，也是员工的权利；员工有权要求并监督用人单位为其办理社保登记，依法缴纳社会保险费，用人单位必须依法参加社会保险，缴纳社会保险费用。只有双方共同参加社会保险，员工才能在年老、疾病、工伤、失业、生育等情况下依法享受社会保险待遇。用人单位应当按照国家规定的本单位职工工资总额的比例按时缴纳基本养老、基本医疗、工伤、失业、生育保险费。职工应当按照国家规定的本人工资的比例按时缴纳基本养老、基本医疗、失业保险费，职工本人不缴纳工伤、生育保险费。职工应缴费用由单位代扣代缴。

用人单位按时足额缴纳社会保险费，涉及职工重大权益，员工能否在某些保险项目上享受社保待遇，与社保缴费年限直接相关。如根据《社会保险法》第十六、二十七、四十五条的规定，参加基本养老保险累计缴费满15年，退休后才可按月领取基本养老金①；参加职工基本医疗保险累计缴费达到国家规定年限的，退休后才可按照国家规定享受基本医疗保险待遇；失业前用人单位和本人已经缴纳失业保险费满一年是领取失业保险金的必要条件。对于有的保险项目，员工享受社保待遇多少，与社保缴费数额多少直接相关。例如，《国务院关于完善企业职工基本养老保险制度的决定》（国发〔2005〕38号），基本养老金由基础养老金和个人账户养老金组成。退休时的基础养老金月标准以当地上年度在岗职工月平均工资和本人指数化月平均缴费工资的平均值为基数，缴费每满1年发给1%。个人账户养老金月标准为个人账户储存额除以计发月数。本人指数化月平均缴费工资＝参保人员退休时上一年度全省职工月平均工资×本人平均缴费工资指数。本人平均缴费工资指数是指参保人员缴费年限内历年缴费工资指数的平均值，当年缴费工资指数是指参保人员本人当年月平均缴费工资与上年度当地（统筹地区）在岗职工平均工资的比值。

1. 用人单位应按规定缴费比例缴纳社会保险费

根据《国务院关于建立统一的企业职工基本养老保险制度的决定》（国发〔1997〕26号）、《国务院关于完善企业职工基本养老保险制度的决定》（国发〔2005〕38号）的规定，企业缴纳基本养老保险费的比例，一般不得超过企业工资总额的20%，具体比例由省、自治区、直辖市人民政府确定。个人缴纳基本养老保险费（以下简称个人缴费）的比例一般为本人缴费工资的8%。《国务院关于建立城镇职工基本医疗保险制度的决定》（国发〔1998〕44号）规定："用人单位缴费率应控制在职工工资总额的6%左右，职工缴费率一般为本人工资收入的2%。"随着经济发展，用人单位和职工缴费率可作相应调整。《社会保险费法》第三十四

---

① 根据《全国人民代表大会常务委员会关于实施渐进式延迟法定退休年龄的决定》（2024年9月13日第十四届全国人民代表大会常务委员会第十一次会议通过），从2030年1月1日起，职工按月领取基本养老金最低缴费年限由15年逐步提高至20年，每年提高6个月。

条规定："国家根据不同行业的工伤风险程度确定行业的差别费率，并根据使用工伤保险基金、工伤发生率等情况在每个行业内确定费率档次。社会保险经办机构根据用人单位使用工伤保险基金、工伤发生率和所属行业费率档次等情况，确定用人单位缴费费率。"《失业保险条例》(1998年通过)第六条规定："城镇企业事业单位按照本单位工资总额的2%缴纳失业保险费。城镇企业事业单位职工按照本人工资的1%缴纳失业保险费。城镇企业事业单位招用的农民合同制工人本人不缴纳失业保险费。"《国务院办公厅关于印发生育保险和职工基本医疗保险合并实施试点方案的通知》(国办发〔2017〕6号)、《国务院办公厅关于全面推进生育保险和职工基本医疗保险合并实施的意见》(国办发〔2019〕10号)规定，生育保险基金并入职工基本医疗保险基金，统一征缴，统筹层次一致。按照用人单位参加生育保险和职工基本医疗保险的缴费比例之和确定新的用人单位职工基本医疗保险费率，个人不缴纳生育保险费。

根据实际情况或实践变化，国家或各省(或社保统筹地区)可对缴费比例进行适当调整，各社保统筹地区可根据国家有关法律或政策文件要求确定本统筹地区的具体缴费比例。2016年《人力资源社会保障部、财政部关于阶段性降低社会保险费率的通知》(人社部发〔2016〕36号)要求：①从2016年5月1日起，企业职工基本养老保险单位缴费比例超过20%的省(区、市)，将单位缴费比例降至20%；单位缴费比例为20%且2015年底企业职工基本养老保险基金累计结余可支付月数高于9个月的省(区、市)，可以阶段性将单位缴费比例降低至19%，降低费率的期限暂按两年执行。具体方案由各省(区、市)确定。②从2016年5月1日起，失业保险总费率在2015年已降低1个百分点基础上可以阶段性降至1%~1.5%，其中个人费率不超过0.5%，降低费率的期限暂按两年执行。具体方案由各省(区、市)确定。③各地要继续贯彻落实国务院2015年关于降低工伤保险平均费率0.25个百分点和生育保险费率0.5个百分点的决定和有关政策规定。

2019年《国务院办公厅关于印发降低社会保险费率综合方案的通知》(国办发〔2019〕13号)规定："自2019年5月1日起，各省、自治区、直辖市及新疆生产建设兵团养老保险单位缴费比例高于16%的，可降至16%。"因此，各社保统筹地区的养老机构在处理相关问题时，应查阅并适用当地当年的缴费比例。如2023年天津的社保缴费比例为，基本养老保险缴费比例：单位16%，个人8%；医疗保险：单位9.5%，个人2%；失业保险：单位0.5%，个人0.5%；生育保险：单位0.5%，个人0%；工伤保险：单位按行业风险缴0.2%、0.4%、0.7%、0.9%、1.1%、1.3%、1.6%、1.9%，个人0%。

2. 用人单位应按规定缴费基数缴纳社会保险费

职工个人社保缴费的基数为本人的月工资总额。用人单位社保缴费的基数为本单位全部参保职工的月工资总额。根据《关于工资总额组成的规定》，工资总额由6个部分组成：计时工资；计件工资；奖金；津贴和补贴；加班加点工资；特殊情况下支付的工资。下列各项不列入工资总额的范围：①根据国务院发布的有关规定颁发的发明创造奖、自然科学奖、科学技术进步奖和支付的合理化建议和技术改进奖以及支付给运动员、教练员的奖金；②有关劳动保险和职工福利方面的各项费用；③有关离休、退休、退职人员待遇的各项支出；④劳动保护的各项支出；⑤稿费、讲课费及其他专门工作报酬；⑥出差伙食补助费、误餐补助、调动工作的旅费和安家费；⑦对自带工具、牲畜来企业工作职工所支付的工具、牲畜等的补偿费用；⑧实行租赁经营单位的承租人的风险性补偿收入；⑨对购买本企业股票和债券的职工所支付的股息（包括股金分红）和利息；⑩劳动合同制职工解除劳动合同时由企业支付的医疗补助费、生活补助费等；⑪因录用临时工而在工资以外向提供劳动力单位支付的手续费或管理费；⑫支付给家庭工人的加工费和按加工订货办法支付给承包单位的发包费用；⑬支付给参加企业劳动的在校学生的补贴；⑭计划生育独生子女补贴。

为了体现社会保险的公平性和均衡性，对职工个人工资收入作了最高和最低的限制。当职工工资收入超过当地职工平均工资300%或低于当地职工平均工资60%的，分别按300%和60%作为缴费基数。此为社保缴费基数的上限和下限。

《社会保险费征缴暂行条例》（2019年修订）第二十四条规定："缴费单位违反有关财务、会计、统计的法律、行政法规和国家有关规定，伪造、变造、故意毁灭有关账册、材料，或者不设账册，致使社会保险费缴费基数无法确定的，除依照有关法律、行政法规的规定给予行政处罚、纪律处分、刑事处罚外，依照本条例第十条的规定征缴（即暂按该单位上月缴费数额的110%确定应缴数额；没有上月缴费数额的，由社会保险经办机构暂按该单位的经营状况、职工人数等有关情况确定应缴数额）；迟延缴纳的，由劳动保障行政部门或者税务机关依照本条例第十三条的规定（责令限期缴纳、逾期仍不缴纳的，除补缴欠缴数额外，从欠缴之日起，按日加收 2‰的滞纳金）决定加收滞纳金，并对直接负责的主管人员和其他直接责任人员处 5000 元以上 20000 元以下的罚款。"

3. 用人单位应按规定时间申报并缴纳社会保险费

关于用人单位申报并缴纳社会保险费的时间，《社会保险法》第五十八、六十二条，《社会保险费征缴暂行条例》第十条作了以下规定：

（1）用人单位应当自用工之日起 30 日内为其职工向社会保险经办机构申请办理社会保险登记。未办理社会保险登记的，由社会保险经办机构核定其应当缴纳的社会保险费。

（2）缴费单位必须按月向社会保险经办机构申报应缴纳的社会保险费数额，经社会保险经办机构核定后，在规定的期限内缴纳社会保险费。用人单位未按规定申报应当缴纳的社会保险费数额的，按照该单位上月缴费额的 110%确定应当缴纳数额；没有上月缴费数额的，由社会保险经办机构暂按该单位的经营状况、职工人数等有关情况确定应缴数额。缴费单位补办申报手续后，由社会保险费征收机构按照规定结算。用人单位应当自行申报、按时足额缴纳社会保险费，非因不可抗力等法定事由不得缓缴、减免。

现实中存在一些养老机构应缴未缴、迟延缴纳或未足额缴纳（缴费基数低于工资总额）员工社会保险费的行为。这些行为不仅严重侵害了员工合法权益，侵害了社会利益，而且也给养老机构自身带来了法律风险。根据《社会保险法》第六十三条、《最高人民法院关于审理劳动争议案件适用法律问题的解释（一）》（法释〔2020〕26 号）第一条等有关规定，用人单位未按时足额缴纳社会保险费的，员工可向社会保险费征收机构投诉要求用人单位补办或补缴，由社会保险费征收机构责令用人单位限期缴纳或者补足，并自欠缴之日起，按日加收 0.05%的滞纳金；逾期仍不缴纳的，由有关行政部门处欠缴数额 1 倍以上 3 倍以下的罚款。社会保险费征收机构可以向银行和其他金融机构查询其存款账户，并可以申请县级以上有关行政部门作出划拨社会保险费的决定，书面通知其开户银行或者其他金融机构划拨社会保险费。用人单位账户余额少于应当缴纳的社会保险费的，社会保险费征收机构可以要求该用人单位提供担保，签订延期缴费协议。用人单位未足额缴纳社会保险费且未提供担保的，社会保险费征收机构可以申请人民法院扣押、查封、拍卖其价值相当于应当缴纳社会保险费的财产，以拍卖所得抵缴社会保险费。用人单位未为员工办社会保险手续，且社会保险经办机构不能补办导致员工无法享受社会保险待遇的，员工可要求用人单位赔偿损失。根据《劳动合同法》第三十八条第一款的规定，未依法为劳动者缴纳社会保险费的，员工可随时解除劳动合同。

四、保障员工接受职业技能培训的权利

根据《劳动法》第三、六十八条，《中华人民共和国职业教育法》(2022 年修订)第二十四、五十八、六十四条，《中华人民共和国企业所得税法实施条例》(2019 年修订)第四十二条等有关法律规定，接受用人单位的技能培训是员工的义务，也是员工的权利。用人单位应当建立职业培训制度，按照国家规定提取和使用职业培训经费(一般不超过工资薪金总额 2.5%)，根据本单位实际，有计划地对劳动者进行职业培训。从事技术工种的劳动者，上岗前必须经过培训。招用的从事涉及公共安全、人身健康、生命财产安全等特定职业(工种)的劳动者，必须经过培训并依法取得职业资格或者特种作业资格。

养老机构所有的工作，包括风险防控工作，最终都是由员工来完成的。员工的工作态度、技能就是单位的服务水平和质量；员工的风控意识和能力就是单位的风控意识和能力。由于我国社会化养老起步较晚等原因，养老行业人才总体上文化素质、学历程度、专业化水平等不够高，专业理论、技术技能、实践经验等储备不够足，特别需要加强培训，但出于控制人力成本考虑，一些机构对技能培训工作重视程度不够，培训工作总体上不能满足客观实际的需要。因此需要不断加强培训工作，强化对员工接受职业技能培训权利的保障。2023 年 12 月 31 日民政部等 12 部委发布的《关于加强养老服务人才队伍建设的意见》指出：强化用人单位主体责任，采取集中轮训、岗位练兵、网络培训等多种方式，持续提升养老服务人才能力素质。以实际操作技能和职业道德培训为重点，全面推行就业岗前培训。持续实施职业技能提升培训，将法律知识、职业道德、从业规范、质量意识、健康卫生等要求贯穿养老服务人才职业生涯全过程。开展养老服务人才培训提升行动，重点对养老护理员、养老院院长、老年社会工作者等进行培训。用人单位要保障本单位职工参加继续教育的权利。用人单位安排职工参加继续教育的，应保障其学习期间的相关待遇，建立继续教育与工作考核、岗位聘用、职称评聘等挂钩的激励机制。

五、保障员工参与规章制度建设的权利

本书所讲规章制度，是用人单位内部的有关劳动报酬、工作时间、休息休假、劳动安全卫生、保险福利、职工培训、劳动纪律以及劳动定额管理等直接涉及劳动者切身利益的规范性文件，是规定劳动者与用人单位权利义务的重要载体，也是用人单位对劳动者进行管理的重要依据。规章制度建设包括规章制度的制定、公示、实施与修改等。根据《劳动法》第八条、《劳动合同法》第四条等有关法律规定，参与规章制度建设是员工民主参与单位管理权利的重要内容；用人单位在制定、修改规章制度时，应当经职工代表大会或者全体职工讨论，提出方案和意见，与工会或者职工代表平等协商确定；在规章制度实施过程中，工会或者职工认为不适当的，有权向用人单位提出，通过协商予以修改完善；用人单位应当将直接涉及劳动者切身利益的规章制度公示，或者告知劳动者。

保障员工参与规章制度建设的权利，具有重要的法律意义。根据《最高人民法院关于审理劳动争议案件适用法律问题的解释（一）》（法释〔2020〕26号）第五十条等有关规定，只有通过民主程序制定的规章制度，不违反国家法律、行政法规及政策规定，并已向劳动者公示的，才可以作为确定双方权利义务的依据。员工参与规章制度建设是规章制度建设具备合法性的必要条件。没有员工参与、单位单方制定的规章制度不能作为对员工管理的依据；依据其对员工管理的行为及后果无法得到法律的认可。比如，根据《劳动合同法》第三十九条的规定，劳动者严重违反用人单位的规章制度的，用人单位可以解除劳动合同。但是如果该制度的制定未经员工民主参与，用人单位就无法依据该制度解除合同，否则即为违法解除合同，员工可主张解除无效或要求双倍的经济补偿。另外，《劳动合同法》第八十条规定："用人单位直接涉及劳动者切身利益的规章制度违反法律、法规规定的，由劳动行政部门责令改正，给予警告；给劳动者造成损害的，应当承担赔偿责任。"未经员工参与建设的规章制度不但无效，还可能被劳动行政部门处罚，给劳动者造成损失的还要承担赔偿责任。根据《劳动合同法》第三十八条的规定，用人单位的规章制度违反法律、法规的规定，损害劳动者权益的，劳动者可以解除劳动合同，且有权要求用人单位给予经济补偿。同时，员工参与规章制度建设，单位的规章制度才能为员工所知悉、认同，才能获得员工的自觉遵守或执行，才会保障员工工作的积极性。

一些养老机构习惯单方制定规章制度，通过单方制定的规章制度组织劳动过程，对员工行为进行管理。这不仅违反了用人单位法定义务，侵害了员工民主参与管理的权利，而且还会给自身带来系统性的风险，应切实予以纠正。

保障员工参与规章制度建设的权利，就是要在规章制度建设过程中履行民主程序和公示程序。

(一)履行民主程序

民主程序须有"讨论"和"协商确定"两个环节，不得合并或省略。

1. 讨论

讨论环节一般程序为：①根据单位实际情况，由单位人力资源或相关业务部门拟定规章制度草稿；②组织召开职工代表大会或全体职工大会，将规章制度草案提交职工代表或全体职工讨论，让职工代表或全体职工提出制定规章制度的方案或对规章制度草案提出意见。

根据《企业民主管理规定》(总工发〔2012〕12号)，参考《江苏省企业民主管理条例》(2020年修正)、《西安市企业民主管理条例》(2020年修正)等一些地方相关法规的规定，企业召开职工代表大会的，职工代表人数按照不少于全体职工人数的5%确定，最少不少于30人。职工代表大会的代表由工人、技术人员、管理人员、企业领导人员和其他方面的职工组成。其中，企业中层以上管理人员和领导人员一般不得超过职工代表总人数的20%。有女职工和劳务派遣职工的企业，职工代表中应当有适当比例的女职工和劳务派遣职工代表。职工不足100人的企业，一般召开全体职工大会讨论。讨论也可以通过分别征求意见而非集中或开会讨论方式进行。

2. 协商确定

协商确定，即在吸收或听取职工意见的基础上，拟定修改稿，与工会或者职工代表通过平等协商形式确定，形成定稿后以单位名义发布。根据《中华人民共和国工会法》第十一条的规定，用人单位有会员25人以上的，应当建立基层工会委员会；不足25人的，可以单独建立基层工会委员会，也可以由两个以上单位的会员联合建立基层工会委员会。用人单位未成立工会的，用人单位与职工代表通过平等协商形式确定。平等协商是组织员工参与协商的过程，并非必须经过工会或每个职工代表的同意。制定规章制度的最终决定权仍在用人单位，当然，用人单位不可以随意制定规章制度，制定的规章制度仍需要满足合法合理的要求（即使经过民主程序，如规章制度内容不合法或不合理，其仍不能作为用人单位管理及仲裁、司法机关裁判的依据）。

在履行"讨论""协商确定"环节时，用人单位需将所有书面原始文件，如草稿、修改稿、定稿及会议签到表、会议记录、会议纪要、会议决议等，进行整理和归档保存。

在规章制度实施过程中，工会或者职工认为不适当的，有权向用人单位提出，通过协商予以修改完善。如规章制度内容确属不合法或不合理的，用人单位应予修改完善。修改完善程序与制定程序相同。

(二)履行公示程序

用人单位应当将直接涉及员工切身利益的规章制度公示，或者告知劳动者。公示或告知方式一般包括以下几种。

(1)通过员工手册公示：将规章制度印刷为员工手册发放给员工，并由员工本人签字确认领取了员工手册。

(2)通过劳动合同附件公示：可直接将规章制度作为劳动合同的附件，由双方签署确认，并让员工明确"已经认真阅读了上述规章制度，并且理解了上述规章制度的含义，愿意遵守这些规章制度"。

(3)通过传阅方式公示：将打印的规章制度交员工传阅，并由员工签署规章制度告知确认表。

(4)通过考核或考试公示：将员工对于规章制度的了解情况作为考核项目，定期或者不定期考核员工对规章制度的了解情况，记录规章制度考核结果并让员工签字确认。也可以在组织员工学习基础进行相应规章制度的考试，并保留考试试卷。

(5)通过培训公示：组织员工开会学习、培训单位的规章制度，并且让参加会议的人员签到，记录培训时间、地点、与会员工、培训内容等。

(6)通过办公系统或网站公示：可将制定的规章制度发布在单位办公系统或网站上，并保证员工皆可进入该系统或网站，并将发布信息告知员工。

(7)通过电子邮件公示：可将制定的规章制度通过员工事先告知单位的邮箱以邮件形式发送给员工，并将发送信息告知员工。

(8)通过公告栏公示：将规章制度张贴在员工容易看到的公告栏等处，将规章制度的公示现场以拍照、录像等方式记录备案。

每种公示方式各具有优缺点。第(1)(2)种方式的优点是让员工签收，单位容易举证，且便于员工随时查阅和学习；缺点是印刷成本高，耗费一定的人力、物力，如需修订和更改，容易造成浪费。第(3)种方式的优点是单位举证容易，适用于内容较少或简单的规章制度；缺点是如规章制度内容复杂，不便于员工随时查阅和学习。第(4)种方式的优点是单位举证容易；缺点是组织考核或考试需一定成本，如考核或考试成绩不理想，还需要组织重考；同时，这种方式容易给员工带来考核或考试的"压迫感"。第(5)种方式的优点是容易证明单位已经公示，节省印刷成本；缺点是如果员工人数多，组织开会或培训需一定时间成本，且不便于员工随时了解规章制度的内容。第(6)(7)(8)种公示方式，优点是快捷，节省成本；缺点是单位的举证成本相对较高。用人单位需根据本单位的实际，如规章制度的内容、硬件设施、企业文化、人员素质等，确定较适宜的公示方式，并宜采取两种或两种以上公示方式，以减少由于员工对规章制度未知悉而导致的争议。另外，对于可能采取的公示方式，宜事先与员工在劳动合同中作出约定。

第二节　做好机构建设和运营的资金保障

一、保障住养人安全需要足够的资金支撑

安全是养老服务质量的底线。保障住养人的人身安全和生命健康，需要人的保障、物的保障、管理的保障。人的保障、物的保障、管理的保障最终都需要资金的支撑。资金是各项保障的保障。

保障住养人的人身安全和生命健康，需要人的保障，需要资金支撑。没有足够数量、具有相应技术技能水平的员工，员工的合法权益得不到保障，就难免会出现服务不精准、不全面、不及时、不规范的问题，服务合同的管理也难免有纰漏或隐患。员工的配置数量由需完成的工作任务、工作量所决定。老年人所需照顾时间决定着护理员的配置数量。参照2016年《广州市老年人照顾需求等级评定指引(试行)》推算的照顾时间，能力等级为重度失能、照顾6级(照护4、5级为

中度失能老年人)的住养人,直接生活照顾(包括进餐、移动、排泄、入浴、洗漱)时间每天为 75~110 分钟,精神心理照顾(包括沟通、精神支持、心理疏导、心理咨询、危机干预)时间每天为 25~30 分钟,机能训练照顾(定期翻身、活动肢体关节、肢体保健、康复活动)时间每天为 25~30 分钟,直接生活照顾、精神心理照顾、机能训练照顾时间每天合计 125~170 分钟。参照湖南省地方标准《连锁养老机构管理服务规范》(DB43/T 1438—2018)对护理员的配置要求看,按 1 : 3 为介护型老年人综合配置养老护理员,考虑到不同时段在岗人员占比、每月实际工作日等因素,如实行三班倒,则在 7 : 00—19 : 00 时间段,1 名护理员要服务 10 名老年人;在 19 : 00—7 : 00 时间段,1 名护理员要服务 20 名老年人。护理员一日三餐合计时间按 90 分钟计算,即使除就餐时间外护理员不进行任何休息,喝水、如厕时间也忽略不计,则护理员每天为每位住养人服务的合计时间为 96 分钟。假如该机构没有专门的心理咨询、康复服务人员(据作者了解,目前没有专门配置心理咨询、康复服务人员的机构占多数),则护理员的配置远远不能满足住养人的照护需求。不能满足住养人的照护需求就意味着照护不周或不到位,这就是现实中发生事故的常见原因。如实行两班倒、24 小时轮班制,则护理员每天为每位住养人服务的合计时间为 132 分钟。这似乎能够满足住养人的照顾需求,但一个人连续工作 24 小时,且上 24 小时休 24 小时,又目前护理员大多为中年人甚至低龄住养人,其工作状态会是什么样子?疏忽大意、懈怠难免不会发生,这也是现实中发生事故的常见原因。若要解决这些问题、降低事故风险,就要增加护理员配置数量,或专门配置心理咨询、康复服务人员,就要改变"上 24 小时休 24 小时"的轮班模式,就会相应增加人工成本。当然,养老机构员工不仅仅是护理员,也不仅仅是员工数量问题,还涉及员工的选、用、育、留及合法权益问题。这些都需要相应的资金支撑。

保障住养人的人身安全和生命健康,需要物的保障,需要资金支撑。物的保障即指设施设备和物品的保障。没有符合无障碍和消防要求的设施设备,没有对设施设备和物品的安全管理,住养人的安全也得不到保障。设施设备是养老机构的一次性投入,且投入较大,因无障碍的底线、刚性要求比消防更高要求,比一般设施设备的投入更大。不仅一次性投入,设施设备和物品运营期间的检测、保养、维修、更换也需要资金支撑。另外,不断发展的智慧健康养老产品,尤其是生命体征检测、健康监测、防跌倒、防走失、紧急呼叫、室内外定位等健康管理和监护类智能产品，如可穿戴设备、智能生命体征检测仪、睡眠监测仪、视频监控、紧急呼叫装置、离床报警器、门磁传感器等，对实时监控住养人的状态、及时发现异常情况、提高突发事件应急处置效率、降低意外事故风险具有重大帮助，但也需要一定的前期投入。智慧健康养老产品的应用能总体提升养老服务效率和质量，但不是所有的产品都能降低人工成本，有的产品甚至还会增加成本。如《养老机构安全管理》(MZ/T 032—2012)5.8.2 款规定："设置监控系统的养老机构应有监控系统控制室，并应有专(兼)职人员 24 小时值班；值班人员要坚守岗位，做好运行和值班记录，执行交接班制度。"意即有了智慧健康养老产品，就要有人来使用，就要应用，否则不仅不能防控风险，甚至还会带来风险。近些年来，养老机构基本都设置了视频监控系统，但现实中有不少机构并未安排人员 24 小时值班，住养人事故并未通过监控视频及时发现，最终还因此加重了养老机构应承担的法律责任。因为按照安全保障义务理论和《民法典》第一千一百九十八条的规定及上述标准要求，养老机构设置了监控系统，就有义务安排人员值班并及时发现，否则就存在过错，对因此产生或加重的损害后果承担一定责任。

保障住养人的人身安全和生命健康，需要管理的保障。所谓管理，就是确定单位的发展战略，对单位所拥有的资源(包括人、财、物、技术等)进行有效的计划、组织、领导和控制，以便实现单位近期及长远发展目标的过程。作者在现实中经常发现，一些机构在硬件设施、周边环境及配套方面几近相同，同市同区，同年开业，但经过数年的发展，这些机构的服务质量、风险防控水平确有了较大差异。有的入住率较高、事故率较低，被评为五星级养老机构；有的却入住不足，事故频发，甚至难以为继。重要原因就在于这些机构的管理不同。有的机构不仅注重日常管理，而且还能随着外部环境的变化，不断丰富服务功能或提升服务内涵；有的机构仅注重内部日常管理，对外部政策、市场环境的变化茫然无知。有的机构院长专业或注重学习并全身心投入业务的提升；有的机构院长并不专业且不注重学习，对业务工作得过且过(院长对一家机构的服务水平、风险防控至关重要)。有的机构重视员工的培训，定期开展员工培训；有的机构，即使是政府组织的免费培训，也总是以人手不足予以推脱。有的机构对员工的管理以激励为主，能最大程度维护员工权益；有的机构以约束为主，强调员工履行劳动者义务，对员工动辄处罚或罚款。有的机构不仅重视对自身履行义务的管理，而且将对住养人、送养人义务的履行管理纳入日常工作；有的机构仅能做到"知己"，而做不到"知彼"，缺乏对住养人、送养人权利的认识及对其义务履行的依法、科学管理。管理的不同方面，不一而足。之所以出现管理的不同，有些方面与单位资金状况无关，纯属管理者认知的不同，但有不少方面是源于单位资金状况的差异。资源相同，管理不同，效益不同。保障住养人的人身安全和生命健康，需要相应的管理来保障。资金是管理的对象，同时，资金也是管理的支撑，不同的资金状况会形成不同的管理手段和管理效益。

二、做好机构建设和运营资金保障的建议

养老机构的资金来源于机构设立人或投资人的投入资金、机构运营后的收入（包括服务收费、政府给予的财政补贴、社会捐赠收入等）。机构的一次性建设资金及亏损期的部分运营资金来源于投资人的投入资金。养老机构只有度过亏损期后，机构的收入才能覆盖其运营成本，投资人才能不再以自有资金投入。

（一）做好投入资金的周密预算和可靠安排

养老机构的投入资金预算应满足机构建设期和运营亏损期需要，以避免机构开业后，因运营资金不足不合理减少投入，降低服务成本和服务质量，引发住养人伤害事故等风险。

养老机构的投入资金来源应可靠。从广义上讲，养老机构的投入资金来源于其出资人的出资或机构的自有资金、养老机构或其出资人为项目建设和运营所筹措的资金。在决定投资后，养老机构的发起人可一人（包括自然人，也包括企业事业单位、社会团体等组织）投资，如一人资金不足项目需要，可采取合伙、成立两人以上股东公司等形式积聚更多资金进行投资。养老机构的建设和亏损期的运营宜建立在出资人的出资或自有资金的基础之上，因在建设或运营亏损期，养老机构或其出资人为项目建设和运营能否筹措到资金具有不确定性。

一般而言，筹资的方式主要有筹措股权资金和筹措债务资金。股权筹资形成的股权资本，投资者不得抽回，是机构或其出资人依法长期拥有、能够自主运用的资本，非常适合养老项目的建设和运营。但只有养老机构或其出资人的组织形式为公司的，才能采取股权筹资的方式。对于民办非企业单位组织形式的养老机构，根据《民法典》第九十二条、1998年民政部颁布的《民办非企业单位登记暂行办法》第六条的规定，其出资人投入的财产在性质上属于捐赠财产，不存在股权、

股权筹资的问题。公司制养老机构可以采取股权筹资方式，但是否能通过增资扩股、股权转让等方式筹集到资金，则不确定。

债务筹资，是养老机构或其出资人通过借款、发行债券、房地产信托投资基金等方式取得的资金。民办非企业单位组织形式的养老机构，囿于其组织形式，无法采取发行债券、房地产信托投资基金等方式筹措资金，又因其财产具有捐赠性，剩余财产不得回收，利润不得分配，且按照《民法典》第三百九十九条规定，其设施不得抵押(即使其拥有设施产权)，其也难于向银行借款。由于社会养老服务体系建设周期长、资金需求大，迫切需要开发性金融的中长期资金支持，但并非所有养老机构都能获得此种支持。根据《民政部、国家开发银行关于贯彻落实〈支持社会养老服务体系建设规划合作协议〉共同推进社会养老服务体系建设的意见》(民发〔2012〕209号)的规定，只有各级民政部门向国家开发银行推荐的具备贷款条件的重点项目、示范项目的市场化运作主体才能作为此类金融项目的借款人。根据《中华人民共和国证券法》(2019年修订)第十五条规定，最近3年平均可分配利润足以支付公司债券1年的利息，是公司公开发行债券的必要条件。处于建设或运营亏损期的公司制养老机构显然不具备此条件。根据《国家发展改革委关于全面推动基础设施领域不动产投资信托基金(REITs)项目常态化发行的通知》(发改投资〔2024〕1014号)的规定，依法登记并在民政部门备案的养老项目的养老设施可以申报发行不动产投资信托基金(REITs)，但除符合权属清晰、资产完整、运营稳定、资产规模满足要求，相关参与方应信用状况良好等条件外，还必须收益良好，近3年经营性净现金流均为正。处于建设或运营亏损期的养老机构仍不具备不动产投资信托基金(REITs)发行条件。

总之，由于养老机构建设和运营亏损期筹资的种种不确定性，其建设资金和运营亏损期的运营资金宜建立在其出资人的出资或养老机构自有资金的基础之上。出资人在作出投资决定时，宜做好充分的资金准备或可靠的资金来源安排。

(二)保证机构具有可盈利性

机构的运营资金最终要靠机构的盈利，不可能永远依靠出资人自有资金投入。机构设立人在设立机构时，应保证机构在运营一定期限后具有盈利的可能。只有机构盈利，运营资金才有可能得到保证。如一家机构在设立之初就注定了其未来不可能盈利，甚至盈亏持平，需要永无止期的投入，则这家机构不太可能防控住包括住养人伤害事故在内的法律风险。保证机构的可盈利性,至少要做好的机构的选址和定位这两项工作。

1. 审慎选址

选址是养老机构在设立之前对地址或开办地点进行调研、论证和决策的过程。机构选址具有十分重要的意义。机构位置的选择将显著影响机构实际运营的成本和效益,对机构是否能够盈利及机构的生存及发展起着基础性作用,且其一经确定就难以变动。地址选得好,机构可以长期受益,如选择错误,则难以弥补。

选址调研就是掌握影响选址的因素。影响选址的因素可分为目标地块或物业所在的区位因素、目标地块或物业自身因素两大方面。区位因素又可分为经济与人口因素、周边交通等市政配套因素、周边医疗等公共服务设施因素、自然环境因素、竞争因素、政策因素等。周围具有一定数量且具有支付意愿和一定支付能力的住养人,交通便利,供水、供气、供暖、通讯等有保障,养老供给市场有空缺,周围环境无污染源、噪声源及易燃、易爆、危险品生产、储运区域,拟建机构才有盈利可能;如项目距离医院近、周边自然环境好、当地政府补贴水平较高且及时到位,还有利于加快住养人入住节奏,缩短机构运营的亏损期。

如是重资产项目,要考察目标地块的用地范围、面积、用途(如是否属于养老服务设施用地)、地形与地质(如地质条件是否稳定、是否受洪涝灾害威胁、日照是否充足、通风是否良好)、容积率、建筑密度、建筑限高、绿化率、地块现状(如给水、排水、通电、通路、通讯、通暖气、通天然气或煤气以及场地平整等七通一平状况)、用地方式、土地价格等因素。这些因素直接影响项目的建设和运营成本、入住时间、投资回收周期,即项目的盈利可能性、盈利时间。

如利用已有设施改建养老机构,要考察目标物业的合法性问题(如物业权属、用途、是否设立抵押、是否存在纠纷、是否已注册其他单位、是否面临拆迁等)、合标性问题(如建筑耐火等级、高度、电梯配置等是否符合有关标准要求)、品质性问题(如安全性能、居室卫生间设置可能性及比例、生活空间组团能否完整配置等)、租赁或使用条件(如租金、租期等)等。目标物业只有合法、合标、具有与目标客户相匹配的品质、租赁或使用成本适当,在其基础上改建的养老机构才具有盈利的可能性。现实中,有的目标物业虽合法、合标、具有适当品质,但租金过高或租期过短,在签署物业租赁合同时就注定了这样的项目无法盈利。

选址论证也叫选址分析、选址评价或选址评估，是对目标地块或物业的选址影响因素进行分析、评价，判断或评估选址是否具有可行性的活动。养老机构应将可盈利性原则作为选址论证的首要原则。不具备可盈利性的项目，风险防控不可能得到保证，应予以放弃。

2. 准确定位

养老机构定位是对"机构为谁服务""服务什么"等基本问题的认识以及在认识基础上的实践，也称项目定位或经营定位。作者认为，养老机构定位的内容包括 2R4W，即需求定位（Require）、资源定位（Resource）、理念定位（Why）、客户定位（Who）、产品定位（What）、价格定位（How much），很多人把产品定位也叫作市场定位。

需求定位，就是要在深入细致的选址调研或进一步市场调研的基础上，把握养老服务市场对拟建机构客观的、有支付意愿又有支付能力的有效需求，而不是仅对住养人养老服务需要的宏观了解，更不是设立人或出资人对需求的主观认识。如果需求定位不准或客观上没有需求，就不会有足够的客户入住，甚至不会有客户入住，就不可能盈利。

资源定位，就是要对设立人或出资人自身拥有或能够利用的服务资源有理性的认识，从自身资源出发而不能撇开自身资源谋划机构的定位。如没有相应的资源支撑，就不可能有足够的风险防控能力。

理念定位，就是从事机构养老行业，要有正确的思想观念，既包括爱心、情怀，也要有必要的市场、商业思维，其中务必要具有战略思维或长期主义，因为新建机构不仅投入大，而且有比较长的亏损期，要经过较长时间的持续投入，才能盈利。如没有战略思维和持续投入能力，就会在运营中漏洞百出、风险迭起。需求、资源、理念定位是经营定位的前提或基础。如需求、资源、理念定位不准确，则不可能有准确的客户、产品、价格定位。

客户定位，就是在需求、资源、理念定位的基础上，确定自身的目标客户，明确客户的年龄、性别、身体、职业、文化程度、兴趣爱好、消费偏好、人生经历、区域分布等状况，尤其是明确客户的支付能力。客户定位是经营定位的核心或中枢，上承需求、资源、理念定位，下连价格、产品定位。若客户定位不准，本应收住周边中低收入失能住养人的机构，却将有健康、有知识、有活力、有经济能力的城区"四有"住养人作为目标客户，则其不可能具备获客能力，不可能产生经济和社会效益。

产品定位，就是要确定应该为目标客户提供什么样的软硬件产品。硬件产品涉及室外场地和绿化景观的配置、居室与公共服务配套的面积配比、居室的类型及数量和面积配置、居室设备与家具配置等。软件产品涉及服务功能与服务内容安排、各类工作人员的配置计划、护理人员的排班模式等。产品定位直接涉及养老机构的成本投入，决定机构的收费或价格。在现实中，有两种产品定位的基本做法。一种做法是以客户支付能力为上限，确定和落实硬件和软件产品的投入或成本标准，然后以投入或成本标准确定价格或收费标准。这种做法有利于目标客户能够进得来、住得起，有利于入住率的提升，有利于尽快实现盈利，但服务品质不一定能使各方皆能满意，风险防控工作也不一定能够得到保障。这是目前我国多数养老机构的做法。另一种做法，是不考虑客户的现实支付能力或客户定位不准，以客户的主观需要或未来客户的需求或出资人的认识或国内外高品质养老机构的产品等为标准，确定和实施项目的投入或成本标准，打造项目的硬件和软件产品。目前，一些高收费养老机构通常采取这种做法。这种做法有利于打造理想的或高品质（至少硬件上处于行业高端）的养老机构，有利于风险防控，有利于适应未来客户的需要，但缺点是，由于收费较高，超出了现阶段绝大多数老年人的支付意愿和支付能力，导致入住率不足，机构多年亏损，需要持续的自有资金注入。如机构出资人自有或筹措资金能够满足亏损期的运营资金需要，随着新生代老年人支付意愿和支付能力的提高，这样的项目也会实现良性发展；如项目一旦运营资金链断裂，则会出现包括住养人伤害事故在内的诸多风险。

价格定位，就是确定产品的价格水平或收费标准。根据《养老机构管理办法》《国家发展改革委 民政部关于规范养老机构服务收费管理促进养老服务业健康发展的指导意见》(发改价格〔2015〕129号〕等有关法律、政策规定，民办养老机构服务收费标准由市场形成。现实中民办养老机构采取的具体定价方法不一，有的采用需求导向定价法，如逆向定价方法；有的采用竞争导向定价法，如随行就市定价法、产品差别定价法等；有的采用成本导向定价法，如成本加成定价法、目标利润定价法、盈亏平衡定价法等。无论采用哪种定价方法，养老机构都应经过财务测算和设计，使其收费标准能够覆盖其成本。唯有如此，养老机构才有盈利的可能。现实中，大多数养老机构的收费水平在客户的支付能力与机构的投入成本之间。一般养老机构基本的收费项目有床位费、护理费、伙食费，每个收费项目及其收费标准覆盖机构投入成本的情况大致如下。

(1)床位费。床位费是指养老机构为入住老年人提供符合行业标准住宿服务所收取的费用。床位费按机构一定床位数(达到盈亏平衡点的床位数)测算,应覆盖的成本包括管理人员和后勤人员工资性支出(含工资、津贴、补贴、福利、奖励费和社会保障支出)、公用费支出(含固定资产折旧、租赁费、维修费、物业管理费、能源费等日常运行支出费用)、入住老年人生活、保健和文化娱乐活动等必需品费用及其他正常运行费用支出。

(2)护理费。护理费是指养老机构为入住的老年人提供护理服务所收取的费用。护理费应覆盖的成本包括:护理员及医护类等专业技术人员的工资性支出(含工资、津贴、补贴、福利、奖励费和社会保障支出)、护理器械和护理耗材购置费、护理员及医护类等专业技术人员业务培训费等。护理费收费标准主要受两个方面因素影响:老年人的照护等级及护理人员的配置。

(3)伙食费。伙食费是指养老机构为入住老年人提供营养餐食服务所收取的费用。伙食费一般按实际发生的伙食成本据实收取。

除基本收费项目外,有的养老机构还收取空调费、暖气费,个性化服务费(如个性化餐饮收费、美容美发收费、代办收费、就医陪诊收费等)、医疗护理费(医养结合机构的医疗护理服务收费)等。测算这些收费项目的收费标准亦应覆盖相应的服务成本。

养老机构的成本、收费标准并不是一成不变的。养老机构根据内外部因素的变化,可适时、适当、合规调整成本和收费。比如,随着老年人支付能力的提升和需求、消费的升级,养老机构可适当增加成本投入,提升服务质量或增加服务功能,然后适当增加服务收费,走出一条服务质量不断提升、可持续发展的良性发展道路。

参 考 文 献

[1]吴江水. 完美的防范——法律风险管理中的识别评估与解决方案[M]. 北京：北京大学出版社，2010.

[2]黄薇. 中华人民共和国民法典总则编解读[M]. 北京：中国法制出版社，2020.

[3]张广兴. 债法总论[M]. 北京：法律出版社，1997.

[4]杨立新. 医疗损害责任研究[M]. 北京：法律出版社，2009．

[5]民法学编写组. 民法学[M]. 北京：高等教育出版社，2019.

[6]王成. 侵权损害赔偿的经济分析[M]. 北京：中国人民大学出版社，2002.

[7]熊进光. 侵权行为法上的安全注意义务研究[M]. 北京：法律出版社，2007.

[8]赵学昌，齐艳苓. 论中国社会养老的根本问题、原因与举措[J]，社科纵横，2018（1）：100-105.

[9]赵学昌，齐艳苓. 论送养人在养老机构服务合同中的法律地位[J]. 理论与现代化，2019（4）：87-95.

[10]赵学昌，齐艳苓. 养老机构安全保障义务认定标准探析[J]. 社科纵横，2022（1）：101-107.

[11]苏德托亚. 关于《合同法》违约责任归责原则对手段债务的适用性[J]. 前沿，2012（1）：84-87.

[12]贾俊邦.《侵权责任法》中安全保障义务"合理限度"的思考——从比较法角度审视[J]. 绍兴文理学院学报：哲学社会科学，2010（6）：1-6.

[13]孙犀铭. 民法典语境下成年监护改革的拐点与转进[J]. 法学家，2018（4）：16-34.

[14]刘训峰. 服务合同一般规定立法研究[D]. 南京：南京大学法学院，2014：19-21.

[15]张春普，闫野. 机构养老服务合同含义及其主体的探究[J]. 天津商业大学学报，2011(1)：62-66.

[16]曹顺明. 我国保险合同当事人制度的反思与重构[N]. 中国保险报，2015-7-28(5).

[17]孙文灿. 养老机构侵权责任研究[J]. 中国社会工作，2020(8)：30-31.

[18]吕姝洁. 论养老机构侵权的注意义务及赔偿责任[J]. 法律适用，2020(21)：135-143.

[19]刘利君. 机构住养住养人事故风险管理实证研究[J]. 内蒙古社会科学(汉文版)，2016(3)：155-159.

[20]武萍，付颖光. 责任分担视角下我国机构养老服务困境的法律应对[J]. 社会科学家，2021(4)：107-113.

[21]汪敏. 中国机构养老服务的民事法律风险研究——基于567份裁判文书的整理与分析[J]. 社会保障评论，2018(1)：103-122。

[22]任俊琳，陈佳琪. 机构养老民事纠纷案件的实证分析——以裁判文书为样本[J]. 太原师范学院学报(社会科学版)，2019(6)：36-43.

[23]郑永宽. 医疗损害赔偿中原因力减责的法理及适用[J]. 中国法学，2020(6)：84-102.

[24]刘小璇. 论公共场所管理人的安全保障义务[J]. 法学杂志，2019(8)：124-133.

[25]门玉皓，王刚山. 赔与不赔：合同附随义务与安全保障义务博弈分析[J]. 改革与开放，2019(1)：59-63.

[26]高峰. 因果关系不明情形的医疗损害责任认定[J]. 南京医科大学学报(社会科学版)，2020(1)：66-70.

[27]恩斯特·冯·克默雷尔著，徐建刚译. 私法中的因果关系问题[J]. 经贸法律评论，2019(4)：148-158.

[28]郑雅方，周国均，张永坡. 论因果关系理论在交通事故责任认定中的应用——兼论交通事故责任划分标准的瑕疵及矫正[J]. 中国人民公安大学学报(社会科学版)，2007(7)：85-93.

[29]杨立新. 论医疗过失赔偿责任的原因力规则[J]. 法商研究，2008(6)：37-44.

[30]杨立新，梁清. 原因力的因果关系理论基础及其具体应用[J]. 法学家，2006(6)：101-110.

[31]陈本寒，艾围利. 怎样确定民法上过错程度及其区分标准[J]. 中国社会科学院研究生院学报，2011(3)：79-83.

[32]张新宝. 明俊侵权法上的原因力理论研究[J]. 中国法学，2005(2)：92-103.

[33]安徽省质量技术监督局. 养老机构突发事件应急处置通用规范：DB 34/T 2627—2016[S]. 2016.

[34]山东省质量技术监督局. 养老机构安全风险分级管控体系实施指南：DB37/T 3961—2020[S]. 2020.

[35]国家市场监督管理总局，国家标准化管理委员会. 生产经营单位生产安全事故应急预案编制导则：GB/T 29639—2020[S]. 2020.

[36]国家市场监督管理总局，生产过程危险和有害因素分类与代码：GB/T 13861—2022[S]. 2020.

[37]江苏省市场监督管理局. 养老机构安全隐患排查工作规范：DB 32/T 4189—2022[S]. 2022.